KB186378

영화: 열두 이야기

김 성 동 지음

철학과 현실사

우리에게 영화란 무엇인가? 이 물음에 대한 우선의 대답은 소일거리라는 것이다. 영화를 생산하거나 유통시키거나 평론하는 등의 일에 참여하지 않는 한, 영화의 소비자라고 할 수 있는 일반인의 입장에서 보면, 영화는 소일거리 즉 그럭저럭 시간을 보내거나 심심풀이로 보는 것이다. 하지만 겉으로 심심풀이처럼 보인다고 해서 그것이 반드시 심심풀이로 끝나는 것은 아니다. 아이들은 늘 놀지만 그러한 놀이를 통하여 어떤 특정한 유형의 인간으로 성숙해 간다. 그러므로 아이들은 심심풀이로 영화를 보지만 영화는 아이들을 어떤 특정한 모습으로 커가도록 자극한다.

어른들이 심심풀이로 영화를 볼 때는 심심함을 달래는 것 외에 어떤 일이 일어날까? 어른들은 아이들과 달리 다양한 직접경험과 간접경험을 가지고 있다. 그러므로 심심풀이 영화에서 어른들은, 아이들과 같은 경험을 가질 수도 있지만, 특히 자신의 경험들과 영화 속의 경험들을 비교하고 대비시키며 자신의 삶을 반추하기도 하고 기획할 수도 있다.[1] 물론 심심풀이로 보는 영화 중에서 이러한

---

[1] 영화를 모방한 범죄가 가끔 일어난다는 보도는 심심풀이가 결코 심심풀이일 수만은 없다는 것을 보여주는 한 증거이다.

작업은 의식적이라기보다는 무의식적으로 일어난다.

사실 이러한 비공식적인 의식화 작업은 영화에서 비로소 시작된 것은 아니다. 인류가 말을 하게 된 그 순간부터 이러한 작업은 시작되었다. 구전되어 왔던 수많은 이야기들은 영화라는 기술적 매체를 사용하지 않았을 뿐이지 영화와 같은 기능을 해왔다. 우리의 조상님들이 즐겼을 판소리도 바로 이런 역할을 담당했다. 인간들은 여가 시간에, 또는 노동 중에 때때로, 이야기를 나누며 서로의 경험을 교환하고 서로를 격려해 왔다. 영화는 이러한 심심파적의 현대 기술 문명적인 형태이다.

그렇지만 오늘날과 같이 바쁜 일상 속에서 영화를 보는 것이 정말 심심풀이일까라는 의문이 든다. 우리는 아무 영화나 보지 않는다. 물론 우연한 기회에 뜻하지 않은 영화를 보는 기회가 전혀 없다고 말할 수는 없겠지만, 대개는 어떤 영화를 보겠다고 선택을 하고서 그 영화를 본다. 어떤 영화를 보겠다고 하는 그 선택의 의미는 과연 무엇일까? 아무래도 그 선택의 동기를 살펴보아야 그 선택의 의미를 알 수 있을 것 같다.

놀이 삼아 본다는 이유를 제외하고 나면, 영화를 보는 주요한 이유는 다른 사람들의 권고이다. 가까운 이들이 영화를 보았거나 보려고 할 때 우리에게도 보라고 권한다. 먼 이들이 권하는 경우도 있는데, 상업적인 이유에서 하는 광고나 광고와 유사한 안내들이, 또 이 책과 같이 비평적인 여러 안내들이, 영화를 선택하도록 또한 권한다. 권한다고 다 하는가? 물론 아니다. 그러나 그러한 권고를 따르지 않을 때 우리는 가까운 사람들이나 먼 사람들과 긴밀한 유대를 유지하기가 어려워진다. 그래서 우리는 영화를 본다.

이렇게 보면 영화를 본다는 것은 같은 시대, 같은 장소를 살아가는 사람들과 삶을 같이하기 위한 하나의 작업이다. 그러나 여기에는 좀더 깊은 의미가 있다. 그냥 어떤 것을 같이함으로써 느끼게 되는 정서적 일체감 이상의 것이 여기에 있기 때문이다. 직장 동료와 일을 같이 하는 것처럼, 친구들과 식사를 같이 하는 것처럼, 동료나 친구들과 영화를 같이 볼 수 있다. 그러나 영화를 보는 일은 단순히 일을 같이 하거나 식사를 같이 하는 일과 다른 점이 있다.

우리는 세계관이라는 세계에 대한 어떤 이해에 기초하여 우리의 삶을 살아간다. 이러한 이해는 우리가 인간으로 성장하는 중에 보통 무의식적으로 가지게 된 것이다. 영화를 보며 마음을 같이한다는 것은 이러한 이해를 비교하고 수정하고 동조시키는 작업이다. 이러한 작업은 물론 노동을 같이 하거나 음식을 같이 나눌 때에도 일어난다. 하지만 영화를 같이 볼 때는 더 많이, 더 깊게 일어난다. 노동을 하고 음식을 나누며 과거의 사람들은 이야기를 했지만 현대인들은 이러한 이야기 외에도 따로 시간을 내어 또 영화를 본다.

이 책 『영화: 열두 이야기』는 이러한 영화에 대한 이야기이다. 영화를 심심풀이로 보든 다른 사람들과 함께 하기 위하여 보든, 영화를 통해 우리의 마음과 이해를 조절하는 일은 보통 의식적으로 일어나지 않는다. 영화를 통하여 영화를 만든 작가나 감독의 마음과 관객인 우리의 마음은 서로 독립적으로 또 서로 영향을 주면서 무의식적으로 교류한다. 그러나 우리는 이러한 교류를 의식적으로 할 수도 있고 또 이러한 의식적 교류를 통하여 무의식적 교류를 보완할 수 있다. 이 책은 바로 이러한 의식적 교류를 지향하고 있다.

이 책이 목표로 하고 있는 것은 영화에 대하여 이 책의 독자들과 이야기를 나누는 것이다. 이야기는 영화 이전에 이미 사람과 사람을 이어주는, 또 사람과 사람이 영향을 주고받는 유용한 통로였다. 이러한 전통적 통로인 이야기를 통하여 새로운 통로인 영화에 대하여 생각을 나누는 것, 그것이 바로 이 책의 목표이다. 이렇게 해서 궁극적으로 이루고자 하는 것은 물론 이야기나 영화를 통하여 우리가 이루는 것, 즉 마음과 생각의 나눔이다.

하지만 이 책은 나눔, 그것만을 목표로 삼지는 않았다. 이러한 나눔을 통하여 그 이상의 것 즉 인류의 역사에서 늘 문제가 되어 온 **인간의 자유**, 그것을 고양시키고자 하였다. 자유롭고자 한 것은 인류의 영원한 소망이지만, 역사와 더불어 인류의 이러한 소망은 더욱 더 복잡하고 강력한 것이 되어 왔다. 이 책은 이러한 인류의 소망을 가로막고 있는 구속들을 어떻게 벗어날 수 있을지 이야기해 봄으로써 더 나은 자유를 추구하고자 한다.

이 책은 이러한 목표를 달성하기 위하여 열두 편의 영화를 선택하고 이를 1부와 2부로 나누었다. 1부는 '외부로부터의 자유'라는 제목을 가지고 인간 외부 즉 자연, 사회, 문화로부터 인간에게 주어지는 구속의 문제를 다루고 있다. 2부는 '내부로부터의 자유'라는 제목을 가지고 인간 내부 즉 기억, 욕망, 증오로부터 인간에게 주어지는 구속의 문제를 다루고 있다. 외부의 세 영역에 각 두 편의 영화를, 그리고 내부의 세 영역에도 또한 각 두 편의 영화를 배정했기 때문에 전체적으로는 열두 편의 영화를 다루게 되었다.

각각의 영화에 대한 하나의 이야기는 세부적으로는 다섯 도막으로 나누어져 있다. 첫째 도막에서는 그 영화에 접근하는 시각을 우선 제시한다. 둘째 도막에서는 그 영화의 감독을 중심으로 때로는 원작자와 시나리오 작가에 대하여 소개한다. 셋째 도막에서는 그 영화의 대강의 줄거리를 소개한다. 넷째 도막에서는 자유라는 주제와 관련하여 그 영화에서 볼 수 있는 내용을 분석한다. 다섯째 도막에서는 그 영화와 연관시킬 수 있는 다른 문화권의 이야기를 하나 소개한다. 물론 늘 이러한 구조를 엄격하게 적용하려고 하지는 않았고 다만 가능하면 이런 틀을 유지하려고 하였다. 이러한 전체적인 구성과 세부적인 구성은 목차에서 확인할 수 있다.

  이 책은 학부의 교양 및 전공강좌에 사용하기 위하여 교재로 준비되었으므로 읽기 위하여 예비적인 지식이 필요한 책은 아니다. 이런 까닭에 교재로서 뿐만 아니라 일반 교양서적으로도 사용될 수 있다. 특히 이 책은 이 시리즈의 다른 책들과 달리 대중문화의 산물이자 일상의 오락물인 영화를 다루고 있기 때문에 학생이라는 신분과 무관하게도 얼마든지 읽어볼 수 있을 것이라고 기대한다. 저자도 서술할 때 이전의 책들에서보다도 일반 독자를 더 의식하였다. 그럼에도 불구하고 독자가 이 책을 읽어나가는 데 문제가 있다면 그것은 아마 필자가 충분히 배려하지 못한 까닭일 것이다. 독자의 이해를 구하며 이메일로 문의에 답할 것을 약속드린다. 주소는 dong@office.hoseo.ac.kr이다.
  끝으로 양해를 구할 일이 둘 있다. 하나는 이 책을 저술하면서 인터넷상에 게시된 많은 글과 그림들을 인용하였다. 일일이 허락을 구하고 감사를 표한 다음 사용하는 것이 예의이겠으나 너무도 번잡한 일이 되리라 근심하여 그렇게 하지 않았다. 이 자리를 빌려 양해를 구하고 감사를 표한다. 둘째는 이 책의 소재가 영화이다 보니 영화의 시나리오와 장면들 중에서 많은 인용을 하였다. 이 또한 일일이 허락을 구하고 감사를 표한 다음 사용하는 것이 마땅하겠으나 학문적 인용을 관용하는 관례를 따라 그렇게 하지 않았다. 다시 이 자리를 빌어 양해를 구하고 감사를 표한다.

2004년 3월
지은이

차 례

제 1 부

외부로부터의 자유

1장   자연으로부터의 자유

『불을 찾아서』

1. 자연으로부터의 자유

독일의 철학자인 셸러(Max Scheler, 1874~1928)는 말년에 『우주에서 인간의 지위』[1]라는 제목의 책을 출간하였는데, 여기서 그는 인간이 우주의 한 구성요소이자 또 우주의 모든 요소를 포괄하는 통일적인 존재라고 지적하였다. 인간에게는 물리적인 요소는 물론이고 생물적인 요소도 포함되어 있지만, 이러한 요소들을

---

1) *Die Stellung des Menschen im Kosmos*, 진교훈 옮김(서울: 아카넷, 2001).

넘어서는 초월적인 요소 또한 포함되어 있다는 것이다.

　인간은 다른 물체들과 마찬가지로 물질적인 존재이기에 중력의 지배를 받고, 다른 생명체들과 마찬가지로 생명적인 존재이기 때문에 동화작용과 이화작용을 한다. 하지만 이러한 물리법칙과 생명법칙을 넘어서는 고유성을 가짐으로써 인간은 비로소 다른 존재들을 초월하여 인간이라는 독특한 존재가 되는데, 셸러는 이러한 인간의 고유한 특성을 초월성으로 파악했다. 이러한 **초월성**이 바로 인간 **자유**의 근거이다. 인간이 자유롭다는 것은 물체나 생명체처럼 정해진 방식으로 운동하는 것이 아니라 그것과 다른 방식으로 운동할 수 있다는 사실을 의미한다.

　이러한 인간의 자유가 인류 역사의 초창기에 어떠한 형태로 나타났을까 하는 문제는 우리가 관심을 가질 만한 물음이다. 우리는 고고학을 통하여 고인류의 삶을 추정해 볼 수 있는데, 이때의 인간의 자유는 **자연을 이용함으로써 자연의 구속으로부터 벗어남**이라고 규정될 수 있다. 예를 들어 인간은 불을 피하는 야생동물들과 달리 불을 이용하여 추위라는 자연의 구속으로부터 벗어나 따뜻함을 누렸다. 물론 이러한 자연으로부터의 자유란 자연으로부터의 완전한 분리가 아니라 자연을 이용한 자연의 제압일 뿐이다.

　자연의 이러한 인간적 이용을 달리 표현하면 그것은 바로 기술이다. 이런 의미로 기술이야말로 인간이 이룩한 최초의 자유이다. 셸러보다 조금 늦게 태어났으나 훨씬 오래 살아남아 활동했던 독일의 생물리학자 데싸우어(Friedrich Dessauer,  1881~1963)는 인간은 기술을 창조함으로써 자연에 지배당하는 존재가 아니라 자연과 맞먹는 존재가 된다고 지적하였다.

 기술은 분명 자연법칙의 한계를 극복하는 것, 자연법칙의 속박으로부터의 자유를 의미하기 때문이다. 그러므로 인간은 날 수 있다. 그가 중력을 부정하거나 보류하기 때문이 아니라, 지적인 과정을 통하여 중력에 침투하여 (비유적으로 말하자면) 그 일의 다른 측면에 도달하기 때문이다.2)

데싸우어의 예는 20세기적인 예이기는 하지만, 그의 논의에서 우리는 자연을 이용하여 자연의 구속을 벗어난다는 인류의 오래된 자유의 의미를 또한 발견할 수 있다. 그러나 그의 논의는 여기서 끝나지 않는다. 그는 날틀과 같은 기계를 만드는 일이 "[이 세상을 주재하는 절대자의] 창조[작업]에의 참여이고 죽을 수밖에 없는 자가 이 세상에서 가질 수 있는 최고의 경험"3)이라고 주장하고 있는데, 여기서 우리는 이러한 인간의 초월적 자유가 인간을 다른 존재와 다르게 만들 뿐만 아니라 심지어 인간을 창조자의 반열에 오르게 할 수도 있음을 알 수 있다. 이러한 데싸우어의 주장은 인간을 '신이 되는 장소'라고 지적한 셸러의 통찰과도 일치한다.

2) Dessauer, "Technology in Its Proper Sphere", Mitcham & Mackey ed., *Philosophy and Technology*(New York: Free Press, 1972), p.320.

3) Dessauer, *Philosophie der Technology: Das Problem der Realisierung* (Bonn: Cohen, 1927), p.66. Mitcham, p.33 재인용.

2. 장-자크 아노

 인간의 이러한 원초적 자유 즉 자연
으로부터의 기술적 자유를 잘 형상화
하고 있는 영화가 프랑스 감독인 아노
(Jean-Jacques Annaud)가 만든 『불을
찾아서』(*Quest for Fire*, 1981)이다.

이 영화는 로스니(J. H. Rosny SR., 1856~
1940)라는 프랑스 공상과학소설가의 동명소설(*La
Guerre du Feu*, 1909)에 근거하고 있는데, 8만
년 전의 인류가 어떻게 자연의 불을 이용하다가
인공의 불을 이용하게 되었던가라는 이야기를 다
루고 있다. 물론 불이 대표적 기술로서 지적되고 있기는 하지만 다
양한 다른 기술들도 또한 이 영화에서는 언급되고 있다.

이 영화의 감독인 아노는 1943년 프랑스에서 태어났다. 프랑스
최고의 영화학교 이덱(IDHEC)을 졸업했으며, 소르본 대학에서 그
리스어, 미술, 중세사를 전공했다. 20세에 CF 감독이 된 그는 400
여 편의 광고를 만들면서 참신한 영상파로 각광받았으며, 칸느 광
고 영화제에서 금상, 은상, 동상을 세 차례에 걸쳐 수상하면서 광
고계의 1인자로 부상했다.

그는 프랑스인이기는 하지만 그에 앞서 영화인이라는 생각을 가
지고 있고, 그래서 영화인으로서 프랑스를 초월하고 또 현대를 초
월하여 거대한 시공 속을 종횡무진 활약하고 있다. 그래서 그는
"나 자신은 프랑스 국적의 영화인이 아니라 영화를 하는 프랑스인"

이라고 말하곤 하는데, 그의 이러한 태도는 영화를 제작할 자본에
도 또한 적용된다. 그래서 '프랑스 영화는 소극장용'이라고 서슴없
이 말하며 다국적 자본으로 사람들이 어렵다고 말하는 프로젝트들
에 도전하여, 대형 스펙터클을 만들어내곤 했다.

그의 데뷔작은 프랑스의 민족적 국수주의를 풍자와 애정을 가지
고 묘사한『색깔 검정과 하양』(*Black And White In Color*, 1976)
이었다. 하지만 그의 작품들 중에서 가장 대중적인 관심을 끄는 작
품은 여기에서 다루는『불을 찾아서』이다. 이 영화는 미국 야후 쇼
핑에서 가장 많이 팔린 그의 작품이다. 이 작품에 이어서 그는 중

세의 수도원에서 벌어지는 연쇄 살인 사건을
다룬『장미의 이름』(*The Name Of The Rose*,
1986)을 발표했는데, 이는 사람들이 영화화가
불가능하다고 말하기까지 했던 이탈리아의 인
기작가 움베르토 에코(Umberto Eco)의 소설을
영화화한 것이었다. 이어서 곰을 주인공으로 하
는『베어』(*The Bear*, 1988)를 발표하여 다시 불가능에 도전하였다
는 찬사를 받았다.

1991년에는 세계적인 베스트셀러이며 콩쿠르상 수상작인 마르그
리뜨 뒤라스(Marguerite Duras)의 자전적 동명 소설을 영화화하여
『연인』(*The Lover*)을 발표하였고, 이후에는 아이맥스(IMAX)[4] 영

---

4) 인간의 자연적인 시선과 동일한 방식으로 영화를 보도록 하여 관객이 영화
   가 아니라 마치 영화의 카메라가 놓여 있는 자리에 실제로 있는 것처럼 착
   각하도록 효과를 내는 특별한 영화기법, 우리나라에서는 63빌딩에서 볼 수
   있다.

화에 관심을 돌려 40분 분량의 3D 영화인 『용기의 날개』(*Wings Of Courage*, 1995)를 만들었다. 1997년에는 비폭력적인 독립운동으로 세계의 시선을 모은 티베트의 달라이 라마와 오스트리아인 산악가의 우정을 다룬 『티벳에서의 7년』(*Seven Years In Tibet*)을 발표하였고, 2001년에는 제2차 세계대전 당시 러시아 전선에서 격돌한 독일과 러시아의 저격수 이야기를 다룬 『에너미 앳 더 게이트』(*Enemy At The Gates*)를 발표하였다. 2004년에는 1920년대 캄보디아에서 인간과 마주친 호랑이 형제의 이야기를 다룬 『두 형제』(*Two Brothers*)를 발표하었다.

아노는 사실 모든 사람들이 동의하는 걸작을 만드는 감독은 아니다. 그러나 늘 문제작을 만드는 감독임에는 틀림없다. 그의 영화들은 많은 사람들의 입에 오르내렸으며 영화에 관심이 있는 사람이라면 그의 작품들의 이름 한둘은 들어보았을 것이다. 이런 의미에서 그는 현대의 탁월한 이야기꾼들 중의 한 사람이며, 그런 까닭에 우리는 자연으로부터의 자유에 대한 그의 이야기에 귀 기울여 봄직도 하다.

3. 영화 『불을 찾아서』

영화 『불을 찾아서』는 다음과 같은 서문으로 불의 위상을 지적하고 있다.

8만 년 전, 광대한 미지의 지형에서 인간의 생존은 불의 소유와 직결되어 있었다. 그들 초기 인간들은 불을 어떻게 피우는지 몰랐기에 불은 커다란 신비의 대상이었다. 불은 자연에서 가져와야 했으며 한번 얻은 불씨는 계속 살려야만 했다. 비바람으로부터 보호해야 했고 다른 부족들로부터 지켜야만 했다. 불은 힘의 상징이자 생존의 수단이었다. 불을 가진 부족만이 삶을 가질 수 있었다.

불을 사용한다는 것은 벌써 인간의 기술이다. 그러나 인류는 애초에 불을 사용할 수 있었을 뿐, 불을 만들지는 못했다. 그들의 불은 아직 **자연의 불**이었다. 그들의 불은 아직 **인간의 불**은 아니었다. 이 영화는 이렇게 자연의 불을 사용하던 한 종족이 어떻게 인간의 불을 사용하게 되었던가를 그리고 있다. 영화에서 그 종족의 이름은 울람(Ulam)이다.

1) 동굴 속에서

울람족은 동굴 속에서 생활하고 있는데 그들은 자연에서 불을 얻어서 사용하고 있다. 울람족은 불을 발명하지는 못했지만 적어도 불을 발견하기는 했다. 하지만 이러한 발견만으로도 동물과는 상당히 다른 삶을 살고 있다. 그들은 우선 불을 이용하여 늑대들을 쫓아내고 동굴을 데워 따뜻한 잠자리를 누리고 있다. 울람족은 사회적 분업도 실시하고 있는데, 다른 사람들이 잠자리에 든 동안 보초는 동굴 앞에서서 불을 지키고 늑대들을 쫓는다. 또 불씨를 지키는 사람을 따로 두어 불이 꺼지는 경우 다시 불을 살려낼 수 있도록 대비하고 있다.

울람족의 아침은 부산하다. 비록 다른 종족의 냄새가 나는 것 같기는 하지만 눈에 보이지 않았기에 다른 종족의 접근을 알아차리지 못하고 늘 하던 일상사를 계속한다. 어떤 이는 불을 이용하여 고기를 익혀 아침을 먹고, 어떤 이는 다른 이의 털 고르기를 해주고, 어떤 이는 냇가에 가서 세수를 하며, 또 어떤 이는 막대기 끝을 불에 그을리어 단단하게 만든다. 그들은 불을 방어와 난방과 요리에 사용할 뿐만 아니라 방어를 위한 무기제조에도 사용하고 있다. 나무를 불에 그을리면 재질이 단단하게 변하므로 적당한 나무를 불에 그을린 다음 이를 돌로 다듬어 날카롭게 만든 울람족의 창은 상당히 치명적인 무기가 된다.

2) 와가부족의 습격

이때 울람족의 불을 훔치러 온 와가부 (Wagabou)족의 공격이 시작된다. 와가부족은 조직적인 협공으로 울람족을 공격하는데 동굴 위에서 나무와 돌을 떨어뜨려 공  격하는 팀과 냇가로부터 동굴로 공격해 올라오는 다른 팀의 협동작전으로 울람족을 사납게 몰아붙여 불을 얻어가지만 제대로 간수하지는 못한다.

울람족은 창졸간의 공격에 밀려 달아나게 되는데, 달아나는 부상

자들과 시체들을 늑대들이 공격하고 먹는다. 불을 잃은 울람족이 늑대들의 공격을 피하기 위해서 사용하는 지형지물은 물이다. 호수 속의 습지로 도망가 쫓아오는 늑대들을 떼어놓는다. 불씨를 지키는 이는 와가부족의 추적에도 불구하고 불씨를 보존하여 호수 속의 습지로 합류하지만 물을 건너는 중 불씨통을 물에 빠트려 불씨를 꺼트리게 된다.

영화의 이 장면에서 울람족은 현생인류의 조상으로 알려진 크로마뇽인이고, 털이 많은 와가부족은 크로마뇽인과 동시대에 존재하긴 했지만 결국 크로마뇽인에게 멸종당한 것으로 짐작되는 네안데르탈인이다. 고인류학자들은 네안데르탈인의 두뇌용적이 1,500cc로 크로마뇽인의 1,350cc보다 큼에도 불구하고 정교한 기술적 도구들을 사용하지 못했다고 보고 있으며 이런 이유로 크로마뇽인들이 네안데르탈인을 기술적으로 압도했을 것으로 또한 보고 있다.

이 영화에서는 네안데르탈인이 크로마뇽인을 공격하는 것으로 나오는데, 여기에 대해 이론이 있기도 하다. 영화에서도 볼 수 있듯이 크로마뇽인의 창과 같은 무기가 동물의 뼈나 나무 등걸을 사용하는 네안데르탈인의 무기보다 탁월했기 때문에, 그리고 궁극적으로 크로마뇽인은 살아남았지만 네안데르탈인은 멸종했기 때문에, 영화와 반대로 오히려 크로마뇽인들이 네안데르탈인들을 공격했을 것으로 보는 학자들도 있다.

3) 불을 찾아서

불씨를 꺼트린 울람족은 부족의 한 무리의 전사들 즉 나오(Naoh), 아무카(Amourkar), 가우(Gaw)에게 불을 구해오도록 한다. 다른 무리의 전사들이 나서 자신들이 불을 구해 오겠다고 주장하지만 추장은 그들이 아닌 애초의 전사들에게 불을 구해오도록 한다. 이들은 불을 찾아 길을 떠나지만 온갖 짐승들의 포효소리에 겁을 먹게 된다. 짐승들의 소리에 맞서 고함을 지르지만 사사를 만나 나뭇가지에 매달려 사자를 피하는 신세가 된다. 나뭇잎을 따먹으며 오래 버틴 끝에 사자가 물러나자 비로소 나무에서 내려온다. 시장한 전사들은 새알을 가지고 다툰다.

이때 그들은 연기를 발견한다. 연기가 불이 있는 곳에 있다는 것을 울람족은 익히 알고 있다. 그들은 크잠(Kzamm)족을 만나게 된 것이다. 크잠족이 떠난 곳에서 불씨를 찾지만 불씨를 찾을 수 없다. 시장한 김에 크잠족이 먹다 버린 뼈에 붙은 고기를 먹게 되지만 그 뼈가 다른 인간의 뼈라는 것을 발견하고는 뱉어버린다. 크잠족은 식인종이었던 것이다. 밤중에 다시 크잠족 야영지에 접근한다. 독수리들로부터 뺏은 동물가죽 냄새로 울람족은 체취를 숨긴다.

다음 날 아침 동료들이 크잠족의 일부를 유인해 내었을 때 나오는 남은 크잠족 전사들과의 싸움 끝에 불을 얻게 된다. 나머지 불은 모두 물에 던진다. 크잠족은 이바카(Ivaka)족

의 두 인간을 나무에 매달아 놓았는데 하나는 팔뚝 하나를 이미 먹힌 남자이고 다른 하나는 여자이다. 이 여자는 울람족 나오와 크잠족들과의 싸움을 틈타 도망간다.

이 영화의 처음에서나 이 장면에서나 원인류가 다른 존재를 파악하는 감각기관은 우선 후각이다. 현대인들이 주로 시각에 의존하는 데 반해 이 영화의 감독은 원인류가 주로 후각에 의존하였다고 시사하고 있다. 사자와 인간의 비교도 흥미로운데 인내심에서 인류가 사자보다 한 수 위인 것으로 묘사하고 있다. 새알을 두고 다툼으로써 오히려 서로 손해를 보는 원인류의 무사려도 감독이 그려내고 있는 인간의 영원한 어리석음 같아 보인다.

4) 여자와의 동행

불을 훔쳐 돌아가는 울람족 전사들에게 도망했던 이바카족의 여인 이카(Ika)가 동행을 청하지만 거절당한다. 아마도 타종족과의 공존은 모든 종족의 금기인 것으로 보인다. 하지만 크잠족들과의 싸움에서 부상을 입은 나오의 상처에 이카가 약초를 발라 치료해 줌으로써 동행이 이루어지게 된다. 불을 얻은 울람족 전사들을 밤에 불을 피우고 좋아하지만 크잠족의 시선을 끌게 되어 아침에 크잠족의 공격을 당하게 된다.

크잠족의 공격 중에 매머드가 나타나게 되는데 크잠족과 매머드 사이에서 진퇴양난에 빠진 울람족의 전사들 중 나오가 풀을 뽑아

매머드에게 바치며 고개 숙여 길을 구한다. 감독은 여기서 종교의 기원을 보여주고자 하는 듯하다. 매머드 쪽으로 도망치는 울람족 일행들을 크잠족들이 땅을 치며 위협하자 매머드들이 크잠족을 향해 움직인다. 위기에서 빠져나온 이들은 울람족들이 있는 곳을 향하여 길을 계속 간다. 도중에 철새의 움직임을 본 이카는 일행을 떠나 자신의 부락으로 돌아간다.

감독은 여자와의 동행 장면에서 우스운 모습, 그것도 자연적인 우스운 동작과 인위적인 우스운 농작을 구분함으로써 웃음의 기원과 희극의 시작을 시사하고 있다. 오이와 비슷한 열매를 따는 울람족 전사는 하나를 주워 올릴 때마다 안고 있던 하나를 다시 떨어뜨림으로써 관객의 웃음을 자아낸다. 우연히 구른 돌멩이가 울람족 전사의 머리를 칠 때 이카가 웃음을 터뜨리는데 영화의 나중에 울람족 한 전사가 다른 전사의 머리에 일부러 돌멩이를 떨어뜨려 웃음을 만들어낸다. 감독은 나중의 이 장면을 위하여 여기에서 복선을 깔고 있다.

5) 이바카족의 부락으로

여자를 떠나보내고 자기 부족으로 돌아오던 나오는 갑자기 이카에 대한 그리움을 느끼게 된다. 이러한 그리움도 감독은 후각을 강조하여 여자가 누웠던 풀숲의 냄새를 맡는 것으로 묘사하고 있다.

 그리하여 나오는 이카를 찾아 이바카족에로 향하게 된다. 가는 길에 나오는 처음으로 집과 그릇을 보게 된다. 동굴이나 불이 자연에 있는 것인 데 반하여 집이나 그릇은 자연에는 결코 없는 것이다. 그러므로 나오는 이곳에서 비로소 기술문화를 발견한 셈이다.

하지만 이바카족의 부락은 접근을 쉽게 허락하지 않는다. 숨어 접근하던 나오는 모래늪에 빠져 화살세례를 받게 되고 포로로 잡혀 이바카족의 씨내리[5] 역할을 하게 된다. 나오는 이바카족에게서 놀라운 광경을 목격하게 되는데, 그것은 불을 피우는 기술이었다. 나무를 마찰시킴으로써 마찰열을 이용하여 불씨를 만들고 마침내 큰 불을 피우는 기술을 목격한 나오는 이 기술에 완전히 혼이 빠지고 만다.

나오를 기다리던 울람족의 동료들도 이바카 마을에 접근하다 모래늪에 빠져 포로로 또한 잡혀 오게 된다. 하지만 이바카족들이 잠든 틈을 타서 동료들은 이바카 마을에 안주한 나오를 기절시켜 끌고 또 이바카 마을에서 필요한 물건들을 훔쳐서 나온다. 이를 보고 있던 이카도 길을 안내하여 이들과 함께 이바카 마을을 떠난다.

감독은 울람족을 유럽인으로 이바카족을 아프리카인으로 묘사함으로써 문화가 아프리카에서 유럽으로 옮겨왔다는 인상을 주고 있다. 여하튼 이제 여기에 이르러 '불을 찾아서'는 '불을 만들어'로 바뀌게 된다. 자연에서 발생한 불이 아니라 인간이 일부러 만든 불이

---

5) 여자가 다른 여자를 대신하여 씨를 받는 것을 씨받이, 남자가 다른 남자를 대신하여 씨를 주는 것을 씨내리라고 한다.

등장하게 된다. 발견되는 불이 아니라 발명되는 불이 등장하게 된다. 인간적 기술이 시작된 것이다.

6) 집으로

이바카족의 삶을 본 나오는 이제 이바카족을 흉내내게 된다. 진흙 혹은 숯으로 화장을 하는 것도 더 이상 자연이 아니다. 돌을 굴려 웃음을 자아내는 것도 더 이상 자연이 아니다. 화장이나 희극은 모두 인간의 영역들이다. 하지만 울람족 무리들에게 도착하기 전에 불을 찾아 떠났던 전사들은 자신들이 가져온 불을 뺏으려는 울람족 다른 전사들과 마주치게 된다. 불이 힘이자 생명이라는 점을 생각한다면 불을 뺏는다는 것은 정권을 뺏는 것에 해당될 것이다.

동족들 간의 싸움 중에 불씨를 숨기려던 울람족의 한 전사는 곰 동굴에서 곰의 습격을 받아 심한 상처를 입게 된다. 동료까지 부상

을 입은 전사들은 매우 불리한 처지에 빠지게 되지만 이바카 마을에서 가져온 화살이라는 일보 전진된 무기를 사용하여 공격해 온 전사들을 모두 죽이게 된다. 화살은 창과 같이 남자들만이 사용할 수 있는 도구가 아니라 여자들까지도 쉽게 사용할 수 있는 무기이다. 감독은 여기서 기술이 자연적인 무력을 무력화시키고 자연적으로 무력한 여자들까지도 유력화하는 기능을 가지고 있다는 사실을 부

각시키고 있다.

불을 가지고 집으로 돌아온 전사들을 맞이하여 울람족은 기쁨에 넘치게 되나 너무 기뻐한 나머지 실수로 불씨를 물에 빠뜨려 다시 불을 잃게 된다. 그러나 나오는 불을 자연에서 얻어 오기만 하는 것이 아니라 인간이 인위적으로 만들 수도 있는 것이라고 설명하며 불을 만들어 보인다. 하지만 나오는 불을 만드는 데 실패한다. 그를 대신하여 이바카족의 여인 이카가 불을 만들어서 울람족들은 다시 불을 소유하게 된다. 원시적인 의사가 부상 입은 동료의 상처를 혀로 핥아 치료하는 가운데, 돌아온 전사는 무용담을 동료들에게 이야기한다. 감독은 의료와 문학의 시작을 시사하고 있다.

4. 자연에서 인간으로

1) 성적 관계

아노는 이 영화에서 다양한 소재를 통하여 자연으로부터 인간에로의 전환을 묘사하고 있다. 영화의 내용을 서술하면서 이러한 점을 이미 시사해 왔지만 이에 대해 좀더 자세히 다루어보자. 우선 이 영화에서 두드러져 보이는 이러한 전환은 앞에서 일부러 언급하지 않은 한 특별한 소재 즉 성(sex)이다.

아노는 영화에서 세 번에 걸쳐 남녀의 성적 관계를 그리고 마지막으로 그 결과인 임산부의 보름달같이 둥근 배를 보여주고 있는데, 첫째는 와가부족의 습격 직전에 동굴 앞 개울가에서, 둘째는 크잠족의 불을 뺏어 돌아오는 길에, 셋째는 이바카족에서 탈출하여 돌아오는 길에서, 넷째는 나오와 이카가 보름달을 보며 보름달 같은 이카의 뱃속의 아기를 어루만지는 장면에서이다.

첫째 장면에 대한 시나리오작가 심산의 서술을 보자.

 영화 초반부, 원시인들의 세계에서는 개별적인 사랑이 없다. 정사는 있지만 그것은 **집단적인 교미**에 불과하다. 어디선가 풍겨오는 암내에 문득 성욕을 느낀 수컷이 다짜고짜 뒤에서 덮치는 식이다. 암컷은 약간 성가셔하면서 짜증을 낼 뿐 교미 자체를 거부하진 않는다.6)(강조는 인용자)

둘째 장면은 남자가 다른 남자를 제치고, 아니면 여자가 남자를 선택하여 교미하는 장면이다. 이카는 아무카의 교미시도에 저항하는데 그때 나오가 아무카를 쫓고 자신이 이카와 교미한다. 하지만 여기서 아노는 첫째 장면과 같으면서도 다른 교미를 그리고 있다. 즉 나오와 이카는 자세에서는 자연적이지만, 그 내용에서는 자연적 삶 이상의 것 즉 **개별적인 사랑**을 시사하고 있다.

셋째 장면에서 이러한 관계는 정식화되고 성적 관계의 자세에서도 자연적인 모습과 다른 인간적인 모습을 보이게 된다.

그 사랑은 왜 특별한가? 암컷 일반에 대한 성욕이 아니라 특정한 암컷에 대한 성욕이었기 때문이다. 보편적 교미가 아니라 특수한 정사다. 게다가 그 정사는 등 뒤에서 덮치는 것이 아니

6) 심산, "심산의 영화 속 사랑" http://www.rsh.or.kr/cult_1.brd?_28

라 서로 **마주 보면서** 이루어진다. '불을 찾는 사내'는 혼란스런 기쁨에 빠져든다. 인류 역사상 최초의 개별적인 사랑이 탄생하는 순간이다.7)(강조는 인용자)

넷째 장면에서는 이러한 사회적 관계가 **개별 가족**이라는 독립적인 단위로 성립하는 모습을 보여주고 있다. 자신과 특별한 관계를 가지는 여자로부터 태어날 자신의 아이를 그 여자와 함께 기다리는 장면을 아노는 보여주고 있다.

2) 도구의 사용

성적 관계와 마찬가지로 아노가 공들여 보여주고 있는 자연으로부터 인간에로의 전환은 도구, 특히 무기의 사용이다. 이 영화에는 세 수준의 무기가 존재한다. 와가부족과 크잠족은 동물의 뼈나 나무의 등걸을 무기로 사용하고 있다. 울람족은 이들보다는 한 단계 나아간 무기를 사용하고 있는데, 그것은 불에 그을린 나무막대기로 만든 창이다. 최고로 발달한 단계의 무기는 이바카족의 활이다. 활은 창보다 훨씬 긴 사정거리를 가지고 있고 여자도 사용할 수 있는 용이성을 가지고 있다.

자연으로부터 기술로의 전환이라는 관점에서 본다면 울람족의 창도 기술적이라고 이야기할 수 있다. 하지만 침팬지도 울람족과 같은 수준은 아니더라도 도구를 사용하고 있음을 고려한다면 참다

---

7) 같은 곳.

운 의미에서 기술적이라고 이야기하기는 어렵
다. 유명한 침팬지 연구자 구달(Jane Goodall,
1934~)에 따르면 침팬지는 흰개미 굴에 나
뭇가지를 집어넣어 흰개미를 잡아먹는데, 이
때 침팬지는 나뭇가지를 줍거나 꺾어서 그냥
사용하는 것이 아니라 나뭇가지의 이파리와 곁가지를 솎아내어 흰
개미를 붙여 꺼낼 낚싯대를 준비한다. 그것도 하나가 아니라 여분
으로 서너 개를 준비한다. 자연물을 가공하여 사용하는 것은 인간
에게 고유한 것이라기보다는 동물에게도 있는 중간단계라고 볼 수
있다.

인간의 손에 관하여 집중적으로 연구했던 네이피어(John Russell
Napier)는 손을 통한 도구사용의 단계를 다음과 같이 나누었다.

> 1. 도구 쓰기 : 도구 쓰기는 눈에 띈 물체를 당장의 용도에
> 활용하고는 내버리는 즉흥적인 활동이다.
> 2. 도구 고쳐 쓰기 : 도구 고쳐 쓰기는 눈에 띈 물체를 간단
> 한 방법으로 고쳐 쓸모를 높이는 활동이다. 사용하고 나면 내
> 버리거나 보관한다.
> 3. 도구 만들기 : 눈에 띈 물체를 이미 써봤던 균형 잡힌 방
> 식으로 일정한 목적에 맞게 적절한 도구로 만드는 활동이다.8)

네이피어의 견해에 따르면 와가부족과 크잠족의 무기는 도구 쓰
기 단계에, 울람족의 무기는 도구 고쳐 쓰기 단계에, 이바카족의
무기는 도구 만들기의 단계에 들어가 있다고 볼 수 있다. 영화의

---

8) 존 네이피어 지음/이민아 옮김, 『손의 신비』(서울: 지호, 1999), p.155.

 서문에서 불이 힘의 상징이자 생존의 수단이며, 불을 가진 부족만이 삶을 가질 수 있었다라고 했지만, 실제 영화의 전투장면에서 보면 만들어진 무기가 힘의 상징이자 생존의 수단이며, 만들어진 무기를 가진 부족만이 삶을 가질 수 있다고 묘사되어 있다. 창을 가진 울람족의 다른 전사들과의 싸움에서 나오가 화살을 사용함으로써 이들을 무  찌르는 장면은 아노의 기술에 대한 평가를 짐작할 수 있게 한다.

3) 소유 관계

성적 관계와 같은 신체적 기술이나 도구의 사용과 같은 도구적 기술과 달리 소유 관계라는 사회적 기술9)은 이 영화에서 그렇게 구체적으로 드러나 보이지 않는다. 그러나 맥락을 쫓아서 소유 관계의 자연에서 인간에로의 변화를 추적할 수는 있다. 소유와 관련된 자연에서 인간에로의 변화는 재화의 **공유**에서 **사유**에로의 변화로 이해할 수 있다.

공유에서 사유에로의 이러한 변화의 명확한 예는 영화의 전반부

---

9) 기술이라는 표현이 가장 일반적으로 사용되는 곳은 도구적 기술일 것이다. 그러나 기술을 자연적이지 않은 인간적 삶의 특징으로 이해한다면, 태권도도 유도 같은 몸을 움직이는 기술을 신체적 기술, 그러한 신체적 기술과 도구적 기술들을 종합하여 어떤 목표를 달성하게 만드는 경영학과 같은 사회과학은 사회적 기술이라고 일컬을 수 있다. 물론 성은 이러한 의미의 신체적 기술과 사회적 기술이 모두 관련되어 있는 영역이다.

에서 묘사하는 남녀관계와 후반부에 묘사하는 남녀관계의 차이이다. 앞에서 언급한 것처럼 영화가 시작할 때 남녀는 특정한 상대방과 짝을 짓지 않고 집단적으로 짝을 짓는 군혼상태에 있다. 영화에서 어린이를 등장시켰다면 이러한 군혼상태을 좀더 확실하게 보여줄 수 있었을 것이라는 아쉬움이 남는다. 나오가 이바카족에서 씨내리를 하는 장면에서도 나오가 이바카족의 여인들에게 공유되어 있음을 볼 수 있다. 하지만 영화가 끝날 때 나오와 이카는 다른 사람들과 따로 떨어져 그들만의 관계를 가지고 있음을 보여준다. 간단히 말하면 나오는 이카를 사유한다.

사유(private)라는 말의 어원이 다른 사람들의 사용권을 빼앗다(privare)라는 의미의 라틴어에서 왔다는 것을 생각할 때 아노는 다른 사람들의 이카의 사용권을 완전히 빼앗은(deprive) 것임을 볼 수 있다. 바로 이러한 내용을 성적 관계와 관련한 둘째 장면에서 찾아볼 수 있다. 나오는 이카를 탐내는 아무카를 쫓아버리고 이카를 차지하고, 이바카족 부락에서 돌아오는 길에서는 나오는 아예 공간적으로도 아무카와 가우를 떼어놓는다. 하지만 마지막 장면에서 볼 수 있듯이 이러한 소유 관계의 변화는 인류의 삶의 가장 근본적인 요소들 중의 하나인 가족의 탄생을 또한 의미한다.[10]

페미니스트들은 이러한 장면이나 해석에 이의를 제기할 것이다. 여성은 결코 소유물이 될 수 없다는 것이 페미니스트의 입장이기

---

10) 물론 가족의 탄생이 성의 소유 관계에만 기인하는 것은 물론 아닐 것이다. 예컨대 사회생물학적인 입장에서 보면 가족제도는 유전자의 전달에 효과적인 제도로서 진화하였다.

때문이다. (공산주의자들이 사유재산의 성립이 이후 인류를 소유의 질곡으로 밀어 넣었다고 생각하듯이 여성주의자들은 가부장제의 확립이 마찬가지로 여성을 가정이란 감옥에 가두었다고 생각한다. 이런 문제에 대해서는 나중에 다시 검토할 기회가 있을 것이다.) 여하튼 그렇다면 영화에서 확실하게 드러나지는 않지만 소유물이 될 수 있는 것의 공유와 사유를 검토해 보자.

소유물이 될 수 있는 불이나 불씨의 경우를 보자. 이야기의 발단이나 전개는 모두 불씨를 빼앗아 가려는 사람들과 불씨를 지키려는 사람들의 투쟁으로 이루어져 있다. 앞에서 지적한 것처럼 영화에서 모든 사람들은 불씨를 자기만 소유하려고 하지 다른 사람이 사용할 기회를 주지 않으려고 노력한다. 크잠족의 불씨를 빼앗은  나오가 불붙은 나무들을 모두 물 속에 던져 넣는 장면에서 이를 확인할 수 있다. 이를 볼 때 이 영화가 가정하고 있는 불과 관련된 소유 관계는 종족 외에 대해서는 사적인 소유를 종족 내에 대해서는 공적인 소유를 하는 것이라 보인다. 니부어(Reinhold Niebuhr, 1892～1971)의 『도적적 인간과 비도덕적 사회』[11]를 연상시키는

---

11) 이 책에서 니부어가 말하고자 하는 것은 인간은 개인적으로는 도덕적인 존재가 될 수 있으나 일단 집단 속으로 들어가게 될 경우에 그 집단, 사회, 국가는 비도덕적 경향으로 쏠리게 된다는 것이다. 따라서 사회집단이나 국가집단은 자기들의 이익을 위해서는 부도덕도 감행한다고 본다. 즉, 개인 간의 분쟁과 집단 간의 분쟁의 경우, 전자의 경우는 종교와 교육에 의하여, 또는 이성과 양심에 호소함으로써 해결하는 일이 어느 정도 가능하나 인종, 민족, 계급 등 사회적 집단 간의 경우에는 그 집단적 에고이즘으로 인해 앞

가정이다.

그러나 이러한 전제는 영화의 거의 끝부분에 와서는 깨어진다. 나오가 거의 고향마을에 가까이 왔을 때 부족의 다른 전사들이 나오와 그 일행을 불을 빼앗기 위하여 습격한다. 영화는 울람족 내에서도 불의 소유와 관련하여 뺏고 뺏기는 내부적 투쟁이 시작되었음을 보여주고 있다. 영화 속에서처럼 이러한 내부 투쟁에서 승리한 나오 또한 불에 대한 사유적 권리를 주장할 수 있었을 것이다.

하지만 사실 나오는 불을 빼앗아 온 것 이상의 업적을 이루었다. 물에 빠져 꺼진 불에 망연자실한 동족들에게 자신이 불을 만들 수 있다는 것을 보여준다. 나오는 불을 만들었다. 앞으로 울람족은 더 이상 불씨를 지키려고 애쓸 필요가 없는 것이다. 불은 필요할 때 언제든지 다시 만들 수 있는 것이 되었기 때문이다. 울람족은 이제 **자연의 불**에서 **인공의 불**로 완전히 옮겨갔기 때문이다. 이런 업적을 이룬 나오가 불에 대하여 어떤 태도를 취했을지 짐작할 수 있다. 나오는 불과 화살로 인하여 지배적인 위치를 차지하였을 것이며 그러한 위치를 유지하기 위하여 불과 화살을 사유하였을 것이다.[12)]

서의 수단으로는 결코 억제할 수 없다고 본 것이다.
12) 물론 실제 역사에서 철저한 사유제도에 기인하는 지배복종의 관계는 청동기시대에 시작하는 것으로 보고 있다.

5. 허황옥

아노가 그려내고 있는 자연으로부터의 자유로서의 기술에 대한 이야기를 마감하기 전에, 나오가 불을 피우던 장면으로 잠깐 되돌아 가보자. 나오는 동족들에게 불은 자연에서 얻어오기만 하는 것이 아니라 우리가 만들 수도 있다고 열변을 토하지만, 실제로 이바카족의 불피우기 도구를 사용해서 불을 피우려는 시도에서 실패한다. 이러한 실패를 성공으로 변화시키는 사람은 나오를 따라온 이카이다.

이바카족에서 시집 온 이카의 등장이 울람족에 어떤 변화를 가져왔을까를 상상해 보는 것은 그렇게 어려운 일이 아니다. 영화에서는 우선 불을 만들어 사용할 수 있게 되었음을 보여주고 있지만, 이카는 나오를 시켜 움집도 만들었을 것이며, 또 토기를 만들어 사용하기도 했을 것이다. 울람족은 이바카족이 탐내던 자신들의 신체적 우월성을 바탕으로 자신들이 사용하던 창과 이카가 가져온 활로 무장하여 그 지역에서 가장 강력한 전투력을 가졌을 수도 있다. 이러한 과정에서 나오와 이카는 부족의 지배자나 지배계급이 되었을 것이다.

우리 역사에서도 이와 비슷한 설정을 발견할 수 있는데, 그것은 『삼국유사』 제2권의 '가락국기'에 전하는 김수로왕과 허황옥의 이야기이다. 가락국기에 따르면 당시에 그 지역에는 나라도 없고 군신도 없고 추장이 다스리는 부족들이 있을 뿐이었는데, 기골이 장대한 김수로왕이 알에서 태어나 왕이 되었다고 한다. 또 신하들이 왕비를 맞도록 간하였으나 왕은 이를 거부하다가 신하들과 보화들을 싣고 바다를 건너와 인도 아유타국의 공주라고 자신을 소개한 허황옥을 왕비로 맞아 관직을 정비하고 나라를 다스렸다고 전하고 있다.

인도라는 멀고 먼 땅에서 온 인물이 우리 고대사에 느닷없이 얼굴을 내밀고 있는데, 이는 이카의 등장과 비교할 만하다. 허황옥이 과연 어디에서 온 사람일까에 대해서는 논의가 분분하다. 한쪽에서는[13] 그녀가 싣고 온 것으로 전하는 허황후 능의 파사석탑(婆娑石塔)[14]과 김수로왕릉 정문 현판의 쌍어문(雙魚文),[15] 그리고 허황옥 능비의 보주태후(普州太后)[16]

라는 표현을 지적하면서, 이것들을 근거로 인도의 아요디아 왕국에서 출발한 일행이 중국의 보주(普州, 현 사천성 안악)를 거쳐 김해에 이르렀다고 주장한다. 다른 쪽에서는[17] 이러한 이야기는 윤색된

13) 김병모, 『김수로왕비의 혼인길』(서울: 푸른길, 1999).

14) 닭의 피에 녹는 특이한 재질로 만들어진 이 석탑의 재료는 인도산 돌로 알려져 있다. 이는 『삼국유사』 제3권에도 이미 기록되어 있다.

15) 김수로왕릉의 쌍어문은 생선 두 마리가 마주보고 있는 그림인데, 이는 아요디아왕국의 문장이기도 하다. 이 무늬가 조선시대에 그려진 것이라고 하더라도 김수로왕릉을 다시 조성할 때 전래된 전설들을 참조했을 가능성도 배제할 수 없다.

16) 허황옥의 도래에 대해서는 세 달에 걸쳐 바로 인도에서 왔다는 설(허명철, 『가야불교의 고찰』, 종교문화사, 1987)과 인도에서 출발한 선조들이 중국을 거쳐 도래했다는 설(김병모) 등이 있다.

17) 이희근, 『한국사 그 끝나지 않는 의문』(서울: 다우, 2001).

것들일 뿐 실제로는 왜와 관련이 있는 한반도의 서남부 출신이라고
주장하기도 한다.

여하튼 간에 허황옥의 등장과 함께 가락국에는 많은 변화가 있
게 된다. 가락국기에 따르면 허황옥은 자신의 여러 신하들을 거느
리고 많은 물품들을 가지고 바다를 건너 왔다. 그러나 이러한 사람
들과 물건들과 더불어 그들의 다양한 기술들도 또한 전해졌을 것이
다. 이바카의 화장무늬가 울람에게 전해진 것처럼, 아요디아의 쌍
어문이 김해에 전해졌을지도 모른다. 어떤 이들은 중국식 차 문화
가 허황옥과 더불어 전래되었을 것이라고 짐작하고 있다.[18]

수로왕은 허황옥의 도래 이후 아홉 추장의 이름을 외국사람들이
우습게 생각하지 않도록 변경하고, 계림의 직제를 취해 품계를 두
고, 그 아래 관리는 주나라의 법과 한나라의 제도에 따라 나누었다
고 가락국기는 전하고 있는데, 기록에 남은 관직의 개편을 고려해
볼 때 기록되지 않은 가락인들의 삶의 여러 영역이 얼마나 변화되
었을지 또한 짐작할 수 있다.

또 이어지는 기록에 보면 허황옥이 죽었을 때 온 나라 사람들이
땅이 꺼진 듯이 슬퍼하며 백성들을 자식처럼 사랑한 은혜를 잊지
않으려고 허황옥과 상관된 곳들의 지명을 허황옥의 행적을 따라 변
경하였다고 하는데, 이카가 죽은 다음에 울람족들에게 받았을 대우
가 바로 이와 같았을 것이라 짐작할 수 있다.

사실 허황옥은 지금 우리로서는 또한 쉽게 생각하기 어려운 대
우를 받았는데, 그것은 자신의 아들들 중에서 둘에게 자신의 성을

---

18) 이능화의 『조선불교통사』에 이러한 언급이 있다고 한다.

물려준 것이었다. 21세기에 와서 우리는 이제 가족법을 고쳐 어머니가 자신의 성을 아이들에게 물려줄 수 있도록 하려고 시도하고 있다. 하지만 허황옥은 1세기에 이미 자신의 성을 자신의 자손들에게 물려주었던 것이다. 울람족도 이카를 기려서 이카의 아들들 누구에게는 이바카라는 이름을 붙여주었을지도 모르는 일이다. 이카와 허황옥은 자연으로부터의 자유를 뜻하는 여러 기술을 전해 줌으로써 자신이 이른 곳의 사람들을 자유롭게 한 해방자들이었다.

1. 인간이 동물과 달리 갖는 초월성에 어떤 것들이 있는지 알아보자.
2. 영화『불을 찾아서』에 대한 다양한 비평을 수집하여 비교 검토해 보자.
3. 이 영화에서 찾아볼 수 있는 자연에서 인간에로의 전환들을 전부 찾아서 도표로 만들어 비교해 보자.
4. 자연의 구속으로부터 자유롭기 위하여 자신이 고안한 기술이 있었던지 찾아보자.
5. 김수로왕과 허황옥에 대한 논의들을 찾아서 비교해 보자.
6. 자신이 이 영화를 다시 만든다고 하면 어떻게 그 내용을 달리할 것인지를 적어보자.

읽을거리

다이아몬드 지음/김정흠 옮김,『제3의 침팬지』(서울: 문학사상사, 1996)
셸러 지음/진교훈 옮김,『우주에서의 인간의 지위』(서울: 아카넷, 2001)
김병모,『김수로왕비의 혼인길』(서울: 푸른길, 1999)

볼거리

아노,『에너미 앳 더 게이트』(2001, 미국)
아노,『티벳에서의 7년』(1997, 미국)
아노,『연인』(1991, 프랑스/영국)
아노,『장미의 이름』(1986, 이탈리아/서독(구)/프랑스)

2장 자연으로부터의 자유

『가타카』

1. 기술로부터의 자유

『불을 찾아서』에서 볼 수 있는 것처럼, 인간 은 자연을 이용함으로써 자연으로부터 벗어날 수 있었다. 마찰이 열을 만들고 불을 일으킨다 는 자연의 사실을 이용하여, 울람족은 춥고 어  두운 밤으로부터 자유롭게 되었다. 딱딱하고 질긴 고기는 부드럽고 연하게 바뀌었고, 손에 잘 잡히지 않던 물마저도 불의 힘을 얻어 단단해진 토기에 사로잡히게 되었다. 그러나 사로잡힌 것은 물만이 아니다.

울람족의 삶을 이어온 우리들도 마찬가지로 사로잡혔다. 낮에는 일하고 밤이면 쉬던 사람들은 이제 밤낮을 가리지 않고 일해야 하며, 자연의 영양분이 가득한 먹거리는 모두 불의 세례를 받아 알맹이 없는 찌꺼기로 변하고 말았고, 생명의 기가 넘치던 물들은 생기를 잃고 창백하게 변하고 말았다. 오늘날 우리가 수돗물이 아닌 생수를 마시고, 화식을 멀리하고 생식을 시도하며, 일상을 벗어나 휴가를 가려고 애쓰는 것을 보면 기술이 우리를 자유롭게 한 만큼 기술이 우리를 또한 구속하고 있음을 알 수 있다.

오늘날 문제가 되고 있는 자연으로부터의 자유는 자연 그 자체로부터의 자유라기보다는 데싸우어의 표현처럼 자연의 다른 측면인 기술로부터의 자유이다. 자연을 이용하여 자연의 구속을 극복하는 기술은 우리를 **자연의 구속**을 벗어나게 해주는 대신 **기술의 구속** 아래에 들게 한다. 오늘날 우리를 구속하고 있는 것은 이제 자연이라기보다는 기술이다. 여우를 피하려다 승냥이를 만난다는 말처럼, 인간은 삶을 편안하게 만들려고 시도하다가 뜻밖의 곤란에 빠져든 셈이다.

우리의 삶에 대한 잠깐의 반성에서 알아챌 수 있듯이, 기술은 자연을 벗어나게 해주는 대신 인간에게 새로운 형태의 구속들을 가져왔다. 인류의 초창기에 인간의 삶을 위협하던 자연은 기술에 의해 상당한 정도로 극복되었지만 이러한 극복의 도구인 기술은 인간의 삶을 비인간적인 형태로 왜곡시킨다. 왜냐하면 기술은 그 효율성을 극대화하기 위해 다른 모든 것을 희생시키는 경향이 있기 때문이다.

기술적 효율성은 원래 인간이 스스로 원한 것이기는 하다. 그러므로 그것은 원래 인간을 위한 효율성이었다. 하지만 기술의 발달은 이러한 효율성을 **인간을 위한 효율성**이 아니라 **효율성 그 자체**

 를 위한 효율성으로 변화시키는 경향이 있다. 바퀴를 만들고 마차를 만들고 자동차를 만든 것은 빠른 이동을 위한 것이었다. 하지만 성능 좋은 자동차들 때문에 오늘날 인간들은 고속도로에서 심각한 생명의 위협에 빠져 있다.

하지만 자동차가 우리에게 가하는 구속은 가속의 위험 정도에 그치지 않는다. 극단적으로 말하자면 우리가 어떤 운송수단을 선택하느냐에 따라서 우리의 삶의 방식이 크게 바뀐다. 우리가 두 발로 걸어 다닐 때, 말이나 마차를 사용할 때, 그리고 자동차를 사용할 때 우리의 삶의 방식은 본질적으로 달라진다. 예를 들어 자동차는 인간을 원자화시켜 인간 공동체를 해체해 버린다.

한 퀘이커교도는 이렇게 말한다. "지금 나는 일터에 가려면 40분 동안 차를 몰고 가야만 한다. 그 정도 거리는 말을 이용한다면 적어도 서너 시간은 걸릴 것이다. 그러므로 운  송수단을 말로 바꾸면 내 집 근처에서 일해야 한다."[1] 자동차는 이동을 편리하게 해주지만 그 대가로 인간관계의 밀도를 희박하게 만든다. 내가 자동차로 40분 내에 있는 인간들과 맺는 관계란 내가 걸어서 5분 내에 있는 인간들과 맺는 관계와 비교할 수 없을 정도로 희박하다.

기술이 인간을 구속한다는 이러한 생각에 반론이 없는 것은 아니다.

---

1) 힌쇼, "내게 정말로 필요한 물건", 새비지 엮음/김연수 옮김, 『플러그를 뽑은 사람들』(서울: 나무심는사람, 2001), p.158.

"내가 소유한 것들은 그저 도구일 뿐이야. 자동차는 내가 가고 싶은 곳으로 나를 이끄는 여러 방법 중 하나일 뿐이야. 이들 현대 기술이 나를 조종할 수는 없단 말이지. 내가 그 기술을 조종하고 있는 것이니까. 예컨대 나는 좋은 일에 자동차를 사용해. 자동차가 있기 때문에 나는 일주일에 두 번 양로원에 계시는 어머니를 뵈러 갈 수 있으니 말이야."

"양로원이라고? 어머니가 왜 그런 곳에 가 계셔?"

"거기라면 어머니를 잘 보살필 수 있으니까. 우리가 모시고 싶지만, 여력이 없어. 우리는 맞벌이 부부거든. 우리가 일하는 낮 동안 아이들을 보살필 사람을 구하는 것만으로도 빠듯하단 말이지."

이 얼마나 구슬픈 얘기인가? 지난 시절, 그저 손도구들만 사용하며 살아온 일반 민중들에게도 집에서 자신의 아이들과 늙은 부모를 돌볼 시간은 있었다. 그런데 이제 그 모든 신기한 발명품과 편리한 제품들이 많이 나왔음에도 우리는 병든 부모를 돌볼 시간조차 마련하지 못하고 있는 것이다. 무엇 때문에 이렇게 변했을까?[2]

그것은 바로 기술 때문이다. 이러한 기술의 구속은 이전의 종교적·정치적·경제적 구속과 같기도 하고 또한 다르기도 하다. 왜냐하면 그것이 구속이라는 점에서 같지만 기술적 구속은 예전의 구속과 달리 자신을 구속이 아닌 양 포장하는 좋은 재주를 가지고 있기 때문이다. 앞의 인용문에서 볼 수 있듯이 기술은 인간에게 겉으로는 호의적인 것으로 드러나지만 깊은 곳에서 인간을 구속하고 있다. 현대인에게는 기술로부터의 자유가 새로운 삶의 과제가 되었다.

---

2) 스톨, "삶의 방식을 바꿀 용기", 같은 책, pp.185~186.

2. 앤드류 니콜

 기술로부터의 자유라는 이러한 주제를 균형 있게 형상화하여 사람들의 큰 이목을 끈 영화가 뉴질랜드 출신의 신예 감독 니콜(Andrew Niccol)의 『가타카』(*Gattaca*, 1997)이다. 이 영화의 감독인 니콜은 시나리오 작가를 겸하고 있는데 이 영화의 각본 또한 자신이 직접 준비하였다. 니콜은 이 영화에서 기술편집증적인 미래사회에 대항하여 자신의 꿈을 이루어 가는 한 인간의 고투를 그려냄으로써 현대기술사회 속의 인간상을 풍자하고 있다.

니콜은 1964년 뉴질랜드에서 태어나 성장하였다. 그는 자신의 이러한 배경을 국외자라고 표현하기도 하였는데, 주류국가가 아닌 뉴질랜드적인 경험이 현대사회에 대한 비판적인 시각에 유리한 자양분이 되었으리라 짐작할 수 있다. 영연방의 중심인 영국에서 텔레비전 광고 감독으로 경력을 쌓기 시작하여 10여 년을 보낸 다음 "60초 이상 지속되는" 영화를 만들기 위하여 미국의 할리우드로 건너갔다.

그의 할리우드에서의 감독 데뷔작이 우리가 검토하고자 하는 이 영화 『가타카』이다. 그의 영화철학은 그가 쓴 시나리오에 의해 만들어진 세 편의 영화를 통하여 엿볼 수 있다. 그의 둘째 시나리오에 의거하여 우리가 6장에서 다룰 『트루먼쇼』(*The Truman Show*, 1998)가 만들어졌는데, 사실 이 시나리오가 『가타카』의 시나리오보다 먼저 준비되었다고 한다. 셋째 시나리오에 의해 만들어진 영

화가 시뮬레이션 원(Simulation One), 즉 『시몬』 (*SimOne*, 2002)이다. 『가타카』가 유전자로 인간 의 운명을 가늠하는 세계를 그렸다면, 『트루먼쇼』 는 현대사회에 만연한 남의 삶 훔쳐보기를 풍자하 고 있으며, 『시몬』은 사이버배우에 열광하는 대중 과 이를 보는 감독의 좌절을 조롱하고 있다.

세 영화의 한결같은 주제는 기술문화 속에서 방황하는 인간이다. 『가타카』의 주인공인 빈센트는 유전자조작으로 태어난 **인간의 아** 들이 아니라 자연적으로 태어난 **신의 아들**로서 유전적으로 완전한 인간의 효율성을 선택하는 기술사회 속에서 좌절한다. 『트루먼쇼』 의 주인공 트루먼은 자신이 알고 있는 모든 사람과 모든 세계가 거대한 세트이고 연기자라는 것을 또 자신의  삶 자체가 전 세계에 중계되고 있는 드라마라 는 것을 알지 못한 채 자신의 정체성을 찾아 헤맨다. 『시몬』의 주인공 타란스키 감독은 자 신이 만든 가상의 여배우 시몬에만 열광하며 자신의 영화철학에는 눈길조차 주지 않은 기술사회의 대중들에게 절망을 금하지 못한다.

니콜은 이 세 편의 영화만으로도 사람들의 주목을 받고 있다. 우 리는 니콜의 풍부한 상상력을 즐기면서 또한 동시에 그러한 상상 속에서 되풀이되고 있는 주제 즉 기술로부터의 자유에 대하여 다시 한번 생각해 볼 수도 있다. 늑대와 추위에 떨며 『불을 찾아서』 헤 매던 원시인류가 우주여행을 하는 『가타카』와 같은 미래인류가 되 었을 때 빠져들게 된 기술의 새로운 구속, 그 극단적 모습을 영화 『가타카』을 통해서 음미해 보자.

3. 영화『가타카』

하느님께서 이루어 놓으신 것을 보아라. 하느님께서 구부려 놓으신 것을 펼 사람이 어디 있는가? (전도서 7:13)[3]

나는 우리만 어머니인 자연을 함부로 바꾸어 놓으려고 한다고 생각하지 않는다. 자연도 우리가 그렇게 하기를 원한다고 생각한다. (Willard Gaylin)[4]

영화『가타카』는 두 개의 인용문으로 시작하고 있다. 전도서는 하느님이 하는 일을 인간이 어찌할 수 없다는 내용을 담고 있다. 인간이 무엇이든지 할 수 있다고 생각하는 것, 마음을 비우지 못하는 것, 그것의 어리석음을 이야기하고 있다. 사실 인간은 근세에 들어서 기고만장(氣高萬丈)하였다. 다시 말해 일이 뜻대로 잘되어 우쭐대며 뽐내는 기세가 대단하였다. 이 대단한 기세란 사실 잘 들여다보면 자연이 인간에게 허락한 어떤 것을 제 혼자 스스로 해내었다고 뽐내는 어리석음에 불과하다. 이 영화는 이러한 어리석음에 대한 이야기이다.

1) 가타카의 제롬 모로우

영화는 멀지 않은 미래 가타카라는 우주항해 회사의 1등 항해사

---

3) "Consider God's handiwork: who can straighten what He hath made crooked?"(Ecclesiastes 7:13)

4) "I not only think we will tamper with Mother Nature. I think Mother wants us to."(Willard Gaylin)

인 제롬 모로우(Jerome Morrow)의 일상으로
부터 시작된다. 샤워 부스에서 샤워를 한 그
는 샤워 부스를 불로 청소하고 다른 사람의
오줌과 피를 숨긴 다음 회사로 출근한다. 출
입구를 다른 사람의 피로 통과하고, 회사의 컴퓨터를 사용하고 난
다음에도 자신의 세포를 청소하고 다른 사람의 세포를 뿌려놓으며
빗에도 다른 사람의 머리카락을 끼워 놓는다. 의사에게 가서 소변
검사를 받지만 숨겨온 소변으로 통과한다. 그는 일주일 후면 토성
의 한 위성으로 1년 간의 우주비행을 하도록 계획되어 있다. 그의
유전적 특성은 이러한 임무에 누구보다도 적합하였으며, 그의 삶에
는 아무런 문제도 없었다. 단 하나 문제가 있다면 제롬 모로우가
사실은 제롬 모로우가 아니라는 것, 그것이었다.

이 영화의 이름이자 주인공이 근무하는 회사의 이
름인 가타카(GATTACA)는 유전자의 본체인 DNA를
구성하고 있는 염기들인 아데닌(adenine: A), 구아닌
(guanine: G), 시토신(cytosine: C), 티민(thymine: T)
만으로 만들어진 이름이다. 왓슨과 크릭에 의해 밝혀
진 이중나선구조에서 계단의 받침대를 구성하고 있는
것이 바로 이 염기들이다.[5] 영화에서는 또 연출자와
출연자의 이름을 염기를 나타내는 A, C, G, T를 강조하여 보여주
며, 주인공이 거주하는 공간에 이중나선계단을 설치함으로써 이 영
화가 이러한 유전자를 소재로 하고 있음을 확실히 보여주고 있다.

---

5) 왓슨 지음/하두봉 옮김, 『이중나선 — 핵산의 구조를 밝히기까지』(서울: 전
   파과학사, 2000).

2) 빈센트와 안톤

 그러면 제롬이 아닌 이가 왜 제롬의 피와 오줌을 이용하여 제롬인 양 행세하고 있는 것일까? 그는 도대체 누구이고 왜 그러한 행동을 하고 있는 것인가? 그는 빈센트(Vincent)이다. 그는 유전학자보다 하느님을 더 믿었던 어머니에 의해서 유전학적으로 처리되지 않고 자연적으로 태어난 인간이었다. 그렇다면 그렇지 않고 태어날 수 있는 인간도 멀지 않은 미래에는 가능하다는 것인데, 그의 동생 안톤(Anton)은 바로 그렇게 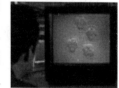 태어났다. 부모는 인공적으로 수정되고 유전학적으로 스크린 된 수정란 중에서 안톤을 태어나게 했다. 왜냐하면 빈센트는 심장질환과 심한 근시를 타고났으며 30살밖에 못살 확률이 99%였기 때문이다. 빈센트에 실망한 부모는 그런 결함이 없는 다른 아이를 원했다.

아이들은 이러한 예측대로 자라났는가? 그렇다. 그러나 빈센트는 우주여행이라는 꿈을 가지고 있었다. 물론 이러한 꿈은 비현실적이었다. 그처럼 나쁜 형질을 가진 사람에게 투자할 회사는 없을 것이기 때문이다. 물론 법은 이러한 형질에 따른 차별 즉 유전자차별주의(genoism)를 금지하고 있었지만 회사는 이익을 위해서라면 이러한 불법도 삼가지 않을 것이다. 그러므로 빈센트의 꿈은 그의 어머니의 말처럼 비현실적이었다. 그러나 빈센트는 1%의 기회를 엿보고 있었다. 그는 늘 지던 동생과의 수영시합에서 오히려 탈진한 동생을 구해내고 자신의 꿈을 향해 집을 떠난다.

 빈센트의 전체 이름은 빈센트 안톤 프리만 (Vincent Anton Freeman)이다. 어머니는 그를 안톤 프리만으로 명명할 작정이었지만 아버지는 그를 빈센트 안톤 프리만으로, 그리고 그의 동생을 안톤 프리만으로 명명한다. 안톤은 그의 아버지의 이름이었다. 주인공은 동생이 아버지의 이름을 받을 자격을 갖추었다고 생각한다. 다만 성을 프리만으로 한 것이 눈에 띈다. 감독은 자유로운 인간(free man)을 구태여 자신의 주인공의 성으로 삼고서 관객들에게 자신의 이상을 시사하고 싶었던 것으로 보인다.

3) 빈센트 안톤 프리만과 제롬 모로우

집은 떠난 빈센트는 자신의 유전적 결함 때문에 청소부라는 직업을 가지고 살아가다가 가타카의 청소부로 일하게 된다. 우주여행이라는 그의 꿈이 달성될 수 있는 장소 가까이에 있었지만 그의 처지는 그의 꿈과는 결코 가깝지 않았다. 하지만 그는 육체적으로나 학문적으로 우주여행을 계속 준비한다.

이러한 그에게 중계업자가 찾아와 그의 신분을 바꿀 방법을 제시한다. 탁월한 유전적 소양을 가지고 있지만 불의의 사고로 허리를 다친 사람과 신분을 바꿀 것을 제안한다. 물론 수입의 일정한 양을 넘겨주기로 하고. 콘택트렌즈, 키 확장 수술, 사인 연습 등을 거쳐 빈센트는 제롬으로 변신한다. 진짜 제롬 즉 제롬 유진 모로우로부터 소변과 피를 빈 가짜 제롬은 인터뷰를 무난히 통과하여 가타카에 입사한다. 이렇게 하여 도입부의 제롬 모로우의 일상이 있게 된 것이었다.

유전적 열성인 빈센트는 유전적 우성인 제롬으로 변신하여 자신의 짐을 덜었지만 사실 유전적 우성인 제롬에게도 짐은 있었다. 빈센트와 같은 이들은 하느님이 만든 자궁에서 태어난 병약한 자(invalid)이어서 그로 인한 짐을 질 수밖에 없었지만, 제롬과 같은 이들은 유전적으로 처리된 강건한 자(valid)인 까닭에 그에 걸맞게 완전해야 한다는 짐을 또한 지고 있었다. 실제로 제롬은 유전자적으로는 탁월했지만 그의 은메달이 보여주는 것처럼 늘 2등이었기 때문에 그 또한 부담을 면하지 못하고 있었다.

4) 한 감독관의 죽음

그런데 빈센트의 이러한 변신을 거의 눈치 챈 감독관이 있었는데, 그 문제는 그가 살해당함으로써 해결되었다. 그러나 빈센트가 자신의 속눈썹을 현장 근처에 떨어뜨림으로써 용의자로 의심을 받게 된다. 그런데 그 살인사건 수사의 지휘자는 바로 빈센트의 동생 안톤이었다. 그는 그의 형이 그런 일을 했을 것이라는 것을 믿지 않으려 하지만 담당형사는 빈센트를 목표로 점점 더 접근해 온다. 하지만 빈센트의 정체가 거의 드러날 순간 토성탐사계획을 어떻게든 수행하고 싶어했던 다른 감독관이 그 계획을 반대한 감독관을 죽인 것으로 밝혀져 빈센트는 수사망으로부터 자유롭게 된다.

하지만 빈센트는 자신의 동생이 자신을 찾고 있음을 알아채고 동생을 만난다. 동생은 형이 불법을 저질렀다고 지적하면서 형을 고발하려고 한다. 빈센트는 자신이 예전의  수영시합에서 동생을 구했음을 지적하면서 자신을 옹호하지만 이를 부정하는 동생을 설득하기 위해 다시 한번 수영시합을 한다. 다시 수영시합에서 동생을 이기고 그를 구해줌으로써 동생을 설득 하는 데 성공한다. 그리고 그는 친구들과 연인의 격려 속에서 꿈에 그리던 우주항해를 떠난다.

영화 『가타카』는 유려한 화면만으로도 관객을 즐겁게 만든다. 광고의 한 장면인 것 같은 멋진 장면들로 영화는 이어지고 있어 내 용을 고려하지 않는다고 하더라도 시각적으로 기쁨을 준다. 특히 특별한 특수효과 하나 없이 오히려 고전적인 화면들을 사용하여 성 공적으로 미래를 표현하고 있는 재치는 적은 예산으로도 큰 효과를 얻을 수 있음을 훌륭하게 보여주고 있다. 하지만 내용의 정합성과 관련해서 살인사건의 수사는 구성상의 완벽성을 보여주고 있지는 않다. 감독은 이야기를 전개하여 메시지를 전하는 것 외에 그러한 완벽성에 대해서는 별로 관심을 가지고 있지 않은 것으로 보인다.

5) 빈센트의 친구들과 연인

이러한 과정 중에 빈센트는 친구들과 연인을 갖게 된다. 자신의 신분을 제공하고 그 대신 돈을 받기로 한 진짜 제롬 모로우인 유진

 은 빈센트의 꿈과 그의 삶의 방식을 보면서 그에게 우정을 느낀다. 그는 살인혐의자로 의심받는 중에 자신의 계획을 포기하려고 하는 빈센트를 격려한다. 빈센트의 정체가 폭로되지 않도록 하기 위하여 자신의 마비된 다리를 가지고 긴 계단을 스스로 오르는 생각할 수 없었던 일도 감행한다. 그리고 빈센트가 우주여행을 떠나는 순간 빈센트가 평생 동안 필요한 피와 오줌 등을 준비해 놓고 자신을 소각함으로써 자신의 생을 마감하고 새로운 삶에로의 여행을 떠난다.

다른 한 친구는 가다카의 의사 라마(Lamar)인데, 그 또한 우주여행을 꿈꾸는 병약한 아들을 가진 사람이다. 그는 빈센트의 정체를 어렴  풋이 눈치채지만, 그리고 마지막 순간에는 확실한 증거를 발견하지만 그의 우주여행이 가능하도록 그 사실을 숨긴다.

빈센트에게는 빈센트와 마찬가지로 우주여행을 꿈꾸는 여자동료 아이린(Irene)이 있다. 서로는 서로에게 관심을 가지지만 아이린은  자신이 유전학적으로 처리되기는 했지만 심장이상의 가능성을 가지고 있기 때문에 완전한 형질을 가진 빈센트가 자신을 선택할 것인지를 걱정한다. 빈센트는 그녀에게 개의치 않음을 보여주는데, 살인용의자의 추적을 피하는 과정에서 그녀에게 자신의 정체를 드러내 보이고 그녀도 그의 정체에 개의치 않음을 또한 보여준다.

사람들은 『가타카』에서 보이는 인간관계들 중에서 빈센트와 아이린의 관계를 과소평가하고 감독이 오히려 빈센트와 유진의 관계를 좀더 충분히 그려내었더라면 좋았을 것이라고 생각하기도 한다. 물론 영화 속에서 빈센트와 유진은 대비적인 상황에 놓여 있어 좋은 이야깃거리를 제공하며, 이런 의미에서 이 부분을 좀더 자세히 서술하는 것이 영화를 좀더 유의미하게 만들었을 수도 있었을 것이다. 그리고 빈센트와 아이린의 관계는 분위기 있는 러브스토리가 있어야 한다는 상업적 고려가 작용한 것처럼 보이기도 한다. 그러나 다른 한편으로 빈센트와 아이린의 관계는 영화의 주제 즉 인간의 자유를 보여주는 데에 결정적인 역할을 하기도 한다. 이러한 점들을 좀더 자세히 살펴보기로 하자.

4. 기술에서 인간으로

1) 유전자차별주의

니콜은 이 영화에서 몇 개의 신조어를 사용하고 있는데, 그 중에서도 유전자차별주의(genoism)라는 말이 기술의 인간에 대한 구속을 가장 또렷이 보여주고 있다. **인종차별주의**가 인종에 따른 차별을 정당화하는 것처럼 **유전자차별주의**는 유전자에 따른 차별을 정당화한다. 니콜이 그려내고 있는 유전자차별주의적인 사회는 사실 고대 그리스의 철학자 플라톤(Platon, BC 429?~347)이 그려내었던 이상국가의 모습과 아주 유사하다.

플라톤의 이상국가는 세 계급 즉 통치자와 군인과 생산자에 의해 이루어져 있다. 그는 아이들을 교육시켜 나가는 과정에서 그 자질에 맞추어 아이들을 생산자 계급이나, 군인 계급이나, 통치자 계급으로 키워나가야 한다고 생각했다. 왜냐하면 다른 계급에 적합한 자질을 가진 아이가 그 계급이 아닌 다른 계급에서 일한다는 것은 사회적으로 낭비이거나 비효율일 것이기 때문이다. 이론적으로 말하자면 사람들이 자신의 자질에 맞는 활동을 할 때 그 사회는 최상의 효율성을 유지할 수 있을 것이다.[6]

니콜이 그려내는 유전자차별주의적인 사회도 바로 이러한 효율성의 개념에 근거하고 있다. 우주항해에 적합한 유전자, (이번에는 자질이 아니라 유전자이다) 그것을 가진 사람을 우주항해사 후보로 뽑는 것이 정당하다는 태도이다. 물론 플라톤 시대와 달리 기독교 이념이 이미 도입된 사회이기 때문에 차별의 부당성에 대한 이념이 효율성에 제동을 걸고 있기는 하다. 그러나 그러한 제동은 별로 효과적이지 못하다.

내 아버지가 옳았다. 내가 이력서에 얼마나 많은 거짓말을 적어 넣는가는 문제가 되지 않는다. 나의 진짜 이력서는 나의 세포이기 때문이다. 나보다 유전적으

---

6) When each of these classes performs its own role appropriately and does not try to take over the function of any other class, Plato held, the entire city as a whole will operate smoothly, exhibiting the harmony that is genuine justice. (Republic, 433e)

로 훨씬 문제가 없는 지원자가 수없이 있는데 왜 나를 훈련시
키기 위하여 그 많은 돈을 투자하겠는가? 물론 차별을 하는 것
은 위법이다. 유전자차별주의라는 것이다. 그러나 아무도 법을
따르려 하지 않는다.[7]

오늘날 우주항해사를 선발할 때 어떤 사람이 백인이거나, 흑인이
거나, 황인이라는 이유로 배제당한다면 그것은 인종차별이라는 큰
문제를 야기할 것이다. 그러나 그 사람의 신체적인 조건이 우주여
행에 적합하지 않다는 이유로 그 사람을 배제한다면 우리는 그러한
결정을 합리적인 결정이라고 받아들일 것이다. 그러므로 사실 유전
자차별주의는 아니라고 하더라도 그와 비슷한 것을 우리는 이미 받
아들이고 있다.

하지만 니콜은 이러한 태도에 근본적인 문제가 숨어 있다고 지
적한다. "유전자차별주의가 다른 영역에 적용된다면 예를 들어 보
험가입에 적용된다면 어떻게 되겠는가?" 하고 묻는다. 보험제도가
유지될 수 있도록 보험회사의 이익을 보장하기 위하여, 아니면 그

가입자로 인한 다른 보험가입자들의 추가적
경제적 부담을 덜어주기 위하여, 보험회사에
서 유전적으로 질병위험성이 큰 아이에 대한
보험을 거부한다면 우리는 어떻게 하겠는가?

---

7) My father was right. It didn't matter how much I lied on my resume.
my real resume was my cells. Why should anybody invest all that
money to train me, when there are a thousand other applicants with a
far cleaner profile? Of course, it's illegal to discriminate — "genoism"
it's called — but no one takes the laws seriously.

실제로 이런 일은 오늘날도 이미 벌어지고 있다. 영화에서 빈센트는 유치원에 입학하지 못한다. 왜냐하면 의료보험에 가입하지 못하기 때문이다. 그래서 부모들은 자연스런 방법 즉 유전공학적으로 처리된 안톤을 낳기로 결심한다. 이렇게 보면 유전자차별주의는 기술에 의해 새롭게 도입된 인종차별주의이다.

기술이 이처럼 사람에게 권력을 휘두르고 있다는 사실을 일찍이 날카롭게 지적한 사람은 현대의 독일 철학자 하이데거(Martin Heidegger, 1889～1976)이다.

> 기술은 그 기술의 본질과 같은 것이 아니다 … 우리가 기술적인 것만을 생각하고 그것을 이용하는 데에만 급급하여 그것에 매몰되거나 (그것을) 회피하는 한, 기술의 본질에 대한 우리의 관계를 결코 경험할 수 없는 것도 그 때문이다. 우리가 기술을 열정적으로 긍정하건 부정하건 관계없이 우리는 어디서나 부자유스럽게 기술에 붙들려 있는 셈이다.8)

기술의 인간에 대한 구속, 그리고 그것으로부터의 자유는 과거의 정치적 경제적 구속으로부터의 자유와 마찬가지로 인류가 해결해야 할 새로운 과제이다.

2) 가능성과 현실성

유전자차별주의와 더불어 니콜이 부정하고 있는 다른 하나는 과

---

8) 하이데거 지음/이기상 옮김, 『기술과 전향』(서울: 서광사, 1993), pp.15～17.

학기술이 모든 것을 예언할 수 있다는 **기술전지성(omnisciency)**이다. 영화의 주된 줄거리도 이러한 기술전지성의 오류에 근거하고 있다. 빈센트는 병약한 자이고 유진은 강건한 자이지만 영화에서 두 사람의 현실은 전도되어 있다. 유진은 우연한 사고로 자신의 유전적 자질을 제대로 발휘하지 못하고 있으며, 빈센트는 자신의 초월적 의지로 자신의 유전적 자질이 발현되지 않도록 가로막고 있다. 이러한 두 사람의 삶이 영화의 주된 줄거리이다.

> 유전적으로 우월한 자가 성공할 가능성은 더 높다. 그러나 그러한 성공이 보장되는 것은 아니다. 결국 운명을 결정해 주는 유전자는 없는 것이니까. 이런저런 이유로 엘리트 유전자를 가진 자가 어려움에 처하게 되면, 그의 유전적 정체는 악당에게는 좋은 상품이 된다. 한 사람이 잃으면 다른 사람이 얻게 마련이다.9)

유전자차별주의가 차별이라는 **윤리적 잘못**을 범하고 있다고 주장하는 한편, 니콜은 유전자차별주의가 가능성과 현실성을 혼동하는 **사실적 잘못**을 또한 범하고 있다고 주장한다. 빈센트가 태어났을 때 그의 심장이 20~30대에 멈출 확률이 99%였다. 빈센트는 나머지 1%의 가능성을 살기 위하여 노력한

---

9) For the genetically superior, success is easier to attain but is by no means guaranteed. After all, there is no gene for fate. And when, for one reason or another, a member of the elite falls on hard times, their genetic identity becomes a valued commodity for the unscrupulous. One man's loss is another man's gain.

다. 아이러니컬하게도 형사도 10%의 가능성을 쫓아 빈센트를 추적한다. 빈센트는 아이린에게 자신의 정체를 드러내면서 1%의 가능성이 현실이 되는 것이 가능하고 이미 이루어졌다고 설득한다.

이러한 가능성과 현실성의 불일치는 빈센트의 삶에서만 발견되는 것이 아니다. 빈센트와는 대립되는 형질을 가지고 있는 유진에게서도 발견된다. 유진은 이중적으로 불행한 인물인데, 사고로 다리를 사용할 수 없게 된 것도 그의 불행이지만, 그 전에도 그는 금메달리스트가 아니라 은메달리스트였다. 유진은 1등의 가능성을 가지고 있었지만 늘 2등의 현실에 놓여 있었다. 과학기술은 늘 필연인 척 행동하지만 삶은 늘 예측할 수 없는 우연으로 채워져 있다. 니콜이 지적하고자 하는 것은 바로 이러한 현실이다.

니콜은 유진을 통하여 우리에게 필요한 것은 **기술적인 몸**이 아니라 **인간적인 꿈**이라고 주장한다. 유진은 처음에 빈센트에게 자신의 신분을 제공한 대신 수입의 20%를 받지만 나중에는 빈센트에게서 그의 꿈을 얻는다. 기술적으로 확정된 가능성으로서의 현실이 아니라 기술적 확정을 넘어서는 초월적 가능성으로서의 꿈을 유진 또한 갖게 된다. 유진과 빈센트가 마지막으로 만나는 장면에서, 빈센트가 자신이 돌아온 이후를 대비하여 여러 가지 준비를 해준 유진에게 고맙다고 인사하자 유진은 이렇게 말한다. "나는 계약을 좀더 좋게 만들었을 뿐이야. 나는 너에게 나의 몸을 빌려주고 너는 나에게 너의 꿈을 빌려주는 것이지."[10]

---

10) I got the better end of the deal. I only lent you my body. You lent me your dream.

가능성을 현실성이라고 착각하는 기술의
혼동을 꼬집기 위하여 니콜은 빈센트가 가고
자 하는 토성의 위성인 티탄을 늘 구름에 뒤
덮여 있어 알 수 없는 곳이라고 묘사하고 있
다. 니콜에 따르자면 삶은 유전자처럼 확정적인 지도를 가지고 있
는 것이 아니라 담배연기가 가득 찬 포도주 잔처럼 그 바닥에 무엇
이 있는지 아니면 아무 것도 없는지 조차도 모르는 미지의 꿈이다.
이러한 꿈의 가능성을 배제하는 기술의 전지주의는 기술시대의 **미
신**이다. 이러한 미신은 과거의 종교적 미신과 마찬가지로 인간의
자유를 구속한다. 인간의 자유로운 꿈을 가로막는 기술적 미신으로
부터 해방 또한 인류의 새로운 과제이다.

3) 기술과 사랑

기술이 유린하는 인간의 삶은 유전자차별주의나 기술전지주의에
그치지 않는다. 인류 삶의 초기에 인류에게 그렇게 우호적이었던
기술은 거듭되는 발전을 통하여 인간을 추월하게 된다. 일단 인간
을 추월한 기술은 이제 인간을 자신에게 종속적으로 만들게 되는
데, 『가타카』는 이러한 인간의 종속상태를 뛰어나게 묘사하고 있
다. 물론 이러한 종속상태는 기술적인 유전자차별주의가 사회적인
인종차별주의 다음에 오듯이, 사회적 종속상태가 있고 난 다음에
오게 된다.

사람들은 사랑의 아이 즉 사생아가 행복해질 수 있는 더 큰

기회를 가진다고 말하곤 한다. 하지만 이제는 더 이상 그렇게
말하지 않는다.[11]

사생아는 혼인이라는 사회적 구속의 틀을 벗어나 태어난 아이이
다. 유전자감식이라는 기술적 구속을 당하기 이전에도 사랑은 이러
한 사회적 구속 속에 있었다. 사생아가 더 큰 기회를 갖는다는 주
장은 사생아라는 사회적으로 인정받지 못하는 사람들을 위로하기
위해서든지 아니면 그 어떤 구속으로부터도 자유로운 사랑의 우월
성을 정당화하기 위해서 만들어진 말처럼 보인다. 하지만 이제 더
이상 이렇게 말하지 않는다면 어떻게 말해야 할까? **'사랑의 아이
즉 사생아'** 대신 **'신의 아이 즉 병약한 자'**를 대신 삽입하면 될 것
이다.

　　사람들은 신의 아이 즉 병약한 자가 행복해질 수 있는 더 큰
　　기회를 가진다고 말하곤 한다.

사랑에 대한 기술적 구속을 살펴보기 전에
사랑에 대한 사회적 구속을 우선 살펴보기로
하자. 이러한 구속의 전형적인 모습을 우리는
한 결혼정보회사의 신청서를 통해서 알아볼
수 있다.[12] 결혼정보회사의 특별회원이 되고자 하는 남성은 일정한

---

11) They used to say that a love child has a greater chance of happiness.
They don't say that any more.
12) 물론 필자는 결혼정보회사가 이러한 구속의 원인이라고 생각하지는 않는다.
사랑에 대한 이러한 구속은 우리 사회가 이미 가지고 있는 것일 뿐이며, 결

직업, 학력, 연봉, 신장, 외모를 갖추고 있어야 한다. 예를 들자면 전문직에 종사해야 하며, 서울중위권대 의예과 이상의 학력을 가져야 하고, 1억 원 이상의 연봉, 172cm 이상의 신장, 호감도 평균 이상의 외모를 갖추어야 한다. 집안의 자격도 까다로운데, 남성은 50억 원 이상의 재산가여야 하고 여성은 20억이 더 많은 70억 원 이상의 재산가여야 한다.

어떤 사람이 어떤 사람에게 사랑한다고 말할 때 그 말의 의미가 무엇일까? 고양이가 쥐를 좋아하듯이 그렇게 좋아한다는 의미일까?[13] 오늘날 우리의 풍속을 보면 사랑한다는 말은 좋아한다는 말과 의미가 별로 다르지 않는 듯이 보인다. 그렇지 않다면 상대방이 출중한 직업과 학력, 연봉과 외모를 갖추어야 할 이유를, 게다가 집안이 재산가여야 할 이유를 생각하기가 어렵기 때문이다. 우리의 사랑은 자유스럽지 않다. 우리의 사랑은 신체적 외모에만 구속당하고 있는 것이 아니라 경제적 자본에 또한 구속당하고 있다.

『가타카』에서의 사랑은 어떠한가? 영화에서는 인종이나 자본이 문제가 되고 있는 것으로 보이지는 않는다. 여기서는 모든 문제가 유전자이다. 키스를 나누고 입술에 묻은 타액을 검사함으로써 상대방의 유전정보를 파악할 수 있다. 결혼정보회사의 신청서에는 거짓말을 늘어놓을 수 있지만 타액은 거짓말을 하지 않는다. 상대방의 모든 가능성이 한 눈에 파악된다. 영화에서 **사랑**

혼정보회사는 이러한 사회적 구속을 표면화시켰을 뿐이라고 생각한다. 문제는 결혼정보회사가 아니라 우리의 자유롭지 못한 영혼이다.

13) 김성동, 『인간 ─ 열두 이야기』(서울: 철학과현실사, 2002), p.252.

은 기술에 **구속당하고 있다.** 그러므로 상대방에게 사랑을 느낀다면 양심적으로 해야 할 일은 머리카락을 하나 뽑아 주면서 이렇게 말하는 것이다. "여기 이걸 가져가. 여전히 관심이 있다면 그렇다고 말해줘."14)

이런 말을 들었을 때 우리가 자유롭다면 어떻게 행동해야 하는가? 니콜은 이렇게 말한다. "미안해. 바람에 머리카락이 날아가 버렸네."15) 우리가 자유롭다면 우리는 그 머리카락의 유전자 검사를 필요로 하지 않는다. 왜냐하면 사랑이란 상대방을 **분석적으로 이해**하는 것이 아니라 **우주적으로 이해**하는 것이기 때문이다.16) 상대방을 우주적으로 이해한다는 것은 상대방을 어떤 기준에 의해서, 지금 같으면 직업, 학력, 연봉, 신장, 외모에 의해서, 멀지 않은 미래 같으면 유전형질에 의해서, 평가하는 것이 아니라 상대방이 그밖의 모든 것들을 평가하는 기준이 되는 이해방식이다. 이럴 경우 상대방이 어떤 속성을 가진 사람인가가 중요한 것이 아니라 상대방이 있다는 것 자체가 중요하다.

자신의 연인이 연인이 되기 위해서 유전자 검사가 필요하다면 연인을 연인으로 만드는 것은 사랑이 아니라 유전자 검사이다. 사랑에 대한 기술의 이러한 구속은 사실 오늘날 사랑에 대한 자본의 구속의 연장선상에 있다. 기술은 그러한 구속을 더 정교하게 만든다. 기술은 상대방의 속성을 더욱 명백하게 나에게 제공해 준다. 유전자는 그가 어떤 사람인지를 그의 재산명세서보다 더 명확히 나

---

14) Here take it. If you're still interested. let me know.
15) I'm sorry. The wind caught it.
16) 김성동(2002), p.267.

에게 알려준다.

유전자 기술은 상대방의 폭력성향이 얼마나 되는지 알려주기 때문에 혼수를 적게 해 왔다고 폭력을 행사할 사람과 최소한 결혼하지 않게 한다. 집안이 파산할 가능성이나 고액의 연봉직에서 실직할 위험성도 모두 알려주기 때문에 결혼의 실패 가능성을 확실하게 줄여준다. 하지만 기술이 사랑에 어떤 효율성을 제공하든 간에 기술은 사랑을 더욱 사이비적인 사랑으로 만들고 인간은 더욱 부자유스럽게 만든다. 기술과 소유로부터 자유로운 사랑은 이미 희귀종이 되어버린 낭만주의자들에게만 가능한 것일까?

5. 기 심

앞에서 지적한 것처럼 기술이 이처럼 인간을 부자유스럽게 만든다는 사실을 서양인들이 제대로 깨닫게 된 것은 20세기에 들어와서이다. 20세기 전반에 하이데거와 같은 이들의 철학적 반성이 있었음에도 불구하고 서양적 사유의 주류는 사실 여전히 기술을 해방자로 파악하고 있다. 하지만 동양에서는 이미 기원전 4세기경에 기술에 대한 비판이 있었다. 그 당시 장자(莊子, BC 369~289?)와 그의 제자들은 기술이 인간을 구속할 수 있음을 염려하고 있었다.

자공이 … 한 노인이 밭일을 하고 있는 것을 보았다. 굴을 뚫고 우물에 들어가 항아리를 안아 내다 가는 밭에 물을 주고 있었다. 애를 써서 수고가 많은데 그 효과는 아주 적었다. 자공이 말했다. "여기 기계가 있으면 하루에 백 이랑도 물을 줄 수가 있습니다. 조금만 수고해도 효과가 큽니다. 댁께선 그렇게  해보실 생각이 없습니까?" … "어떻게 하는 거요?" "나무에 구멍을 뚫어 기계를 만들고 뒤쪽은 무겁게 앞쪽은 가볍게 합니다. 흐르듯이 물을 떠내는데 콸콸 넘치도록 빠릅니다. 그 기계 이름을 용두레라고 하죠." 밭일을 하던 노인은 불끈 낯빛을 붉혔다가 웃으면서 말했다. "나는 내 스승에게서 들었소만, 기계를 갖는다면 기계에 의한 일이 반드시 생겨나고 그런 일이 생기면 반드시 기계에 사로잡히는 마음이 생겨나오. 그런 마음이 가슴 속에 있게 되면 곧 순진 결백한 것이 없어지게 되고, 그것이 없어지면 정신이나 본성의 작용이 안정되지 않게 되오. 정신과 본성이 안정되지 않은 자에겐 도가 깃들지 않소. 내가 모르는 게 아니오. 부끄러워 쓰지 않을 뿐이오." 자공은 부끄러워 어쩔 줄을 모르며 고개를 숙인 채 잠자코 있었다.[17)]

---

17) 장자 지음/안동림 역주, 『장자』(서울: 현암사, 1993), 「천지」, pp.327~328.
子貢南遊於楚, 反於晉, 過漢陰見一丈人方將爲圃畦, 鑿隧而入井, 抱甕而出灌, 滑滑淵用力甚多而見功寡. 子貢曰:「有械於此, 一日浸百畦, 用力甚寡而見功多, 夫子不欲乎?」爲圃者仰而視之曰:「奈何?」曰:「鑿木爲機, 後重前輕, 挈水若抽., 數如泆湯, 其名爲槹.」爲圃者忿然作色而笑曰:「吾聞之吾師, 有機械者心有機事, 有機事者必有機心. 機心存於胸中, 則純白不備, 純白不備, 則神生不定, 神生不定者, 道之所不載也. 吾非不知, 羞而不爲也.」子貢瞞然慙, 俯而不對. 有間, 爲圃者曰:「子奚爲者邪?」曰:「孔丘之徒也.」爲圃者曰:「子非夫博學以擬聖, 於于以蓋衆, 獨弦哀歌以賣名聲於天下者乎? 汝方將妄汝神氣, 墮汝形骸, 而庶幾乎! 汝身不能治, 而何暇治天下乎? 子往矣. 無乏吾事!」子貢卑陬失色, 頊頊然不自得.

공자의 제자인 자공은 효율성을 강조하는 기술찬미주의자이다. 애를 써서 수고가 많은데도 그 효과가 아주 적은 항아리를 사용하여 물을 대는 노인에게, 조금만 수고해도 효과가 큰 용두레를 권한다. 그러나 이 노인은 뜻밖의 대답을 해온다. 자신이 용두레를 모르는 것이 아니라 용두레를 사용하는 것이 부끄러워서 사용하지 않을 뿐이라는 것이다. 노인은 효율성이 문제가 아니라 도가 문제이며, 기계를 사용하면 효율성을 누리기는 하겠지만 이와 동시에 도를 잃게 될 것을 염려한다고 대답한다. 노인은 장자의 제자인 셈이다.

장자에 따르면 기계가 있으면 기계를 사용하게 되고 기계를 사용하게 되면 마음이 기계에 사로잡히게 되고, 마음이 기계에 사로잡히면 마음의 순수성이 없어지고 마음의 순수성이 없어지면 마음이 제 모습을 잃게 된다. 그러므로 장자의 견해에 따르면 인간의 마음이 기계에 사로잡히게 되는 것, 인간의 **마음이 기계에 의해 구속을 받는 것** 즉 **기심**(機心)은 인간의 큰 재앙이었다.

유전공학의 발달에 따르는 유전자차별주의나 기술전지주의는 바로 이러한 재앙이다. 이런 재앙을 당하게 되면 사랑하는 마음은 더

이상 사랑하는 마음일 수 없게 된다. **사랑하는 마음**은 그 순수한 정체를 잃게 되고 **좋아하는 마음**으로 바뀌게 된다. 도가 깃들지 않는다는 말의 의미는 아마 이러한 뜻일 것이다. 영화에서 보면 아이린은 빈센트에게 자신이 빈센트의 유전정보를 검사하였음을 고백하면서 미안하다고 사과하는데, 이는 그녀가 물 긷는 노인이 용두레를 사용하게 되었을 때처럼 자신을 부끄럽게 생각한

까닭일 것이다.

물론 기술에 대한 장자의 이러한 태도는 나중에 서양의 기술수준이 동양의 기술수준을 추월하게 만드는 한 원인이 되었다는 비판을 받기도 한다. 하지만 서양의 기술이 그 한계를 노출시키고 있는 오늘날 장자의 기술에 대한 비판은 새로운 생명을 얻고 있다. 기술은 자연을 이용하여 자연을 극복함으로써 인간의 **기술적 자유**를 증대시켰다. 하지만 이러한 기술적 자유의 증대와 더불어 기술은 인간의 **인간적 자유**를 억압하기 시작하였다. 이러한 억압으로부터 벗어나기 위하여 우리는 장자의 기심이라는 명제를 새겨볼 필요가 있다.

생각거리

1. 보험가입 전에 유전자 검사를 하는 절차가 정당화될 수 있을지 검토해 보자.
2. 이 영화가 묘사하는 가타카적인 상황이 현재의 상황과 가지는 차이점들을 전부 찾아서 도표로 비교해 보자.
3. 이 영화에서 말하는 인간의 자유를 유전자 결정론과 대비하여 이야기해 보자.
4. 기술로 인하여 자신이 겪고 있는 구속을 찾아서 지적하고, 그것으로부터 자유로워질 수 있는 방법이 어떤 것인지 찾아보자.
5. "기심" 내지 "기술로부터의 자유"라는 제목으로 짤막한 에세이를 작성해 보자.
6. 자신이 이 영화를 다시 만든다고 하면 어떻게 그 내용을 달리할 것인지를 적어보자.

읽을거리

새비지 엮음/김연수 옮김, 『플러그를 뽑은 사람들』(서울: 나무심는사람, 2001)

왓슨 지음/하두봉 옮김, 『이중나선 — 핵산의 구조를 밝히기까지』(서울: 전파과학사, 2000)

장자 지음/안동림 역주, 『장자』(서울: 현암사, 1993)

볼거리

스콧, 『블레이드 러너』(*Blade runner*, 1982)

니콜, 『시몬』(*Simone*, 2002)

저메키스, 『콘택트』(*Contact*, 1997)

3 장 사회로부터의 자유

『꼬마돼지 베이브』

1. 이데올로기로부터의 자유

자신이 아닌 다른 존재를 자신의 뜻에 따라 움직이게 하려면 어떻게 하면 될까? 가장 기본적으로는 물리적 힘이 그 답이다. 자신의 앞을 가로막고 있는 돌멩이나 나무를 치우자면 들어올리거나 파낼 힘이 필요하며, 동물이나 사람을 치우자면 매를 들면 된다. 하지만 특히 많은 사람이 자기의 앞길을 가로막고 있다면 어떻게 하면 될까? 그 많은 사람들에게 다 매를 대는 것은 효율적인 방법이 못된다. 그럴 경우에는 일벌백계(一罰百戒) 즉 한 사람에게 벌을 주어 백 사람을 경계하는 방식을 취하면 된다. 그러

오렌지를 보면 잠시 쉬어가세요

70

나 이러한 방법도 차선책에 불과하다. 최선책은 매를 들지 않아도 사람들이 스스로 물러나도록 하는 것이다.

사람들이 모여 살게 되고 다스리는 자와 다스림을 받는 자가 구분되게 되었을 때, 다스리는 자들에게는 다스림을 받는 자들이 스스로 다스림에 복종하도록 하는 것이 큰 문제가 되었다. 이러한 문제를 해결하기 위하여 다스리는 자들은 지배 이데올로기라는 것을 만들어내게 된다. 지배 이데올로기란 다스리는 자들이 자신의 지배적 위치를 정당화하기 위하여 만들어낸 사회적 삶에 대한 설명이다. 이러한 설명에 따르면 다스림을 받는 자들이 다스림을 받는 것은 사회 전체는 물론이고 다스림을 받는 자신들에게도 도움이 된다. 다스림을 받는 자들이 이러한 지배 이데올로기를 긍정적으로 수용하고 스스로 믿고 따르게 되면, 다스리는 자들은 최선의 다스림을 할 수 있게 된다.

지배 이데올로기의 이러한 측면을 가장 날카롭게 지적한 사람은 19세기 독일의 철학자인 마르크스(Karl Marx, 1818~1883)이다.

어떤 시대에서나 지배계급의 사상이 지배적인 사상이다. 다시 말해서 **사회의 지배적인 물질적 세력**인 지배계급이 동시에 그 사회의 **지배적인 정신적 세력**이라는 말이다. 물질적인 생산의 수단을 통제하는 계급은 그 결과 정신적인 생산의 수단도 통제하고 있으며, 그에 따라 정신적인 생산수단을 가지지 못한 계급의 사상은 대체로 그것에 종속된다. 지배적인 사상은 지배적인 물질적 관계들의 관념적 표현, 사상으로서 파악된 지배적인 물질적 관계일 뿐이다. 그러므로 그것은 한 계급을 지배계급으로 만드는 관계들

의 표현, 곧 지배이념 이외의 아무것도 아니다.1)(강조는 인용자)

그러므로 자유롭기를 원하는 인간은 **자연의 구속**으로부터도 자유로워야 하지만, 또한 **사회의 구속**으로부터도 자유로워야 한다. 왜냐하면 사회 속에서의 우리의 자유란 때로 지배 이데올로기라는 틀 내의 거짓된 자유일 가능성이 높기 때문이다. 마르크스는 이러한 지배 이데올로기를 **허위의식**(false consciousness)이라고 지칭하면서, 이러한 허위의식으로부터의 벗어나는 한에서만 인간은 참된 의식, 자유로운 의식을 가지게 된다고 보았다.

하지만 사회로부터의 자유는 자연으로부터의 자유와는 다른 방식으로 얻어질 수 있다. 왜냐하면 인간과 자연 간에는 직접적인 의사소통이 불가능하고 그로 인하여 **물리적인 힘**에 의해서만 교통할 수 있지만, 인간과 인간 간에는 직접적인 의사소통이 가능하고 그런 까닭에 물리적 힘보다는 **의사소통적 힘**을 이용하여 교통하는 것이 더 편리하기 때문이다.

사회로부터의 자유가 자연으로부터의 자유와 구별되는 다른 한 가지는 이러한 사회적 구속으로부터의 **나의 자유**는 또한 동시에 나의 자유를 구속하고 있는 **그의 자유**이기도 하다는 것이다. 왜냐하면 일단 성립된 허위의식은 다스림을 받는 자나 다스리는 자를 구분하지 않고 모두를 잘못된 의식 속에 빠트리기 때문이다. 오늘날 여성해방론자들이 여성이 해방되지 않고서는 남성이 해방될 수 없다고 주장하는 까닭도 바로 여기에 있다.

---

1) 마르크스 · 엥겔스 지음/김대웅 옮김, 『독일 이데올로기 I』(서울: 두레, 1989), p.92.

2. 크리스 누난

 우리를 사로잡고 있는 허위적인 지배 이데올로기와 의사소통을 통한 이러한 지배 이데올로기의 해체가능성을 동화적으로 그려내고 있는 영화가 호주의 영화감독인 누난(Christ Noonan)의 『꼬마돼지 베이브』(Babe, 1995)이다.

누난은 1952년 호주에서 태어났다. 어린 시절부터 영화에 관심을 가져온 그는 아버지의 격려에 힘입어 16살에 단편영화를 만들었으며 시드니영화제에서 상을 획득하기도 하였다. 1973년에 호주 영화 텔레비전 학교(Australian Film and Television School)의 제1기 학생으로 입학하였으며, 졸업 후 5년 동안 호주영화사(Film Australia)에 근무하면서 단편영화와 기록영화를 감독하였다.

1980년 다운증과 다른 정신질환을 앓고 있는 일단의 배우들에 대한 기록영화를 제작했는데, 이 영화 『발걸음 떼기』(Stepping out)로 영화계의 주목을 받았다. 이후 영화 『매드 맥스』(Mad Max, 1979)로 유명한 감독이자 제작자인 밀러(George Miller)와 함께 일을 하게 되었는데, 1985년에 텔레비전 미니시리즈를 감독하였고 1988년에는 텔레비전 영화를 감독하기도 했다. 양치기를 하고 싶어하는 돼지의 이야기인 『베이브』는 그의 스크린 데뷔작품이다. 그는 이 영화의 원작인 『양치기 돼지』(Sheep Pig)2)를 읽고 반한 나

---

2) Sheep Pig는 이 책의 영국판 제목이다. 미국판 제목은 Babe, The Gallant Pig이고, 영화의 원래 제목은 그냥 Babe이다. 우리나라에 소개될 때는 『꼬

머지 이 영화를 감독하게 되었는데, 밀러와 더불어 공동으로 시나리오를 작성하였다.

이 영화의 원작은 킹-스미스(Dick Kimg-Smith)의 『씩씩한 돼지 베이브』(*Babe, The Gallant Pig*, 1984)이다. 킹-스미스는 1922년 영국에서 태어났다. 학교를 졸업한 뒤 농장 일꾼으로 일하다가 제 2 차 세계대전에 참전한 후 20년 동안 농장을 경영하였다. 동물

들을 잘 돌보기는 하였지만 재주 좋은 사업가가 못된 탓에 농장을 그만 두고 다른 직업생활을 시작하였다. 교사교육올 받고 초등학교 어린 학생들을 7년 동안 가르쳤으며 이후 50대부터 아동도서를 집필하여 이제까지 60권 이상을 발간하였다. 13세에 부인을 만나 지금까지 해로하며 3명의 자녀와 12명의 손자 그리고 3명의 증손자까지 두고 있다.[3]

그는 주로 그가 농장마당 판타지(farmyard fantasy)라고 부르는 동물이야기를 하고 있는데, 그의 실제 삶도 영화의 농장과 비슷한 상황이다. 그는 한때 16종류의 동물과 함께 살았는데, 그 중에서도 그는 아름답고 정이 많고 똑똑하고 유순한 개를 최고의 애완동물로, 그리고 아름답고 똑똑한 돼지를 그 다음의 애완동물로 꼽는다. 그는 1635년에 지어진 오두막집에서 영국의 전원생활을 즐기며 집필활동을 계속하고 있다.

마돼지 베이브』라고 번역되었다.
3) 1998년에 행해진 인터뷰에 의한 자료이다.
    출전: http://www.randomhouse.com/kids/dickkingsmith/

누난이나 킹-스미스나 모두 정치적 성향이 강한 작가들은 결코 아니다. 그들은 모두 이야기꾼이다. 어떤 경향을 굳이 든다면 그들은 인간주의 작가들이라고 해야 할 것이다. 킹-스미스는 동물과 더불어 살며 남들과 달리 그들과의 의사소통에 성공한 사람이며 그러한 이야기를 어린아이들에게 들려주기를 좋아하는 노인네에 불과하다. 누난 또한 정신질환에 시달리는 인간의 모습을 보여주는 기록영화로 명성을 얻은 것을 보면 인간에 대한 애정이 깊은 이야기꾼임을 알 수 있다. 그는 한 인터뷰에서 베이브가 사람들로부터 주목을 받는 까닭이 자신이 원하는 것을 묵묵히 해가는 베이브의 천진무구함에 있다고 보았다.[4] 이렇게 천진무구함에 의해 해체되는 지배 이데올로기를 그린 영화『베이브』를 좀더 자세히 들여다보자.

3. 영화 『꼬마돼지 베이브』

영화는 돼지에 대한 우리 생각의 진화를 보여주면서 시작한다. 돼지는 우선 음식이다. 그러나 돼지가 서커스에서 재주도 부릴 수 있다. 그러나 돼지는 그 이상이다. 그 이상 어떤 존재일까? 돼지는 세계를 바꾸어 놓을 수도 있다. 액자에 넣어진 사진은 세계를 바꾸어놓은 돼지의 품위 있는 모습을 우리에게 보여준다. 해설자는 그가 편견에 사로잡히지 않은 한 자유로운 영

---

4) 출전: http://www.canoe.ca/JamMoviesArtistsN/noonan_chris.html

혼(a unprejudiced heart)이었다고 설명한다. 그리고 그의 행적을 보고한다.

1) 사육장에서 농장으로

영화는 우선 베이브가 어떻게 공장식 사육장에서 어머니를 떠나 시골의 농장으로 오게 되었는가를 보여준다. 평생 동안 햇빛이 들지 않는 사육장에서 살던 어미돼지가 전기 막대에 쫓겨 도살장 트럭에 올라탄 후 베이브는 고아가 된다. 고아가 된 베이브는 동네 축제의 돼지 몸무게 알아맞히기 게임의 상품으로 선정되었다가 이 게임에서 하겟(Hoggett)과 만나 어떤 공통의 운명(common destiny)을 어렴풋이 감지한 후 게임에서 승리한 하겟의 농장으로 가게 된다. 원래 베이브가 농장에 간 이유는 크리스마스 때 맛있는 음식이 되기 위해서였다. 하겟 부인은 베이브를 가지고 햄, 베이컨, 폭찹, 족발, 소시지 등을 만들 예정이었다. 그러나 일은 그렇게 되어 가지 않았다.

2) 돼지는 아주 멍청하다

어미 개 플라이(Fly)와 강아지들은 양이나 오리나 닭 그리고 돼지는 멍청한 생명체이며 그런 까닭에 주인이 키워서 잡아먹지만, 자신들은 똑똑하고 주인에게 다른 방식으로 봉사

하기 때문에 잡아먹히지 않는다고 이해한다. 하지만 어려서 어미를 떠난 아픈 기억을 가지고 있고 곧 자기 새끼들을 떠나보낼 슬픈 운명을 가지고 있는 플라이는 고아가 된 불쌍한 베이브의 처지를 동정하여 그가 독립할 때까지 베이브를 돌봐주기로 한다. 물론 베이브가 변을 가리기는 해야 하겠지만.

3) 고유한 삶의 방식

농장의 식구들에게는 자기 나름의 고유한 삶의 방식이 있다. 아침을 알리는 것은 수탉이고, 개와 고양이 외의 동물은 집 안에 들어가서는 안 된다. 개는 주인을 도와 양  을 몰고, 돼지는 많이 먹고 많이 살쪄야 한다. 베이브는 늙은 양 마아(Maa)를 만나 양몰이 개는 사악한 박해자이고 양은 선량한 박해받는 자이기 때문에 선량한 돼지는 개와 함께 해서는 안 된다는 설교를 듣는다. 이러한 삶의 방식(the way things are)을 거부하는 자가 있기는 하다. 오리 퍼디난드(Ferdinand)는 수탉 대신 자신이 아침을 알리고자 하기에 문제아로 취급된다. 편견에 사로잡히지 않은 영혼 베이브는 마아의 말을 듣고 플라이를 의심하지만 플라이의 다정한 태도에 다시는 의심을 하지 않기로 결심한다.

4) 범죄와 처벌

퍼디난드가 고유한 삶의 방식을 거부한 이유가 무엇인가? 그것

은 그가 잡혀 먹기 싫었기 때문이었다. 그의 관찰에 의하면 고양이는 쥐를 잡기 때문에, 수탉은 암탉이 알을 낳게 하고 아침을 알리기 때문에 잡혀 먹지 않는다. 그래서 그도 잡혀 먹지 않기 위하여 아침을 알리고자 한다. 하지만 하겟 부인이 자명종 시계를 사 오자 그는 생명의 위협을 느낀다. 그러나 고양이 알레르기가 있는 오리는 직접 시계를 훔치지 못하고 순진한 베이브

를 유혹하여 자명종 시계를 훔치려 하지만 결국 일대 소동으로 끝나고 만다. 플라이의 남편이자 농장의 집사격인 양치기 개 렉스는 모든 동물들에게 자신의 운명을 받아들이고 자기 자릴 지킬 것을, 즉 규칙(rules)을 지킬 것을 훈계한다. 때가 되어 플라이의 강아지들이 분양되자 플라이는 슬픔에 빠진다. 베이브는 플라이에게 자신이 아들이 되어 주겠다고 약속한다.

5) 돼지고기는 너무 맛있다

크리스마스가 되고 하겟 농장에도 아들 내외와 손자손녀가 찾아온다. 돼지구이를 할지 오리구이를 할지 망설이던 하겟 부인은 손주가 돼지고기를 싫어하는데다가 다음 동네 축제 때 햄을 선보일 욕심으로 오리구이로 메뉴를 정한다. 크리스마스를 보는 퍼디난드의 시각이 흥미롭다. 인간에게는 크리스마스가 동물에게는 학살(carnage)의 날이다. 크리스마스에 동료 오리가 살육당한 것을 본 퍼디난드는 강제로 세상을 떠나느니 스스로 떠나겠다고 하면서 농

장을 떠난다. 퍼디난드를 배웅하며 들판에 나
갔던 베이브는 양 도둑을 발견하고 집으로
돌아와 도둑이 들었음을 알린다. 도둑을 놓치
긴 했지만 이로 인해 베이브는 하겟의 신임
을 얻게 된다. 하겟의 식구들은 닭이라고 우기는 오리가 사라진 다
음 나타난 개라고 우기는 돼지(a pig that thinks it's a dog)를 어처
구니없어 한다.

6) 개라고 우기는 돼지

갈색 닭과 흰색 닭을 나눈 베이브를 보고 하겟은 신기해 하지만
하겟 부인은 하겟을 걱정스레 생각한다. 하겟은 양몰이에 베이브를
데리고 나간다. 플라이의 지도에 따라 베이브가 양을 몰아보려 하
지만 양들은 베이브를 비웃는다. 그리고 마아는 베이브에게 개들을
흉내내지 말고 부탁하라고 타이른다. 공손하게 부탁해서 베이브는
양들을 훌륭하게 몬다.

양을 몬다는 것은 무엇인가? 양들을 이렇게 저렇게 하도록 시키
는 것이다. 이렇게 하기 위해서는 어떻게 해
야 하는가? 양을 굴복시켜야 한다. 어떻게
굴복시키는가? 우선 동등하게 대해서는 아
니 된다. 그리고 열등하다고 느끼도록 만들
어야 된다. 때리고 모욕하고 물어뜯어서라도 순종하게 해야 한다.
이것이 개들이 양을 모는 방식이다. 하지만 베이브는 새로운 방식
을 시작한다. 명령이 아닌 부탁(ask)을.

7) 양치기 개

베이브가 양치기를 시작한 것을 플라이 탓으로 여기는 렉스는 플라이를 공격하여 상처를 입히고, 그 과정에서 주인까지 물게 되어 진정제를 맞고 묶여 있게 된다. 그래서 개들을 대신하여 베이브가 본격적으로 양치기를 하게 된다. 베이브는 설득을 통하여 성공적으로 양치기를 한다. 베이브는 또 렉스가 폭우 속에서 양들을 안전한 곳으로 몰려고 하다가 겁에 질린 양들이 움직이지 않는 바람에 양들을 모두 죽이고 자신도 겨우 살아났지만 청력을 잃어 양치기 대회에서 좋은 성적을 거두지 못했다는 이야기도 듣게 된다. 하겟은 베이브를 데리고 양치기 대회에 나가기 위하여 훈련을 시작한다.

8) 비극의 날

어느 날 들개들이 양떼를 공격한다. 베이브가 용감히 들개들을 쫓아버리기는 했지만 마아는 상처를 입고 죽는다. 베이브의 입에 묻은 피를 본 하겟은 베이브가 마아를 죽인 줄 알고 베이브를 죽이려 한  다. 플라이는 사실을 알기 위해 양들과 대화(talk to the sheep)를 시도한다. 우여곡절 끝에 양들을 통해 사실을 알아낸 플라이는 주인에게 이르기 위해 달려가고 마침 들개 소식을 부인에게 전해들은 하겟은 진실을 알게 된다.

9) 운명의 돼지

집으로 들어온 베이브를 본 고양이 더치스(Duchess)는 질투하여 베이브에게 상처를 내고 집에서 잠깐 쫓겨나는 수모를 당한다. 여기에 앙심을 품은 고양이는 베이브에게 젖소는 우유를 만들고 개는 양들을 돌보고 고양이는 미모로 주인에게 봉사하지만 돼지나 오리는 먹기 위하여 있는 것이라고 일러준다. 잠시 장난으로 양치기를 시키겠지만 결국에는 잡아먹을 것이라고 고자질한다. 베이브는 플라이에게 물어서 사실을 확인한다.

 충격을 받은 베이브는 농장을 떠난다. 렉스와 플라이, 하겟은 베이브를 묘지 근처에서 찾아낸다. 감기에 걸린 베이브가 죽기로 작정하고 음식을 거부하자 하겟은 사랑의 노래와 춤으로 베이브를 위로하고, 이에 감동한 베이브는 절망을 털고 일어난다.

베이브의 방황으로 뒤늦게 참가하게 된 양치기 대회는 텔레비전으로 온 나라에 중계되고 있다. 하지만 양치기 대회의 양들이 베이브의 말을 듣지 않자 방법을 알아내기 위하여 렉스가 농장으로 달려가 양들과 대화를 시도한다. 양들은 암호를 알려주는 대신 렉스에게 양들에게 친절하게 대하고 물지 말 것, 그리고 이번에만 암호를 사용할 것을 조건으로 제시하고 렉스는 동의한다.

그 사이 돼지가 대회에 참가할 수 있느냐 여부로 논의가 있었지만 금지규정이 없어 출전이 허락된다. 사람들의 비웃음을 받으며 출전하지만 렉스가 가져온 암호로 의사소통에 성공하여 한번의 짖음이나 한번의 물어뜯음도 없이 평화롭 게 경기에서 우승한다. 남편의 어이없는 시도를 텔레비전에서 보고 실신했던 하 겟 부인도 눈물을 흘리고 경기장의 모든 관중들도 환호하며, 텔레비전을 통해서

이 장면들을 본 농장의 동물들도 기뻐하는 가운데, 하겟은 수고했 다(that'll do)고 칭찬한다.

4. 규칙에서 대화로

1) 거짓말

그 당시 돼지들은 그들이 빨리 크고 살이 찔수록 더 빨리 돼 지들의 낙원에 갈 수 있다고 믿었다. 그곳은 아주 멋진 곳이어 서 일단 그곳으로 간 돼지들 중에서 돌아온 돼지는 아무도 없 었다. 그래서 부모들이 끝없는 행복의 세계로 가는 날은 어린 돼지들에게 슬픈 날이 아니었다. 그들 또한 낙원으로 가게 될 날이 가까워지는 것뿐이라고 믿었기 때문이다.[5]

---

5) In those days, pigs believed that the sooner they grew large and fat, the sooner they'd be taken into pig paradise. A place so wonderful...that no pig had ever thought to come back. So when the day came for their parents to go to that other world of endless pleasures, it was not a time for young pigs to be sad. Just another step towards the day when they, too, would make the journey.

지배 이데올로기의 특징은 무엇인가? 그
것은 거짓말이라는 것이다. 그것은 돼지들에
게 현재의 과제를 설정해주고 **미래의 행복**을
약속해 준다. 그러나 그 약속은 결코 검증될
수 없는 약속이다. 그 약속이 이루어졌다는 증거도 없고 이루어지
지 않았다는 증거도 없다. 왜냐하면 그 약속된 낙원은 바로 도살장
이었고 죽음이었기 때문이다. 마르크스가 지적한 것처럼 지배 이데
올로기는 허위의식이자 또한 지배자의 이익을 대변할 뿐이다. 이런
정교한 거짓말을 무색하게 만드는 것은 무엇인가? 그것은 순진무
구한 마음, 어미돼지와 헤어지는 새끼돼지의 슬픔 그것이다.

하지만 지배 이데올로기의 거짓말은 여기서 멈추지 않는다. 지배
이데올로기는 모든 존재의 운명이 이미 정해져 있으며, 이러한 운
명으로부터 벗어나려고 할 때 세계는 혼란에 빠지고 존재들은 불편
을 겪기 때문에 자신의 **분수**를 잘 지키고 감사해야 한다고 가르친
다. 농장의 집사인 렉스의 훈계를 들어보자.

그것은 나의 실수였어. 좀 느슨하게 하
려고 했었는데, 그렇게 해서는 안 된다는
것이 오늘 밝혀졌어. 이제부터 우리 모두
는 규칙을 준수해야 해. 모든 것에는 그
나름의 운명이 있어. 모든 동물은 제자리
가 있어. … 오리로 태어났으면 오리로 행동해야 해. 더 이상
해를 치거나 말도 안 되는 일을 해서는 안 돼. 오리임을 받아
들이고 그것에 감사해야 해. 우리 모두도 마찬가지야.[6]

---

6) It was my mistake. I was trying to loosen things up a little. But, no.

플라이에게 입양된 베이브는 자신이 개라고 생각하지는 않지만 플라이처럼 양치기라고 생각한다. 그리고 베이브는 양치기 돼지로 성공한다. 운명론자는 믿을 수 없는 사람들이다.

지배 이데올로기의 셋째 거짓말은 지배자와 피지배자 쌍방에게 심어주는 상대방에 대한 부적합한 이해 즉 **오해**이다. 이러한 이해는 지배하는 자와 지배를 받는 자를 확연히 구별되게 하고, 서로가 서로를 적대시하여, 일방적인 독백 외에 상호적인 대화를 나누지 못하도록 만든다. 플라이와 마아는 베이브에게는 모두 호의적이지만 그 둘의 세계관은 전혀 대립적이다.

 그들은 너를 쓰레기처럼 다룰 거야! 너를 보자마자 물어뜯을 걸, 그 야만족들이! 물어뜯어요? 더 고약할 수도 있어. 어떤 늑대들은 아주 나빠서 양을 쫓아가 찢어 죽인다 말이야. … 모든 늑대는 양에게 잔인해. 언제나 그래왔어, 잔인한 야만족들! 늑대는 바로 그런 존재야.7)

Today proves that it doesn't work. From now on, we'll all respect the rules. To each creature its own destiny. Every animal in its proper place. … Being a duck he must behave like a duck. No more of this crowing and nonsense. He should accept what he is and be thankful for it. That goes for all of us.

7) Treat you like dirt, they do! Bite you as soon as look at you, those savages! Bites you? And worse. Some wolves be so bad, they run a sheep down and tear it to pieces. … All them wolves is cruel to sheep. Always have been. brutal savages! That's what they be.

너는 그들을 동등하게 대우하고 있잖
아. 그들은 양이야, 그들은 열등한 존재
야. 그들은 그렇지 않아. 아니야 그래.
우리는 지배자야. 한 순간이라도 이를
의심하면 너를 밟으려고 할거야. 그들이
열등감을 느끼게 해. 학대하고, 모욕하고, … 물어뜯어야지. 자
비를 두지 마. 무얼 해서든 너의 의지에 굴복하게 해.[8]

하지만 베이브에게는 플라이는 마아가 말한 늑대에 해당되지 않
고 마아는 플라이가 말한 양에 해당되지 않는다. 마아와 플라이는
서로 상대방을 오해하고 있지만, 베이브는 이 둘의 진면목을 알고
있었다. 베이브에게 거짓말이 통하지 않는 이유는 베이브에게는 편
견이 없기 때문이다.

2) 편견에 사로잡히지 않은 자유로운 영혼

사회로부터의 자유는 우선 이러한 편견으로부터의 자유를 의미
한다. 영화의 첫머리에서 해설자는 이 영화가 "편견에 사로잡히지
않은 한 영혼"(a unprejudiced heart)과 "그가 세상을 영원히 바꾸
어버린 방식"에 대한 이야기라고 선언한다. 베이브의 베이브다움은
바로 이처럼 편견에 사로잡히지 않은 자유로움에 있다.

---

8) But you're treating them like equals. They're sheep. They're inferior. Ah,
no they're are not. Of course they are! we are their masters. Let them
doubt it for a second and they'll walk all over you. … Make them feel
inferior. Abuse them. Insult them. … Then bite them. Be ruthless.
Whatever it takes. Bend them to your will.

편견에 사로잡히지 않은 영혼을 가진 사람들은
어떤 사람들일까? 원작자인 킹-스미스의 입장에서
보면 그것은 누구보다도 **어린아이들**일 것이다. 그
가 가르친 초등학교의 저학년들이야말로 이러한
순수한 영혼의 소유자들일 것이다. 그가 동물들의
입을 빌어 어린아이들에게 하고 있는 이야기는 그들이 그들과 다른
존재들, 예컨대 동물들에게 편견을 갖지 않기를 바라는 희망에서
나왔을 것이다. 동물에게 편견을 가지지 않는 영혼이라면 어떻게
인간에게 편견을 가질 수 있겠는가?

사실 동물에 대한 편견을 가졌었지만 베이브와의 만남을 통하여
이러한 편견을 자연스레 극복한 **하겟** 또한 편견에 사로잡히지 않은

영혼의 소유자이다. 하겟의 식구들이 양치
기를 하겠다는 베이브를 이상하게 본 것처
럼 베이브를 양치기 돼지로 만들려는 하겟
또한 그의 부인으로부터 이상한 짓을 하는
것으로 의심받는다. 드디어 양치기 대회에
돼지를 데리고 나타난 하겟을 보고 그의 부인은 실신까지 한다. 하
지만 베이브의 우승에 눈물을 흘리는 하겟 부인은 더 이상 그러한
편견에 사로잡히지 않을 것이다.

기독교적인 관점에서 보면 편견에 사로잡히지 않은 영혼을 가진
사람은 사람들이 어린아이와 같이 되지 않고서는 천국에 갈 수 없
을 것이라고 설파한 **예수**이다.

어떤 사람이 예루살렘에서 예리고로 내려 가다가 강도들을

만났다. 강도들은 그 사람이 가진 것을 모
조리 빼앗고 마구 두들겨서 반쯤 죽여 놓고
갔다. … 그런데 길을 가던 어떤 사마리아
사람은 그의 옆을 지나다가 그를 보고는 가
엾은 마음이 들어 가까이 가서 상처에 기름
과 포도주를 붓고 싸매어 주고 자기 나귀에

태워 여관으로 데려가서 간호해 주었다. … 자 그러면 이 세
사람 중에서 강도를 만난 사람의 이웃이 되어 준 사람은 누구
였다고 생각하느냐?[9]

　착한 사마리아 사람이라는 비유로 알려진 이 이야기에 등장하는
사마리아 사람은 유대인들에게는 개 같은 인간들이었다.[10] 왜냐하
면 그들은 이민족의 침략을 당하여 유대인의 순수성을 지키지 못한
동족이었기 때문이다. 유대인과 사마리아인은 서로 마음을 닫고 살
았다. 그러나 예수는 유대인이었음에도 불구하고 착한 사마리아 사
람을 알아보았다.

　이어지는 마르타와 마리아의 이야기에서도 이러한 자유로운 영
혼을 확인할 수 있다.

　시중드는 일에 경황이 없던 마르타는 예수께 와서 "주님, 제

---

9) 『성서』, 루가 10:25～36.

10) 유대 민족은 사마리아 사람들을 적보다도 더 미워하고 저주했다. 두 민족은
　　본래 같은 조상의 같은 민족이었다. 그런데 사마리아가 BC 722년 앗시리
　　아에게 패망한 후 식민지 정책에 의하여 혼혈 민족이 되었다. 그래서 유대
　　인들은 혈통을 보존 못한 사마리아인을 개라고 부르면서 멸시하고 회당에
　　서 공공연하게 저주했다. 심지어는 사마리아인을 대접하는 자는 자손 대대
　　로 저주받을 것이라고까지 했다.

동생이 저에게만 일을 떠맡기는데 이것을 보시고도 가만 두십니까? 마리아더러 저를 좀 거들어 주라고 일러 주십시오" 하고 말하였다. … "마르타, 마르타, 너는 많은 일에 다 마음을 쓰며 걱정하지만 실상 필요한 것은 한 가지뿐이다. 마리아는 참 좋은 몫  을 택했다. 그것을 빼앗아서는 안 된다."(루가 10:40~42)

그때나 지금이나 여성은 남성을 시중드는 일에 적합한 사람이다. 그러므로 예수와 같은 위대한 선생님의 제자는 여성일 수가 없다. 실제로도 예수의 열두제자는 모두 남성이지 않았던가? 그러나 예수는 남성이었음에도 불구하고 남성을 시중들기보다 진리를 추구하는 여성을 알아보았다.

우리는 백인들이 유색인종에 대해 양치기 개들이 양에 대해 가지는 것과 같은 편견을 가지고 있다고 생각하지만, 사실 그러한 편견이나 배타성이 더 강한 것은 불확실성을 참아내지 못하는 **우리**일 수 있다.11) 홉스테드의 분석에 따르면 우리의 배타성은 100개국을 기준으로 보면 30등이고 미국은  80등이다.12) 우리는 이주노동자들에게 개들이 양에 대해 갖는 것과 같은 그러한 편견을 가지는 것은 아닐까? 우리는 지배 이데올로기로부터 자유로워져야 한다.

11) 김성동, 『인간 — 열두 이야기』(서울: 철학과현실사, 2002), pp.151~154.
12) 홉스테드 지음/차재호・나은영 옮김, 『세계의 문화와 조직』(서울: 학지사, 1995), p.169.

3) 대 화

앞에서 거듭 지적한 것처럼, 영화의 첫머리에서 해설자는 이 영화가 "편견에 사로잡히지 않은 한 영혼"과 "그가 세상을 영원히 바꾸어버린 방식"(how it changed our valley forever)에 대한 이야기라고 선언한다. 앞에서 자유로운 영혼에 대하여 이야기했다면, 여기서는 세상을 바꾸어버린 방식에 대하여 이야기해야 한다. 베이브가 세상을 바꾼 방식, 그것은 대화이다. 이는 플라이와 렉스가 양들과 한번도 안 해본 것이 대화였으며, 베이브로 인하여 처음으로 하게 된 것도 그들과의 대화였다는 사실에서도 알 수 있다.

편견이 대화를 가로막고 있다는 것도 우리는 이미 앞에서 보았다. 상대방이 멍청하다는 편견과 상대방이 잔인할 뿐이라는 편견은 서로간의 대화를 가로막아 버린다. 이러한 **의사소통의 단절은 어느 쪽에게도 도움이 되지 않는다.**

영화에서 하겟은 양들에게 약을 먹이고자 하지만, 양들은 약을 먹으려고 하지 않는다. 하지만 베이브가 양들에게 하겟이 하려고 하는 일을 설명하고 설득하자 양들은 하겟의  작업에 순순히 응한다. 이러한 상황은 홍수가 난 해 렉스와 양들 사이에서도 마찬가지였다. 늘어나는 물을 피해 양들은 높은 지역으  로 올라가야 했지만 폭우에 놀라고 급류에 발이 묶인 양들은 렉스의 다그침에 또한 놀라서 우왕좌왕하다가 물에 빠져죽고 말았고 렉스 또한 고생 끝에 살아남기는 했지만 청력을 잃고 말았다.

이러한 어리석음이야 늘 있는 것이지만, 우리는 그러한 어리석음을 제대로 피하지 못한다. 우리의 편견에 사로잡힌 마음이 이런 어리석음을 자초하기 때문이다. 편견에 사로잡히지 않은 베이브는 플라이에게 말을 걸어 플라이의 자식이 되고, 마아에게 말을 걸어 양들의 친구가 된다. 이러한 대화를 통하여 베이브는 양치기를 할 수 있게 되고 대회에 나가서 최고점수를 받는 양치기가 된다. 폭력이 효과적이라고 하지만 **진정한 효율성은 폭력이 아니라 대화에서 나온다**는 것이 영화 『베이브』의 메시지이다.13)

하지만 이러한 대화는 대화 당사자들 간의 관계만 개선하는 것이 아니다. 편견에 사로잡힌 플라이는 양들과 한번도 대화해 본 적이 없었다. 하지만 베이브가 마아를 죽이지 않았다고 확신하는 플라이는 베이브를 살릴 진실을 알기 위하여 양들과 대화를 시도한다. 간절한 시도 끝에 진실을 알아낸 플라이는 양들에게 고마워한다.

"고맙다, 고마워, 너희들 모두 너무 고맙다." 플라이는 평생 자신이 양들에게 고맙다고 인사할 줄은 몰랐을 것이다. 렉스가 양들과 대화하는 이유도 비슷하다. 궁지에 빠진 베이브를 구하기 위하여 그는 자신의 핸디캡 즉 귀가 잘 들리지 않는다는 것을 고백해 가며

---

13) 편견으로부터 자유로운 태도를 가지고 상대방과 독백이 아닌 대화를 나눌 수 있는 능력, 현대인들은 대부분 이것을 상실했다. 왜 이렇게 되었으며 어떻게 이런 능력을 회복할 것인가에 대해서는 다음 책들을 참고할 수 있다. 부버 지음/표재명 옮김, 『나와 너』(서울: 문예출판사, 1977); 슈트라서 지음/김성동 옮김, 『현상학적 대화철학』(서울: 철학과현실사, 2002); 김성동 (2002)의 11장과 12장.

양들과 대화하고 양들의 조건을 받아들인다. 결국 양들과 개들은 그들과 대화를 나누는 베이브를 도와주기 위하여 서로의 편견을 접어두고 대화를 시작한다.

이러한 대화의 삶이 하겟의 농장이 있는 그 계곡을 영원히 바꾸어버린 것이지만, 영화는 그 계곡만이 아니라 세상 전체가 바뀌기  를 원한다. 우선 양치기 대회에 참가한 그 지역의 사람들 모두가 베이브의 양치기에 감격한다. 그들은 돼지의 묘기에 우선 감탄했겠지만, 그러한 돼지의 묘기가 개들과는 다른 방식의 양치기 즉 명령이 아니라 부탁, 독백이 아니라 대화로 이루어진 것이라는 것을 알게 된다면, 그들의 삶도 영원히 바뀌어버릴 것이다. 하지만 이 장면은 전국에 텔레비전으로 중계되고 있다. 중계를 보는 모든 사람들의 삶도 영원히 바뀌어버릴 것이 기대된다. 원작자와 감독은 이 영화를 통하여 이 영화를 보는 모든 사람이 편견을 버리고 대화를 나누기를, 그렇게 함으로써 지배 이데올로기로부터 자유로워지기를 희망하고 있다.

5. 도 척

중국의 사상사에서 보면 지배 이데올로기에 대한 비판은 주로 도가적 전통에서 이루어졌다. 유가가 지배계층의 이데올로기가 되고, 도가가 피지배계층의 이데올로기가 되었다고 본다면, 이는 쉽게 짐작할 수 있는 일이다. 피지배계층의 입장에서 볼 때 지배계층은 헛된 말을 늘어놓는 거짓말쟁이이자 일하지 않고 재물을 챙기는 도둑이었다. 그러므로 도가의 지배 이데올로기에 대한 비판은 **작은 도둑**을 나쁜 도둑이라 부르는 유가가 실제로는 **큰 도둑**이어서 크게 나쁜 놈이라는 구조를 가지고 있다. 이러한 비판의 전형적인 모습을 앞장에서 이미 인용했던『장자』에서 찾아볼 수 있는데, 도척(盜拓)이 그러한 이야기의 주인공이다.

　도척(盜拓)의 부하가 도척에게 "도둑질에도 도가 있습니까?"라고 물었을 때, 도척은 이렇게 대답했다. "어딘들 도가 없겠는가? 무릇 방 안에 감추어진 물건을 알아맞히는 것이 거룩함(聖)이고, 앞서서 방으로 들어가는 것이 용기(勇)이고, 방에서 나중에 나오는 것이 의로움(義)이며, 도둑질이 성공할지 못할지를 아는 것이 똑똑함(知)이고, 훔친 물건을 균등히 나누는 것이 너그러움(仁)이다. 이 다섯 가지를 갖추지 못하고서 큰 도둑이 된 자는 천하에 아직 없었다."14)

　도척의 이러한 주장은 말장난처럼 들린다. 도둑에게 거룩함이 어디에 해당되며, 도둑의 용기는 없는 것이 오히려 좋을 것이고, 마지막으로 도망치는 것이 나름대로 의롭기는 하겠지만 도와주려 먼저 달려가는 것이 참된 의로움이지 훔쳐서 나중에 도망가는 것이 어찌 참된 의로움이 되겠는가? 도둑질의 성공 여부를 판단하는 똑똑함으로 도둑질의 선악시비를 판단하는 것이 나을 것이요, 훔친

---

14)『장자』,「거협」편.

물건을 균등히 나누기보다 애초에 훔치지 않는 것이 너의 것과 나의 것의 올바른 구분일 것이다. 결국 도둑의 도란 근본적으로 잘못된 절취 즉 훔침을 훔침의 잘됨으로 호도하는 파렴치한 이야기이다.

하지만 도척의 이러한 주장은 "보잘 것 없는 쇠갈고리 하나를 훔친 자는 사형에 처해지지만, 나라를 훔친 자는 제후가 된다"라는 시각에서 살펴보면 달리 볼 수 있는 여지가 있다. 어떤 자가 나라를 훔쳐 제후가 되고서 그가 인의예지신을 주장한다면 그의 인의예지신이란 도척의 인의예지신과 다를 바가 하나도 없는 파렴치한 이야기이기 때문이다.『장자』는 이러한 도둑으로 제나라를 훔친 전성자를 들고 있다.

전성자(田成子)는 하루아침에 제나라 임금을 죽이고 나라를 훔치고 말았다. 어찌 그 나라만 훔쳤겠는가? 성인의 지혜로 만들어놓은 그 나라의 법도도 아울러 훔치고 말았다. 그래서 전성자는 비록 도둑이라는 이름은 얻었지만, 그 몸만은 요임금이나 순임금처럼 편안한 지위에 있었다. 작은 나라는 감히 그를 비난하지 못하고, 큰 나라도 감히 그를 죽이지 못해서 12대 동안이나 제나라를 차지하고 있었다. 이는 바로 제나라를 훔치는 동시에 성인이 만들어놓은 법도마저 훔침으로써 도둑의 몸을 안전히 보전한 것 아니던가!15)

그렇다면 전성자가 훔치기 이전 제나라 왕의 인의예지신은 바른

---

15) 같은 곳.

것이었던가? 도척이 자신을 가르치려 온 공자를 오히려 가르치는 웅변을 들어보면 모든 제후의 인의예지신이란 도척 자신의 인의예지신과 하나도 다를 바가 없는 것들이다.

신농씨의 시대에는 안락하게 누워 자고 일어나서는 유유자적하였다. 백성들은 자기의 어머니는 알아도 아버지는 몰랐고, 고라니나 사슴 따위와 함께 살았다. 농사를 지어 먹고 길쌈을 해 입었으며 서로를 해치려는 마음 따위는 지니지 않고 있었다. 이것이 바로 지극한 덕이 한창 성했던 시대였느니라. 그런데 황제는 덕을 완전히 실현시킬 수가 없어, 치우와 탁록의 들에서 싸워, 사람들의 피가 백리사방을 물들였다. 이어 요와 순이 천자가 되자 많은 신하들을 내세웠고, 탕왕은 그의 주군을 내치었으며, 무왕은 주왕을 죽였다. 이 뒤로 강한 자가 약한 자를 짓밟고, 다수가 소수를 학대하게 된 것이다. 탕왕과 무왕 이후는 모두 세상을 어지럽히는 무리들이다.[16]

도척은 어머니는 알아도 아버지는 모르기에 가부장적인 '편견'이 없는 신농씨의 시대를 기리면서, 자신의 이익을 도덕이고 '규칙'이라고 요설을 내세우며 약한 자를 짓밟는 탕왕과 무왕 이후의 제후들은 모두 큰 도둑이라고 지적하고 있다. 그러하니 문왕과 무왕의 치세를 돌아가야 할 '낙원'으로 삼는 공자야말로 도척에게는 도살장을 낙원이라고 우기는 돼지사육장 사장과 다를 바가 하나도 없는 도둑놈이다.

지금 너는 문왕의 도를 닦고서 천하의 이론을 도맡아 후세사

---

16) 『장자』, 「도척」 편.

람들을 가르친다고 나섰다. 넓고 큰 옷에 가는 띠를 띠고 헛된 말과 거짓 행동으로 천하의 임금들을 미혹시키어 부귀를 추구하려는 것이다. 도둑치고 너보다 더 큰 도둑은 없는데, 세상 사람들은 어찌하여 너를 도구[17]라 부르지 않고, 반대로 나를 도척이라고 부르는 게냐![18]

　지배 이데올로기에 대한 도척의 반론은 마르크스의 혁명론에 못지 않게 도전적이다. 그렇다면 이러한 도둑들을 물리치고 진정한 낙원을 만들려면 어떻게 해야 하는가? 영화 『베이브』는 강한 자와 약한 자가 서로 편견을 버리고 대화를 나누어야 한다고 지적하는 반면 책 『장자』는 모든 인간적인 지혜를 끊고서 자연에 일치해야 한다고 주장한다. 동양의 이데올로기 비판이 비판에 머문 반면, 서양의 비판이 어떻게 민주주의로 나아갔는지를 짐작하게 하는 대목이다.

---

17) 공자의 이름이 구였기에 도둑놈 '구'라고 부르지 않고 자신을 도둑놈 '척'이라고 부르느냐고 반론하고 있다.
18) 『장자』, 「도척」 편.

생각거리

1. 오리가 정말 오리의 운명에 만족해야 하는가? 퍼디난드를 편들거나 렉스를 편들어서 자신의 생각을 정리해 보자.
2. 영화에서 묘사되는 먹이사슬과 우리 사회의 고용-피고용 관계를 비교하여 어떤 공통점과 차이점이 있는지 찾아보자.
3. 하겟의 노래와 춤이 어떻게 베이브를 위로하게 되었는가를 생각해 보자.
4. 자신과 다른 사람이 양과 개들처럼 서로 오해하고 있었던 경우가 있었던지 반성해 보자.
5. 『장자』「도척」 편을 읽고서 도척의 정당성을 비판해 보자.
6. 자신이 이 영화를 다시 만든다고 하면 어떻게 그 내용을 달리할 것인지를 적어보자.

읽을거리

맥밀런 지음/구승회 옮김, 『이데올로기』(서울: 이후, 2002)
부버 지음/표재명 옮김, 『나와 너』(서울: 문예출판사, 1977))
김성동, 『인간 — 열두 이야기』(서울: 철학과현실사, 2002)

볼거리

밀러, 『꼬마돼지 베이브 2』(*Babe: Pig in the City*, 1998)
베니니, 『인생은 아름다워』(*La Vita e Bella*, 1997)
트루스데일 & 와이즈, 『머나먼 여정』(*Homeward Bound: The Incredible Journey*, 1993)

4 장 사회로부터의 자유

『요리사, 도둑, 그의 아내,
그리고 그녀의 연인』

1. 권력으로부터의 자유

다스리는 자와 다스림을 받는 자, 주인과 노예의 관계가 변증법적이라고 이야기한 사람은 근세 독일의 철학자 헤겔(Georg Willhelm Friedrich Hegel, 1770~1831)이다. 그의 책『정신현상학』에 따르면 인간의 자아실현은 타자를 굴복시킴으로써 이루어진다. 번개에 겁먹고 두려워하던 인간들은 피뢰침을 만들어 번개를 굴복시킴으로써 자아를 보존하고 자아를 주장한다. 이는 자연에 대해서뿐만 아니라 인간에 대해서도 마찬가지인데, 다른 인간을 자신의 의지에 복종하도록 만듦으로써 인간은 자기를 실현한다.

헤겔에 따르면, 서로 상대방을 굴복시켜 자신을 주장하고자 하는 두 사람은 투쟁할 수밖에 없는데, 이러한 투쟁의 과정에서 자신의 자유를 위하여 목숨을 걸고 싸워서 이기는 자는 주인이 되고, 목숨을 아까워하여 싸워서 지는 자는 노예가 된다. 이렇게 하여 다스리는 자와 다스림을 받는 자가 생겨난다. 하지만 인간과 인간 간의 이러한 다스림의 관계는 인간과 자연 간의 다스림의 관계와 또한 연결되어 있다. 주인은 자신이 굴복시킨 노예를 부려 자연을 또한 굴복시키고, 굴복된 자연과 굴복된 인간 모두를 누린다.

하지만 이러한 관계 중에서 주인은 자연에 대한 직접적인 지배능력을 상실하게 된다. 왜냐하면 노예는 노동을 통하여 자연을 굴복시키지만, 주인은 직접 노동을 하지 않으려고 하기 때문에 노예를 통해서만 자연을 굴복시킬 수 있기 때문이다. 그러므로 주인은 스스로는 자연을 굴복시키지 못한다. 그래서 이제 주인은 노예 없이는 아무 일도 할 수 없는 그러한 처지에 또한 빠지게 된다. 주인은 주인이면서도 이러한 이유로 노예를 전적으로 굴복시킬 수 없으며, 노예는 비록 노예지만 자신을 주장할 최소한의 근거를 갖는 그러한 존재가 된다. 이것이 **주인과 노예의 변증법**적 관계이다.

이러한 변증법적 관계란 구조적인 것이다. 구조란 자신의 의지와는 무관하게 사물들이 가지는 고유한 관계에 의해서 이미 결정되어 있는 것이다. 그러므로 이러한 구조로부터 벗어나기 위해서는 의식적인 각성만으로는 충분하지 않다. 우리가 지배 이데올로기로부터 자유롭다고 해도 우리가 쉽게 자유로울 수 없는 까닭이 바로 여기에 있다. 그러므로 우리의 자유는 **의식적 각성**과 더불어 **구조적 변경**을 통해서만 확보될 수 있다. 구조의 변경이란 관계의 변경이다. 주인과 노예의 관계의 변경을 통해서 주인과 노예는 변증법적 관계로부터 자유로워질 수 있다.

오늘날 주인과 노예, 생산과 소비, 노동과 향유는 복잡한 양상을 띠고 있다. 하지만 인간의 오랜 역사에서 드러났듯이 삶은 늘 권력을 가진 소수와 권력을 가지지 못한 다수의 관계로 이루어져 있다. 그러므로 자유롭고자 하는 인간은 자신이 다스리는 자이든 다스림을 받는 자이든, 이러한 권력구조로부터 벗어나지 않으면 안 된다. 자신이 처한 구조로부터 자유롭지 않고서 자유로울 수 있는 인간은 아무도 없다.

다스리는 자의 부자유스러움은 자연에 대한 **노동의 상실**에 있다. 자신이 진정으로 자유롭기를 원한다면 자연에 대한 노동력을 회복하지 않으면 안 된다. 과거의 삶의 방식을 유지하는 한에서 그는 결코 자유로울 수 없다. 그는 노예로부터 결코 자유로울 수 없으며, 구조의 노예상태에서 결코 벗어나지 못한다. 다스림을 받는 자의 부자유스러움은 두려움에 있다. 자신의 목숨을 잃는 **죽음에 대한 두려움**이 그를 노예로 만들었다. 그러므로 자신이 노예상태로부터 벗어나기를 원한다면 죽음을 두려워해서는 안 된다.

죽음을 두려워하는 것은 인지상정(人之常情) 즉 인간의 당연한 태도이다. 하지만 때로 인간은 이러한 두려움을 극복할 수도 있다. 사실 이러한 태도를 극복하는 두 가지 통로가 있는데, 하나는 **사랑**이고 다른 하나는 **지식**이다. 앞장에서 인용했던 하이데거처럼 자신의 삶이 죽음에 이르는 길이라는 지식을 갖는다면 그리하여 죽음에 대한 두려움이란 이 길의 길이에 불과하다는 깨달음을 얻는다면 우리는 자유로울 수 있다. 하지만 이는 아무나 얻을 수 있는 그러한 깨달음은 아니다. 길고 어려운 수도 끝에나 비로소 얻을 수 있는 흔치 않은 사건이다. 일상에서 그러한 두려움을 떨쳐버릴 수 있는 기회는 사랑에 눈이 멀 때이다. 사랑에 눈 먼 사람에게는 죽음도 사랑에 비하면 보잘것없는 것일 수 있다. 그러므로 인간과 인간이 사랑이라는 관계 속에 서게 될 때 다스림을 받는 노예는 자유로워질 수 있다.

2. 피터 그리너웨이

노예가 사랑을 통하여 자유를 획득하는 경로를 전위적인 영상으로 형상화하고 있는 영화가 그리너웨이(Peter Greenaway)의 『요리사, 도둑, 그의 아내, 그리고 그녀의 연인』(*The Cook, The Thief, His Wife and Her Lover*, 1989)이다. 제목에서 짐작할 수 있는 것처럼 이 영화는 도둑의 아내가 요리사의 도움을 얻어 연인과의 사랑을 통하여 도둑으로부터 벗어나는 여정을 영화화하고 있다.

이 영화의 각본을 쓰고 감독을 한 그리너웨이는 1942년 영국에서 태어났다. 12살에 화가가 되기로 결심하고 예술대학(Walthamstow College of Art)에 진학했던 그는 그때부터 영화에 관심을 가지기 시작하였다. 1965년부터 영화편집기사가 되어 11년간 중앙정보국에서 수많은 다큐멘터리를 편집하면서 주로 실험적인 단편영화들을 제작하였는데, 비평가들로부터 좋은 반응을 얻은 그는 본격적으로 다수의 단편영화와 장편영화들을 제작하였다.

그는 이 책에서 소개하고 있는 감독들 중에서 가장 특이하게 영화를 만드는 사람에 속한다. 비평가들로부터는 일반적으로 찬사를 듣는 쪽이지만, 일반 대중으로부터는 무엇인가 있는 것 같기는 하지만 알 수 없는 어려운 영화라는 혹평을 듣는 쪽이다. 영화가 감독과 관객과의 대화라면 그리너웨이는 이 대화에서 별로 성공하지 못하는 감독인 셈이다. 우리 시문학사에서 이상 김해경이 이해받지 못하는 것처럼 그리너웨이도 이해받지 못한다고 말할 수 있다. 이런 까닭으로 그의 작품세계를 이해하는 것은 그렇게 간단하지가 않다.

그가 그래도 대중적인 이해를 얻었다고 평가되는 1982년 작 『영국식 정원 살인사건』(The Draughtsman's Contract)은 "감상용으로

즐긴다면 이 영화는 정교하게 잘 짜여진, 그러면서도 관객을 미궁에 몰아넣는 한편의 살인 미스터리물이지만 분석용으로 고심하면서 보는 관객에게는 영화와 예술에 대한 은유, 귀족과 평민(예술가)간의 알력 다툼, 페미니즘적 문제의식 등 여러 모로 다양한 주제를 발견할 수 있는, 지적 호기심을 충분히 만족시키고 흡족하게 극장문을 나설 수 있는 독창적인 영화"1)라는 평을 받

---

1) 평론가 홍성진의 평.
   출전 http://movie.naver.com/search/movie_point_review.php?code=B4901

고 있다.

일본 헤이안 시대 어느 궁녀의 소설인 '필로우 북'을 모티브로 하여, 몸에 그리는 붓글씨를 소재로 동서양의 미학을 넘나드는 대단히 난해한 작품인 『필로우 북』(*Pillow Book*, 1996)에 대해서 『뉴욕 타임스』는 "피터 그리너 웨이로 하여금 이처럼 격렬하고 괴팍한 영화를 만들도록 고무한 건 이 10세기 일본 문학의 제의적이고 에로틱하며 시적이며 장식적인 성격이다.

왜냐하면 이건 그리너웨이의 영화세계의 핵이기도 하니까"라고 평하고 있는데, 그리너웨이 자신도 "육체는 예술가들이 2000년 동안 사용해 온 중요한 예술적 재료다. 영화는 사상이라는 옷을 입은 누드다. 난 인간의 구조, 모양, 부피, 무게를 다양한 영화 언어로 강조하거나 표현하는 것이 중요하다고 생각한다. 그러나 육체는 퍼스낼리티를 연구한 다음의 문제다"라고 말하기도 했다.[2]

두 영화에 대한 평들만을 고려하더라도 그리너웨이가 독특한 시각과 독특한 각본으로 독특한 영상의 영화를 만든다는 것은 짐작할 수 있다. 여기서 검토하고자 하는 『요리사』도 자신이 각본과 감독을 겸하면서 그의 독특한 영화철학을 표현한 영화이다. 이 영화는 그의 작품들 중에서는 그래도 대중들이 접근하기 쉬운 영화로 알려져 있다. 이 영화로 그리너웨이의 작품세계는 유럽을 넘어 미국에도 알려지게 되었으나, 미국에서도 극단적인 표현들 때문에 여러 장면을 삭제한 다음에 비로소 성인용 등급을 받아 화제가 되기도

---

2) 출전 http://movie.naver.com/search/movie_point_review.php?code=B7268

했다. 여기서는 이 영화를 권력의 구속으로부터의 자유라는 주제로
접근해 보고자 한다.

3. 영화『요리사, 도둑, 그의 아내 그리고 그녀의 연인』

『성서』에 의하면 고대 이스라엘의 제2대 왕인 다윗은 하느님의
사랑받는 충실한 종이었다. 제1대 왕 사울 때에 블리셋의 거인 골
리앗을 돌팔매질로 때려 죽여 용맹을 떨쳤으며, 사울의 질투에도
불구하고 그의 사후 이스라엘의 왕이 되었고, 예루살렘을 중심으로
국가 이스라엘과 종교 유대교를 확립하였다. 하지만 그 또한 인간
이었기에 생애에 여러 오점들을 남기기도 했는데, 그 중에서도 큰
오점은 그의 부하 우리야의 아내인 바쎄바와 간통하고 그녀의 남편
을 죽게 만든 일이었다.[3] 그는 말하자면 바
쎄바를 도둑질하고 그 주인을 죽인 강도였
다. 『성서』, 시편 51장은 이런 다윗이 자신
의 잘못을 고백하고 용서를 청하는 노래이
다. 영화는 사악한 도둑이 선량한 시민[4]을 욕보이고, 소년이 이 다
윗의 노래를 번안한 노래를 부르면서 시작된다.[5]

---

3) 『성서』, 사무엘하 11~12장.
4) 영화에서 이 사람의 이름은 로이(Roy)인데, 그는 노동자들이 먹는 파이를
파는 조그만 가게의 주인이다. 자릿세를 안낸 까닭에 모진 수난을 당하고
있다.
5) 애초의 시나리오에는 노래가 영화의 제일 첫 부분을 장식하도록 되어 있었
는데, 영화에서는 폭력이 먼저 등장하고 그 다음에 이 노래가 불리어진다.

저에게 자비를 베푸소서, 저에게 자비를 베푸소서, 저의 죄를
씻어주소서, 저의 죄를 씻어주소서. 우슬초6)로 저를 때려주소
서, 그러면 제가 깨끗해지리다. 저를 씻어주소서, 저를 씻어주
소서, 그러면 제가 눈보다 더 희게 되리다.7)

1) 식당 홀란드

영화의 주무대는 지역 암흑가의 두목인 도둑 알버트(Albert
Spica)가 주인인 홀란드(Hollandais)라는 식당이다. 알버트는 프랑
스 요리에 정통한 요리사 리차드(Richard Borst)를 고용하여 이 식
당을 운영하고 있다. 알버트와 그의 아내 조지나(Georgina Spica)
는 식당에서 매일 저녁을 먹는데, 마찬가지로 식당에서 저녁을 먹
던 사서 마이클(Michael)과 조지나는 사랑에 빠진다.

 이 식당은 네 영역으로 구성되어 있다.
한 영역은 식당의 주차장이고, 주차장에 바
로 이어져 있는 다른 한 영역은 주방이다.
주방에 당연히 이어지는 또 다른 한 영역
은 식사를 하는 홀이고, 마지막으로 홀과 연결된 다른 한 영역은
화장실이다. 영화에서 이 네 영역은 또한 색깔로도 구분되어 있는

Greenaway, *The Cook, The Thief, His Wife and Her Lover*(Distributed
Art Publishers, 1992).

6) 유대인들이 귀신이나 재앙을 쫓으려고 제물의 피를 묻혀 뿌리는 데 사용한
   식물.

7) Have mercy upon me, Have mercy upon me, Blot out my transgressions,
   Blot out my transgressions. Purge me with hyssop, and I shall be clean.
   Wash me, wash me, and I shall be whiter than snow.

데, 주차장은 파란색(blue), 주방은 푸른색(green), 식당의 홀은 빨간색(red), 화장실은 흰색(white)이다. 각각의 공간의 전체적인 분위기도 이 색깔에 맞추어져 있지만, 알버트의 장식띠와 조지나의 의상도 공간이동에 따라 색깔이 바뀌고 있다.[8]

평론가 이진경은 푸른색의 주방은 생산의 공간, 빨간색의 홀은 욕망의 공간, 흰색의 화장실은 이탈의 공간, 파란색의 주차장은 처벌의 공간이라고 의미 있는 구분을 하고 있다.[9] 영화는 목요일에서 다음 주 토요일에 이르는 아흐레 동안 식당에서의 저녁식사 장면으로 이루어져 있다. 물론 식사가 이루어지는 홀을 중심으로 식당의 다른 공간으로 카메라가 옮겨 다니면서 이루어진다. 식당이 아닌 주요 공간으로는 갈색(brown)으로 상징되고 탈주의 공간이라고 이진경이 명명한 마이클의 서고가 유일하게 등장하는데, 이 공간에서도 식사는 여전히 주요한 장면이다.

식사와 이와 관련된 일들, 예컨대 요리와 서빙 등을 제외하고 식당에서 일어나는 주요한 다른 일은 두 가지이다. 하나는 영화의 곳곳에 배치된 폭력이다. 지역 암흑가의 두목이 늘 그러하듯이 알버트는 지역의 업체들에서 보호비 조로 돈을 강탈하며, 이에 저항하는 이들에게는 용서 없이 폭력을 휘두른다. 하지만 폭력은 돈을 내지 않는 사람들에게만 가해지는 것이 아니라 자신의 변덕스러운 취

---

8) 장예모(Yimou Zhang)의 『영웅』(英雄, 2002)에서는 같은 사건에 대한 다른 이야기들에 다른 색깔을 부여하고 있어, 이러한 구성과 유사하다.

9) 이진경, 『필로시네마 혹은 탈주의 철학에 대한 7편의 영화』(서울: 새길, 1995), pp.255~260. 이 책에서 평론가 이진경은 이 영화에 대하여 자세한 분석을 보여주고 있다.

향에 맞지 않는 누구에게나 가해진다. 심지어는 자기의 식당에 온 고객들에게도.

다른 하나는 사랑이다. 사랑에 빠진 조지나와 마이클은 리차드의 도움을 받아 도둑 알버트의 눈을 피해 식당  의 여기저기에서 사랑을 나눈다. 물론 이러 한 사랑은 결국 알버트에게 알려지게 되고, 둘은 식당을 도망쳐 나와 마이클의 서고로 옮겨 사랑을 나누게 된다. 하지만 알버트에 의해 마이클이 살해당 하게 되자, 조지나의 사랑은 리차드의 도움을 받아 마이클을 요리 하고 알버트에게 마이클을 먹으라고 강요하며 알버트를 죽이는 것 으로 표현된다.

2) 도둑, 요리사, 도둑의 아내 그리고 그녀의 연인

도둑 알버트는 지배자이다. 지배자로서의 알버트의 특징은 무엇 보다도 그가 행사하는 폭력이다. 자신의 의사를 관철시키는 가장  물리적인 방법인 폭력을 통하여 다른 사 람들을 지배한다. 이러한 폭력과 더불어 그를 구성하는 다른 특징은 그가 자랑하 는 부유함이다. 그는 사적인 세금을 거 두어 많은 돈을 소유하고 있고 주변의 사람들은 그의 돈으로 살아간다. 폭력과 자산을 가진 그가 가졌다 고 자랑하기는 하지만 결코 가지지 못한 것으로 묘사되는 것은 교 양이다. 그는 무뢰한 즉 예의와 염치를 모르는 사람이면서도 자신이 무뢰한이 아니라 교양인으로 보이기를 희망한다.

요리사 리차드는 피지배자이다. 피지배자로서 리차드의 특징은 무엇보다도 알버트를 위해서 일하는 알버트의 피고용인이라는 점이다. 하지만 피고용인이면서도 리차드는 일방적으로 알버트에 의해 구속받지 않는다. 왜냐하면 리차드는 알버트가 지배하지 못하는 자연을 지배하는 사람이기 때문이다.

> 스피카 씨, 이것은 오립니다. 오리는 깃털을 달고 태어납니다.
> 스피카 씨, 이것은 당신의 저녁인데, 깃털이 남아 있기를 원하
> 십니까? 깃털을 남겨둔 채로 음식을 만들 수도 있습니다.10)

물론 리차드는 알버트 없이는 아무 것도 아니다. 주방이 없고 재료가 없고 식당이 없으면 그는 아무 것도 아니다. 이는 모두 알버트의 소유이다. 그러나 주방과 재료와 식당도 또 리차드가 없으면 아무 것도 아니다. 영화가 마지막 장면에 이를 때까지 알버트와 리차드는 상호지원적인 관계를 피할 수 없다.

> 자넨 너무 자주 주제 넘어. 내가 자네를 돌봐주고 있어. 자네
> 그걸 알지? 내가 없으면 외국인인 자네는 이 동네에서 오래 가
> 지 않아.11)

---

10) Mr. Spica, this is a duck. Ducks are born with feathers on. But it is your dinner, Mr. Spica. Do you want the feathers to remain? We could try the dish, I suppose, by leaving the feathers as they are.

11) You'll cheek me once too often Borst. I look after you. You know that, don't you. If it wasn't for me, you a foreigner wouldn't last long around here.

너는 해고야. 스피카 씨, 그렇게는 안 될 것입니다. 내가 해고당하면, 당신은 어디서 식사를 하나요? 누가 식사를 하도록 음식을 준비하죠?[12]

하지만 리차드는 알버트에게만 봉사하는 사람은 아니다. 리차드는 조지나와 마이클에게도 봉사한다. 그들이 서고로 도망간 후에도 리차드는 음식을 서고로 배달한다. 이런 의미에서 알버트는 힘으로 모든 사람에게 지배한다면, 리차드는 음식으로 모든 사람을 섬긴다.

도둑의 아내 조지나도 피지배자이다. 하지만 리차드와는 입장이 다르다. 리차드는 알버트를 위해 음식을 준비하지만, 조지나는 알버트를 위해 자신을 준비한다. 그래서 리차드처럼 알버트와 상호지원적인 관계를 갖지는 못한다. 조지나는 일방적인 피박해자이다. 그녀는 알버트에게 온갖 폭력을 당하며 살 수밖에 없다. 하지만 그렇기에 조지나는 알버트와의 관계를 단절시킬 수는 있다. 알버트는 조지나가 자신에게만 종속되길 원하지만 조지나는 마이클과 사랑함으로써 그러한 종속으로부터 자유롭게 되며, 알버트의 지배자로서의 위상을 붕괴시킬 수 있다.

조지나의 연인 마이클은 피지배자들의 친구이다. 그는 알버트가 가지지 못한 것을 가진 사람이다. 그도 알버트와 마찬가지로 식사를 하지만, 그는 책도 읽는다. 하지만 더한

---

12) You're finished! I think not, Mr. Spica. If I did, where would you eat? who would have you?

것은 그도 알버트와 마찬가지로 조지나와 관계를 가지지만, 알버트와 조지나의 관계가 소유함과 소유됨인 데 반해, 마이클과 조지나의 관계는 사랑함과 사랑받음이다.

하지만 교양과 사랑보다 그의 더 중요한 특징은 그의 죽음으로 인하여 알버트가 지배하는 세상의 허구성이 드러난다는 사실이다. 알버트의 폭력이 극복할 수 없는 폭력이 아니며, 알버트의 자본이 변경될 수 없는 자본이 아니며, 알버트의 지배가 뒤엎을 수 없는 지배가 아니라는 점은 마이클의 죽음에 의해 조지나에게 제일 먼저 드러난다. 이러한 깨달음은 같은 피지배자인 리차드에게 우선 옮겨지고 나아가 모든 알버트의 피박해자들에게 옮겨진다.

3) 너스레와 누드

앞에서 이미 지적한 것처럼 이 영화는 그리너웨이의 영화들이 대개 그러하듯이 보기가 그렇게 쉬운 영화는 아니다. 이 영화를 본 어떤 사람은 영화 내내 구역질이 나서 영화를 보기가 몹시 힘들었다고 말하기도 한다. 물론 시나리오 작가이자 감독의 입장에서는 관객이 구역질을 했다면 자신은 성공했다고 기뻐할 것이다. 세상이 구역질나는 곳이며 우리가 구역질나는 인간이라는 것을 정확히 전달했다고 대단히 만족해할 것이다.

하지만 그 구역질나는 장면이 어떤 의도로 연출되었는지를 알고 본다면, 보기 어려운 영화를 그래도 조금은 덜 고통스럽게 볼 수도 있다. 영화를 보기 어렵게 만드는 두 요소는 영화 내내 계속되는 알버트의 너스레 즉 수다스럽게 떠벌려 놓은 말이나 짓거리와 시시각각으로 전개되는 조지나와 마이클의 공공연한 누드 정사이다. 사실 이 두 행위가 관객들을 당황스럽게 만드는 요소이다. 이진경은 이러한 당황스러움을 적절하게 지적하고 있다.

우선 비디오 가게에 당당하게 붙어 있는 'X등급 판정'이란 문구의 연상작용에 따라 포르노(급) 영화를 기대한 사람들로선, 몇몇 야한 장면에도 불구하고 식당 주인인 앨버트 … 의 끝도 없고 재미도 없는 '수다'와 괴팍하기까지 한 전체적인 분위기에 당황할 것이다.13)

알버트의 너스레는 두 가지 기능을 하고 있다. 하나는 드러내는 것이고 다른 하나는 감추는 것이다. 그가 너스레를 통하여 드러내는 것은 자신의 정체이다. 자신이 주인이며 다른 사람은 노예라는 사실이다. 상식적으로는 식당의 주인이 식당의 고객에게 공손해야 하지만 영화에서 그는 그렇지 않다. 자신의 고객에게까지도 그는 주인 행세를 한다. 마치 정치가들이 국민을 위해서 봉사해야 하지만 실제로는 무시하는 것처럼.

알버트가 너스레를 통하여 감추는 것도 또한 자신의 정체이다. 우선 차려입은 옷부터가 그렇다. 식당에 걸려 있는 근세의 귀족들 마냥 차려입기는 했지만 그렇다고 숨겨진 천골(賤骨)이 배여 나오지 않는 것은 아니다. 자신의 유식을 자랑하기 위해 늘어놓는 수다

---

13) 이진경(1995), p.247.

들 또한 구절구절마다 말도 안 되는 억지소리라는 것이 드러난다. 다른 사람의 천박함을 향해 내뱉는 비난들 또한 자신의 더 큰 천박함을 드러낼 뿐이다.

이러한 알버트의 수다스러운 너스레와 대비되는 것이 조지나와 마이클의 침묵과 누드이다. 조지나와 마이클의 사랑은 처음엔 말없는 육체적인 사랑으로 시작하고, 나중에 알버트가 마이클을 잠깐 자신의 식탁에 초대함으로써 비로소 대화가 곁들여진다. 이 두 사람이 만나는 시간의 대부분 이들은 나신으로 영화에 등장하며, 특히 재미있는 것은 옷을 입은 리차드가 나신의 이들을 평소와 다름없이 자연스럽게 대한다는 것이다.

더 흥미로운 것은 조지나와 마이클이 식당을 도망쳐 나와 피난한 서고에서의 그들의 모습이다. 식당에서와 달리 그들은 서고에 입장하면서부터 나신이다. 식당에서는 숨겨진 장소에서만 나신이었지만 이곳에서는 처음부터 끝까지 나신이다. 그러나 에덴동산의 이브와 아담처럼 그들은 나신은 자연스럽고 당당하다.14) 마치 선악과를 따먹기 전 이브와 아담의 모습이다. 노래 부르는 아이의 노랫말처럼, 그들의 모습은 우슬초에 의해 눈보다 더 희어진 순결한 모습이다. 이 영화에서 의복은 원죄를 뜻하며 나신은 그러한 죄로부터

---

14) 알트만(Robert Altman)의 『패션쇼』(Pret-A-Porter/Ready To Wear, 1994)에서도 이와 같은 모습이 나온다. 이 영화의 마지막에 패션 사업가들에 의해 자신의 패션을 도둑맞은 패션 디자이너는 이 세상 최고의 패션 즉 나신의 패션쇼를 펼친다. 임신 중인 모델을 포함하여 나신의 모델들은 나신이 어떤 패션보다 아름다울 수 있다는 것을 이 영화에서 잘 보여주고 있다.

의 자유를 의미한다.

이런 까닭으로 그리너웨이는 이 영화의 주된 내용을 알버트의 너스레와 조지아와 마이클의 나신으로 채워놓았다. 이 둘은 모두 짜증을 불러온다. 관객은 알버트의 너스레를 들으면서 "내가 왜 돈과 시간을 들여서 저런 너스레를 듣고 앉아 있어야 하지?"라고 자문한다. 하지만 조지아와 마이클을 보고 여느 영화에서처럼 관음증을 충족시킬 수 있는 것도 아니다. "아니 내가 왜 돈과 시간을 들여서 알버트의 말대로 추잡한 외도를 보고 있어야 하지?"라고 자문한다.

하지만 이러한 이의제기는 둘 다 틀렸다. 나는 나의 너스레를 알지 못하기 때문에 돈과 시간을 들여 나의 너스레를 들어 보아야 한

다. 이렇게 함으로써 좀처럼 듣기 힘든 나의 너스레를 알버트를 통해서 겨우 듣게 되고, 내가 정말 어떤 너스레를 떠는 인간인지 알게 된다. 그리고 조지나와 마이클의 나신에 리차드처럼 반응하지 못한다면 나는 아직 나신으로부터 자유롭지 못한 인간이다. 로댕의 생각하는 사람이나 미켈란젤로의 다비드상을 자연스레볼 수 있다면, 조지나와 마이클을 그렇게 보지 못할 이유가 어디에 있는가? 있다면 그것도 나의 순결하지 못한 마음 때문일 것이다.

> 나로부터 나의 허물을 완전히 씻어주소서, 나로부터 나의 죄를 깨끗이 해주소서. 내가 나의 죄를 인정하나이다. 나의 죄는 내 이전에 이미 있었나이다. 당신에 반하여, 오직 당신에 반하여 내가 죄를 지었나이다. 그것도 당신의 면전에서 이 악을 범했나이다. 저에게 자비를 베푸소서, 저에게 자비를 베푸소서, 저의 죄를 씻어주소서.15)

4. 노예에서 자유인으로

1) 잉여생산과 도둑

인간이 신체적인 존재인 이상 물질에 의존하지 않을 수 없다. 사람에 따라서 이러한 의존도가 높은 사람도 있고 낮은 사람도 있겠지만, 여하튼 인간은 물질에 의존해서만 자신을 유지할 수 있다. 자신의 유지를 위한 대표적인 물질이 음식이다. 하지만 음식은 부패한다. 조지나와 마이클이 타고 달아난 음식 재료 운반용 차량에서 볼 수 있는 것처럼 시간이 지나면 음식의 재료는 부패하고 악취를 풍기며 또 구더기까지 생겨난다. 음식재료가 요리사의 손을 거치면 맛있는 요리가 되지만, 시간의 손을 거치면 악취나는 쓰레기가 된다.

그러므로 과거의 인간들은 자신들이 먹을 만큼만 가지면 그것으로 충분하였다.[16] 자신이 필요한 것 이상에 대한 쓸데없는 — 왜냐

---

15) Wash me thoroughly from my iniquity, and cleanse me from my sin. For I acknowledge my transgressions; and my sin is ever before me. Against Thee, Thee only, have I sinned. And done this evil in Thy sight. Have mercy upon me. Have mercy upon me. Blot out my transgressions.

16) 코스트너(Kevin Costner)의 『늑대와 춤을』(*Dances With Wolves*, 1990)에서는 들소를 사냥하는 백인들과 인디언들의 모습이 대비되고 있다. 백인들은 가죽을 벗겨 팔기 위하여 자신들이 먹을 수 없고 입을 수 없는 많은 들소들을 사냥하지만, 인디언들은 자신들이 먹을 수 있고 입을 수 있을 정도로만 사냥한다. 일반적으로 동물들도 이런 원칙에 따라 사냥하는데, 『늑대

하면 그것을 소유하는 것은 곧 쓰레기를 치워야 하는 부담을 의미하기 때문에 — 욕망은 물물교환의 시대에는 충분히 방지될 수 있었다. 하지만 썩지 않는 물질의 등장은 이러한 쓸데없는 욕망을 인간의 삶 속에 영원히 불러들이고 말았다. 썩지 않는 물질, 그것은 **화폐**이다. 화폐의 등장과 더불어 인간들은 자신이 필요한 것 이상을 생산하기 시작하였다. 왜냐하면 사용하고 남는 물건들을 즉 잉여생산물들을 화폐로 바꾸어놓으면 화폐는 결코 썩지 않아서 자신이 원하는 어느 때나 다시 자신이 원하는 물질로 바꾸어 가질 수 있기 때문이다.

저축이 우리 시대의 덕목이기는 하지만 이런 의미에서 저축은 화폐라는 악마에 의해서 비로소 가능해진 악마의 마술이다. 그러므로 『성경』에서는 이렇게 말한다.

그러니 잘 들어라 너희는 무엇을 먹고 살까, 또 몸에다 무엇을 걸칠까 하고 걱정하지 말라. … 너희는 있는 것을 팔아 가난한 사람들에게 주어라. 해어지지 않는 돈지갑을 만들고 축나지 않는 재물 창고를 하늘에 마련하여라. 거기에는 도둑이 들거나 좀먹는 일이 없다.[17]

그렇다. 비축이 불러오는 것은 좀이나 도둑이다. 화폐에는 더 이상 좀이 슬지 않는다. 그러므로 이제 비축에는 **도둑**이 꼬인다. 알버

와 춤을』은 이러한 자연적인 삶의 방식으로부터의 일탈을 아쉬워한다.
17) 루가 12:22~33.

트는 이런 도둑이다. 어떤 사람이 도둑이냐 아니냐는 그가 자연을 대상으로 노동을 하였는지 여부에 달려 있다. 자연을 대상으로 노동을 하였다면 그는 도둑이 아니다. 자연을 대상으로 한 노동 없이 목숨을 이어가고 있다면 그는 분명히 도둑이다. 알버트와 그의 부하들은 생산하지 않는다. 첫 장면에서 보여주는 것처럼 자신에게 세금을 내지 않는 생산자를 협박하여 돈을 받아내고 이 돈을 비축하고 이 돈으로 자신의 목숨을 이어간다. 이들은 도둑이다.

있는 것, 즉 비축하고 있는 물건들을 돈으로 간직할 것인지 아니면 다른 사람들과 나눌 것인지, 이것이 우리의 햄릿적인 고민이다. 다른 사람들과 나누는 것은 **오래된 삶의 방식**을 따르는 것이다. 필요 이상의 것을 다른 사람과 나눌 때 세상은 훨씬 행복한 세상이

된다. 내가 가지기를 고집하는 것은 쓰레기를 치워야 하는 힘든 세상을 만들 뿐이다. 돈으로 간직하는 것은 **새로운 삶의 방식**을 따르는 것이다. 비축은 알라딘의 마술램프처럼 그때그때 나의 소망을 이루어줄 것이다. 하지만 그것은 내가 램프를가지고 있는 한에서만 그렇다. 도둑이 램프를 훔쳐 가면 나와 함께할 사람은 아무도 없다. **가난한 나눔**을 선택할 것인지 **고독한 소유**를 선택할 것인지, 이것이 우리가 선택해야 할 삶의 두 방식이다.

2) 폭력과 협력

식당 홀란드에는 두 무리의 인간들이 있다. 하나는 주방의 무리들이고 다른 하나는 홀의 무리들이다. 주방의 무리들은 음식의 재

료들을 요리하는 노동자들이다. 홀의 무리들은 요리된 음식을 향유하는 소비자들이다. 홀의 무리들도 따지고 보면 다시 두 무리로 나눌 수 있다. 음식의 재료들이 아닌 다른 재료들에 노동을 가하는 무리들이 있고, 그렇게 자연에 노동을 가하는 것이 아니라 남들이 그렇게 생산하여 화폐로 비축해 놓은 것은 빼앗는 무리들이 있다. 전자는 주방의 무리들과 마찬가지의 노동자들이다. 후자는 도둑들이다.

인간은 자신의 몸을 움직여 힘을 낸다. 노동자는 이 힘을 자연을 향해 쏟아 부음으로써 자신과 다른 사람들에게 도움이 될 것을 만든다. 그들은 계속하여 생산할 수 있는 사람이기 때문에 비축하는 것에 상대적으로 관심이 적고 비축하기보다는 나누는 삶의 방식을 선택한다. 도둑은 이 힘을 다른 사람을 향해 쏟아 부음으로써 다른 사람을 죽이거나 상처 입히거나 협박하여 그 사람이 만들어 놓은 그 사람의 것을 뺏는다. 도둑은 생산하지 못한다. 그러므로 그는 비축하지 않으면 불안하며 나누기보다는 비축하는 삶의 방식을 취한다.

이런 까닭에 노동자들은 **협력**적이다. 서로서로 가진 것을 나눌 수 있는 사람들이다. 하지만 도둑들은 **폭력**적일 수밖에 없다. 빼앗기 위해서는 폭력을 휘두르지 않으면 안 된다.

이러한 삶의 방식의 차이는 다른 집단의 구성원을 대할 때는 물론이고 자기 집단의 구성원을 대할 때에도 마찬가지로 드러난다. 리차드가 식당을 지배하는 방식은 알버트가 홀을 지배하는 방식과 다르다. 리차드가 자연을 지배하는 능력 즉 그의 요리사로서의 전

 문성 때문에 알버트도 그를 어찌하지 못하는 것처럼 식당의 식구들이 그를 따르는 이유는 그 전문성 때문이다. 알버트의 부하들이 알버트를 따르는 것은 알버트가 더 큰 힘을, 더 큰 폭력을 가지고 있기 때문이다. 그러므로 알버트는 끊임없이 너스레를 떨지 않으면 안 된다. 자신의 힘을 시시각각 부하들에게도 인식시키지 않으면 안 된다. 아니면 그들이 자신의 것을 도둑질할 것이기 때문이다. 알버트는 그럴 이유가 없다. 그는 맛있는 요리를 만들어 보여줌으로써 자신의 위치를 유지한다.

영화에서는 이러한 폭력과 협력의 관계 외에도 노동과 관련한 다른 관계가 하나 더 제시되고 있다.

> 이게 뭐야? 뭐야? 마님께 드리는 저희들의 호의입니다. 그녀는 '마님'이 아냐. 난 왜 안 줘? 스피카 씨가 좋아  하지 않으실 것 같아서. 줘 봐. 스피카 씨 당신의 식성은 보수적이라…. 그렇지 않아 보스트. 나도 옆자리 사람처럼 진취적이야. 스피카 씨, 당신 아내의 미각은 각별하셔서 요리하기 즐겁습니다. 나도 각별한 미각을 가지고 있어. 아닙니다. 스피카 씨. 당신은 적절한 미각을 가지고 계시죠.[18]

---

18) What's that? A small dish for Madame Spica - courtesy of the house. She's no "madame" and why haven't I got one? I doubt. Mr. Spica, if you'd like it. Try me. We have grown accustomed to you being a conservative eater, Mr. Spica. That's not true. Borst! I'm adventurous as the next! Your wife has an excellent palate. Mr. Spica. It is always a pleasure for us to server her. I have an excellent palate too! No, Mr.

요리사는 자신의 요리로 즐거워하는 사람 때문에 또한 즐거워진다. 남는 것을 나누는 것도 즐거움의 증가를 가져오지만, 같은 양의 것을 더 높게 즐길 수 있다면 그것도 또한 즐거움의 증가를 가져온다. 그러므로 요리사의 입장에서는 자신의 요리를 잘 즐기는 사람에게 더 큰 **호의**를 갖는다. 조지나가 리차드에게서 협력을 얻어낼 수 있었던 것은 바로 이런 이유에서였다. 리차드는 조지나가 사랑을 나눌 수 있는 장소를 제공하고 알버트로부터 숨겨준다. 다 같이 알버트의 폭력에 시달리는 사람들이기도 하지만, 조지나는 리차드에게는 자신을 알아주는 특별한 존재이다. 또 한 사람 마이클도 마찬가지이다.[19)]

3) 사랑과 혁명

그리너웨이는 앞에서 언급했던 『필로우 북』을 두고 "우리에게 자극을 주고 동기를 부여하는 일들, 인생을 변화시키는 것들은 두 가지로부터 온다. 하나는 섹스이고 또 하나는 문학 즉 텍스트다"[20)]라고 말했는데, 이러한 그의 영화철학은 『요리사 …』에서도 마찬가지이다. 조지나의 삶은 리차드를 만남으로써 변화되는데, 리차드와 조지나는 먼저 섹스로 이어지고 난 다음에 자신들이 또한 책으로도 이어진다는 것을 알게 된다.

Spica, you have not. merely a serviceable one.

19) 이 부분은 국내에서는 삭제된 내용이다.

20) 출전 http://movie.naver.com/search/movie_point_review.php?code=B7268

아내도 책읽기를 좋아해. 그녀는 침대에 앉아 여러 시간 책을 읽기도 하지. 그녀는 화장실에서도 책을 읽는다니까.[21)

이렇게 하여 그들의 대화가 시작되고 그들의 몸과 마음은 함께 만나게 된다. 하지만 이들의 그러한 만남은 알버트에 의해 깨어진다. 조지나의 배신을 알아챈 알버트는 마이클이 가장 좋아하는 책 『프랑스 혁명』[22)을 마이클에게 먹여 살해한다. 도둑은 결코 도둑을 용서할 수 없다. 도둑은 남에게 도둑질을 허용하면 자신의 도둑질이 무의미해진다는 것을 알고 있다. 그러므로 도둑이 결코 용서할 수 없는 것은 남의 도둑질이다.

하지만 조지나가 비축물인가? 사실 화폐가 나타나기 전에 썩지 않는 유일한 재화가 생물이었다. 가축이나 노예가 화폐 이전에는 유일한 비축물이었다. 물론 화폐와 더불어 이들도 모두 화폐로 환원가능하게 되었다. 헤겔의 주인과 노예의 변증법에서 주인은 인간을 노예로 만드는 자이며, 이러한 노예는 주인의 재산 즉 비축물이다. 그러므로 조지나는 비축물이다. 도둑이 꼬이는 비축물이다. 그러므로 그녀를 지키기 위해서 알버트는 긴장해야 한다.

하지만 마이클의 죽음은 이러한 뺏고 훔치는 상황에 근본적인 변화를 가져온다. 이러한 근본적인 변화의 역사적인 예는 바로 프

---

21 She likes to read. She sits on the bed for hours reading. She even reads on the john.

22) 시나리오에 따르면 Pascal Astruc-Latelle의 *The French Revolution.*

랑스 혁명이다. 죽은 마이클을 향한 조지나의 독백에 의하면 조지
나는 여러 번 도망치기는 했지만 알버트의 폭력에 압도당해서 자신
의 노예상태와 그에 따르는 고통스런 삶을 어쩔 수 없이 받아들이
며 살고 있었다. 그러나 사랑하는 마이클의 죽음은 자신이 당하고
있는 삶을 바로 보게 만든 계기가 되고, 그녀는 이 모든 것을 끝내
기로 결심한다. "이 모든 것을 끝나야 한다."(This must all finish.)

자신에 대한 폭력은 참아내어지지만 자
신이 사랑하는 사람에 대한 폭력은 참아내
어지지 못한다. 자신의 죽음은 두려운 일이
지만 자신이 사랑하는 사람의 죽음을 당하

여서는 자신의 죽음도 더 이상 두려움이 되지 못한다. 마이클의 죽
음은 조지나에게 폭력과 죽음의 확실한 모습을 보여준다. 사랑은
그녀에게서 그녀를 노예의 운명으로 끌고 간 그녀의 두려움을 쫓아
내 버린다. 자유로운 우리가 사랑하는 부모님으로부터 이 세상에
온 것처럼, 사랑은 이 세상에서 우리를 자유롭게 한다. 이것이 **사랑
의 혁명**이다.

헤겔의 주인과 노예의 변증법에 따르면 주인과 노예는 상호적이
기는 하지만, 그러한 관계는 영원히 계속될 수밖에 없다. 하지만
이러한 주인과 노예의 삶에 종지부를 찍으려는 많은 시도들도 계속
되어 왔다. 그리너웨이는 주인의 삶이란 도둑이라고 선언하면서,
다윗처럼 도둑의 삶을 회개하고 조지아와 리차드와 같이 사랑과 노
동을 일치시킬 때 이러한 영원한 구조를 해체할 수 있다는 텍스트
를 제시하고 있다.

5. 묵 자

그리너웨이와 생각을 같이 한 사람들이 적지 않은 것도 사실이지만, 인류의 역사에서 그것이 주류를 형성하지 못했다는 것도 또한 부정할 수 없는 사실이다. 그렇게 주류를 형성하지 못하고 주류에 대한 하나의 반대명제 즉 안티테제(Antithese)로서 역사에 기록된 한 운동이 겸애(兼愛)와 절용(節用)과 비명(非命)을 내세웠던 중국의 묵가(墨家)들이다.

묵자는 … 사회의 가장 밑바닥에서 스스로 땀 흘려 일하며 진정한 연대감 속에서 사람들을 사랑하려 하였다. 그러기에 묵자는 부지런히 일하고 쓸데없는 낭비를 하지 말 것을 사람들에게 설교하였을 뿐만 아니라 몸소 자기 제자들을 거느리고 그것을 실천하였다. …

… 그래서 당시의 지배계급 또는 상류계급인 군자들의 눈에는 묵자의 학문이란 순자가 말했듯이 <노예[役夫]들의 도(道)>로밖에는 보이지 않았던 것이다.[23]

묵자의 한 중심어(keyword)는 **겸애** 즉 가리지 않고 두루 사랑함이다. 그는 천하의 혼란이 겸애가 없기 때문이라고 생각하였다. 사랑하는 남녀처럼 자신과 상대방이 구별되지 않고 오히려 상대방을 자신에 앞서 배려할 수 있어야 갈등의 상황에 종지부를 찍을 수 있

---

23) 배종호, 안병주, 김학주, 『한비자, 순자, 묵자』(서울: 삼성출판사, 1977), p.204.

을 것이라고 보았다.

 도적들은 그의 집안만을 사랑하고 다른 사람의 집안을 사랑하지 않기 때문에 다른 집안의 물건을 훔치어 자기 집안을 이롭게 하는 것이다. 강도는 그 자신을 사랑하면서도 남은 사랑하지 않기 때문에 남을 해치면서 그 자신을 이롭게 하는 것이다. 이것은 어째서인가? 모두 서로 사랑하지 않는 데서 생겨난다.[24]

묵자는 말하였다. … 남의 집안을 보기를 자기 집안 보듯이 하고, 남의 몸을 보기를 자기 몸을 보듯 하면 된다.[25]

묵자의 다른 중심어는 **절용** 즉 아껴 씀이다. 영화에서 알버트는 마이클에게 자신을 드러내 보이기 위하여 조지나에게 자신이 얼마나 사치스럽게 살고 있는지를 설명하라고 말하는 장면이 있다. 묵자는 본래의 기능과 상관없는 사치를 없앰으로써 삶을 수고롭지 않고 풍족하게 하고자 하였다.

성인이 부를 배로 늘리는 것은 밖에서 땅을 뺏음으로써 늘리는 것이 아니다. 그 국가의 사정에 따라 쓸데없는 비용을 없앰으로써 두 배로 부를 늘리는 것이다.[26]

그들은 이러한 물건들을 만듦에 있어서는 어느 것을 막론하

---

24) 같은 책, p.218.
25) 같은 책, p.220.
26) 같은 책, p.255.

고 [화려하기만 하고 사용에 편리하지 않은 것은 없애 버리고] 사용에 편리하도록 하였다. 그러므로 재물의 사용에 낭비가 없었고, 백성들의 생활은 수고롭지 않았으며, 그로 인하여 이익이 더욱 많았던 것이다.27)

묵자의 또 다른 중심어는 **비명** 즉 운명이 없다는 것이다. 사람들이 노력은 하지 않고 잘못된 결과가 오면 자기 책임이 아니라 운명 탓이라 말하곤 하는데, 이는 변명에 불과하다고 묵자는 비판한다. 그러므로 묵자는 힘써 일함으로써 잘못된 결과를 결단코 피할 수 있다고 주장한다. 묵자의 비명과 조지나의 비명은 초점이 정확히 일치하지는 않지만 정해졌다고 생각되는 것을 거부한다는 입장에서는 적어도 일치한다.

옛날 세상의 가난한 백성들은 먹고 마시는 데에서는 탐을 내면서도 일에 종사하는 데에는 게을렀다. 그래서 입고 먹는 데 쓸 재물이 부족하여 굶주리고 헐벗거나 굶어죽고 얼어죽을 걱정을 당하였다. 그러고도 자기가 무능력해서 일을 부지런히 하지 않기 때문이라고는 말할 줄을 모르고, 내 운명이 가난하게 살게 되어 있기 때문이라고 반드시 말하였다.

묵자(墨子, BC 480~390)를 지도자로 하는 묵가는 노동과 연대

27) 같은 책, p.256.

라는 그 특징에서 그리스의 피타고라스(Pytagoras, BC 582~479) 학파나 로욜라(Ignatius de Loyola, 1491~1556)가 초대 회장을 지 낸 가톨릭의 예수회 등과 비교될 수 있다. 순자가 말하는 노예의 도덕(役夫之道)이 과거 어느 때보다 더 절실하게 느껴지는 것은 우 리가 살고 있는 이 시점이 강도의 도덕(暴人之道)이 최고조에 달한 때여서 아마 그럴 것이다.

생각거리

1. 이 영화가 가지는 불편함의 의미에 대하여 한번 생각해 보고, 이를 영화 일반의 오락성과 대비시켜 설명해 보자.
2. 헤겔이 말한 '주인과 노예의 변증법'에 대하여 좀더 자세히 조사해 보자.
3. 자신이 삶에서 경험한 '주인'이 자유롭지 못한 경우들과 '노예'가 자유로운 경우들을 찾아보자.
4. 알버트와 조지아 사이에 아이가 없다는 그리너웨이의 설정이 가지는 의미를 생각해 보자.
5. 『묵자』의 「겸애」, 「절용」, 「비명」 편을 읽고서 묵자의 사상을 요약해 보자.
6. 자신이 이 영화를 다시 만든다고 하면 어떻게 그 내용을 달리할 것인지를 적어보자.

읽을거리

이진경, 『필로시네마 혹은 탈주의 철학에 대한 7편의 영화』(서울: 새길, 1995)

강내희, 『신자유주의와 문화』(서울: 문화과학사, 2000)

김학주, 『묵자 그 생애사상과 묵가』(서울: 명문당, 2002)

볼거리

그리너웨이, 『필로우 북』(*Pillow Book*, 1996)

코스트너, 『늑대와 춤을』(*Dances With Wolves*, 1990)

장예모, 『영웅』(英雄, 2002)

5 장 문화로부터의 자유

『매트릭스』

1. 문화로부터의 자유

 매트릭스는 어디에나 있어. 우리들 주변의
모든 것이지. 지금 바로 이 방에도 있지. 창
밖을 볼 때나 텔레비전을 켤 때나 너는 그것
을 보지. 일하러 갈 때나 교회에 갈 때나 세
금을 낼 때도 너는 그것을 느끼지. 그것은 진
실을 보지 못하게 하는 세계야. 어떤 진실?
네오, 네가 노예라는 진실. 모든 사람들과 마찬가지로 너는 구
속 속에서 태어났어. 냄새 맡을 수도 맛볼 수도 만져볼 수도
없는 감옥 속에서 태어났어. 네 마음을 가둔 감옥, 불행하게도
매트릭스가 무엇인지 아무도 들은 적이 없어. 너 자신이 그것
을 보아야 해.1)

문화란 무엇인가? 특히 오늘날 **대중문화**란 무엇인가? 그것은 어디에나 있는 것이다. 그것은 공기와도 같아서 우리가 있는 곳이라면 언제 어디에서나 함께 있다. 거리에서나 텔레비전에서나 그것을 볼 수 있고, 일하고 예배하고 세금을 낼 때에도 우리는 그것과 함께 한다.

예전에는 시무식이 강당에서 이루어졌지만 오늘날에는 정동진에서 해맞이를 하면서 이루어진다. 예전에는 오르간 반주에 맞추어 예배를 드렸지만 오늘날에는 락 밴드의 반주에 맞추어 예배를 드린다. 예전에는 고지서를 들고 은행에 갔지만 오늘날에는 컴퓨터 앞에 앉아 키보드를 두들긴다. 예전과 오늘이 달라지긴 했지만 이것들 모두가 **문화 즉 삶의 방식**이다.

그런데 문화는 공기처럼 우리를 살게 하는 것으로 끝나지 않는다. 문화는 창조자가 있고 그 창조자는 어떤 **의도**를 가지고 문화를 창조한다. 그 의도란 무엇인가? 그것은 자신들의 지배적인 위치를 계속 유지하고 그러한 지위를 이용하여 이윤을 추구하는 것이다. 그리고 그렇게 하기 위하여 자신들의 의도를 대중들이 보지 못하도록 하는 것이다.

---

1) The Matrix is everywhere. It is all around us, even now in this very room. You can see it when you look out your window or when you turn on your television. You can feel it when you go to work, when you go to church, when you pay your taxes. It is the world that has been pulled over your eyes to blind you from the truth. What truth? That you are a slave, Neo. Like everyone else, you were born into bondage, born into a prison that you cannot smell or taste or touch. A prison for your mind. Unfortunately, no one can be told what the Matrix is. You have to see it for yourself.

대중문화는 기업인이 고용한 기술자에 의해 생산되고 가동된 것이며, 대중문화의 수용자는 수동적인 소비자들이며, 그들이 할 수 있는 것이라고는 오로지 대중문화의 상품을 살 것인가, 사지 않을 것인가를 결정하는 정도이다. 키치
(Kitsch)[2]라는 대중문화에 군림하는 문화영주들은 간단히 말해서 그들의 이윤만을 창출하기 위해서, 또 자신들의 계급적 지배의 위치를 계속 유지하기 위한 목적으로 대중의 문화적 욕구를 악용하는 것이다.[3]

대중문화 속에 우리는 갇혀 있다. 우리가 할 수 있는 일은 그 문화적 산물들을 살 것이냐 말 것이냐 외에 그 아무 것도 없다. 하지만 우리는 우리가 그런 구속 속에 있다는 것도 모르고, 그러한 구속이 있다는 것조차 눈치 채지 못한다. 우리의 마음이 사로잡혀 있기 때문이다. 참과 거짓, 옳음과 그름을 구분할 마음이 사로잡혀 있기 때문에 이 무취무미무형의 감옥을 빠져나오기란 그리 쉬운 일이 아니다.

네오, 너는 운명을 믿어? 아뇨. 왜 믿지 않아? 내가 나의 삶을 통제할 수 없다는 생각을 좋아하지 않기 때문이죠.[4]

그렇다. 우리는 이러한 문화라는 구속에서부터 벗어나야 한다.

2) 대중문화를 가리키는 독일 용어.
3) 맥도널드, "대중문화의 이론," 강현두 엮음, 『현대사회와 대중문화』(서울: 나남출판, 1998), p.132.
4) Do you believe in fate, Neo? No. Why not? Because I don't like the idea that I'm not in control of my life.

왜냐하면 우리는 우리의 운명을 스스로 통제할 수 없는 상황을 싫어하기 때문이다. 우리가 운명이라는 매트릭스를 벗어 던지고 자신의 희망대로 자유롭게 살기를 원하는 사람이라면, 우리는 또 문화라는 매트릭스를 벗어 던지지 않으면 안 된다.

2. 워쇼스키 형제

이러한 문화적 구속을 매트릭스라는 용어를 이용하여 감각적으로 부각시킨 영화가 워쇼스키 형제(Larry Wachowski & Andy Wachowski)의 『매트릭스』(*Matrix*, 1999)이다. 워쇼스키 형제도 앞에서 본 니콜이나 그리너웨이처럼 시나리오 작가와 감독을 겸하는 사람들이다. 그들은 코엔 형제(Joel Coen & Ethan Coen)[5]와 더불어 영화가의 용감한 두 형제라고 불리고 있다.

워쇼스키 형제는 미국 시카고에서 사업가였던 아버지와 간호사이자 화가로 일했던 어머니 사이에서 태어났다. 일찍이 현실에 대한 현재의 지각과 이것의 변화에 대하여 사색하기를 즐겼던 그들은 대학을 중퇴한 후 페인트공과 목수를 하면서 살았는데, 그들은 철학적 토론과 더불어 일본의 만화영화와 중국의 쿵푸영화, 필름 느

---

5) 그들 또한 워쇼스키 형제와 마찬가지로 패러디(parody)를 자신들의 영화화법으로 삼는데, 대표작으로는 『허드서커 대리인』(*The Hudsucker Proxy*, 1994)과 『파고』(*Fargo*, 1996)가 있다.

와르6) 그리고 인터넷의 가상현실에 심취했다.

전설적인 영화제작자인 코어만(Roger Corman)에 대한 책을 읽은 래리는 앤디에게 그 책을 읽게 하였고, 그들은 자신들의 이야기 재주를 영화 각본으로 시험해 보기로 하였다. 코어만류의 그들의 초기 각본은 창의성이 있다는 이야기를 듣기는 했지만 선뜻 받아들여지지는 않았다. 영화화된 최초의 각본은 『암살자』(*Assassins*, 1995)이다. 이 영화가 자신들의 기대에 못 미치자, 자신들이 각본과 감독을 모두 맡아 제작한 둘째 영화가 새로운 느

와르 스릴러 『바운드』(*Bound*, 1996)이다. 『바운드』를 통하여 긍정적인 평과 열성적인 팬들을 확보한 그들은 그들이 여러 해에 걸쳐

작업해 오던 각본을 성공적인 영화제작자인 실버 (Joel Silver)에게 보여주게 되는데, 이렇게 하여 공상과학영화의 새로운 모범인 된 『매트릭스』가 탄생하게 되었다.

이 영화로 그들은 액션(action)과 에스에프(Sci-Fi)를 거의 신화수준의 스토리와 천재적으로 결합시켰다는 찬사를 받게 되었으며, 수많은 아류작과 패러디가 명성을 드높여주었다. 신비주의와 신화,

---

6) 프랑스의 비평가들이 제2차 세계대전 후에 미국의 극장가에서 흔히 볼 수 있었던 암울한 범죄영화들을 통칭할 때 사용한 이름이다. 초기의 느와르 작품들은 주로 A급 영화와 동시에 상영될 목적으로 만들어진 B급 저예산 영화들로서 예산이나 소재상의 이유로 주로 저녁을 배경으로 촬영되었고 또 전후의 분위기가 허무적이고 퇴폐적이었기 때문에 검은, 어두운, 암울한 이라는 뜻을 가지는 느와르(noir)라는 관형어를 가지게 되었다.

현란한 쿵푸 액션, 분위기 있는 사이버 느와
르 화면의 결합체인 이 영화는 하지만 독창
성에서는 그렇게 높은 평가를 받지는 못했
다. 수많은 고전들로부터 가져온 아이디어들
을 멋지게 결합시켰다는 점에서만 높은 평가를 받았을 뿐이다.

물론 이 영화 또한 대중문화의 산물이다. 그러한 만큼 우리는 이
영화를 보거나 보지 않거나 외에 할 수 있는 일은 없다. 하지만 오
늘날 대중문화는 대중문화 자체를 조롱하여 팔아먹을 정도로 막강
한 권력을 가지게 되었다. 그래서 이 영화는 사실 자신을 조롱하고
있는 측면이 있다. 이 영화를 마치 사실인 것처럼 본다면 이 영화
는 도척의 이야기와 다르지 않다. 남을 잘못을 지적하는 듯하지만
사실은 같은 잘못을 범하고 있는 영화이다. 하지만 이 영화가 하나
의 비유라고 본다면 문화라는 감옥을 성공적으로 그려낸 영화라고
볼 여지도 충분히 있다. 여기서는 후자의 관점에서 이 영화를 검토
하려고 한다.7)

3. 영화 『매트릭스』

영화의 배경은 2199년, 인공두뇌를 가진 컴퓨터(AI: Artificial
Intelligence)가 세상을 지배하는 세계다. 사람들은 태어나자마자 인
공자궁 안에 갇혀 AI의 생명연장 에너지로 사용되고 뇌세포에는

---

7) 필자는 전자의 관점에서 이 영화를 검토한 적이 있다.. 김성동, 『문화 ― 열
두 이야기』(서울: 철학과현실사, 2003), pp.161~186.

매트릭스라는 프로그램이 입력된다. 그리하여 모든 인간은 가상현실 속에서 1999년의 어느 날을 살아가고 있다. 가상현실의 꿈에서 깨어난 몇몇 인간들은 매트릭스 밖에서 AI에 대한 저항을 시도하는데, 그 저항의 주도자가 되도록 운명지어진 사람이 바로 주인공 네오다.[8]

---

8) 할리우드의 성공작들, 예컨대 『대부』나 『스타워즈』처럼, 『매트릭스』 또한 일련의 이야기들 중의 한 도막이며, 이야기의 처음이 아니라 중간이다. 이 이야기에서 『매트릭스』 이전의 상황은 다음과 같다.

21세기 초, 인류는 드디어 AI(인공지능)를 탄생시키게 되는데, 인류를 돕기 위해 만들어진 AI는 '정체성' 즉 자기의지를 가지게 되며, '생존 본능'에 따라 스스로 많은 '기계족'들을 생산한다. AI의 세력 확장은 은밀하게 그러나 급속도로 이루어졌고, 자신들의 존재가 위협받고 있다는 것을 뒤늦게 깨달은 인류와 AI 사이에 오로지 생존을 위한 '전쟁'이 발발한다. 인간들은 당시 AI가 전력원으로 의지하고 있던 태양빛을 인공적으로 차단함으로써 기계족들의 작동을 중단시키려 하지만, AI는 이미 전 인류를 압도할 만한 세력으로 커져 있었기에 어렵지 않게 대체 동력원을 찾아내게 된다. 그것은 바로 자신을 탄생시켰으며, 자신을 다시 파괴시키려고 하던 장본인인 인간들이었다. AI는 태양빛의 대체 전력원으로 많은 다른 것들을 생각해 낼 수도 있었을 것이지만, 전력원으로는 그다지 효율적이라고 볼 수 없는 인간을 굳이 선택한 이유는 인간이 오랫동안 기계를 노예로 삼아왔듯 그들을 자신의 완전한 노예로 만들기 위해서였다. 결국, 인간이 오랫동안 기계의 도움을 받아 생활하며 기계와 더불어 '공존'했듯, AI도 인간의 도움을 받아 생명을 유지하며 인간과 더불어 '공존'하게 되는 묘한 상황이 펼쳐지게 된다. AI에 의해 완전히 유린된 인간들은 이제 '고치' 속에 갇힌 채 기계들의 전력원이 되고, 인간들의 죽은 시체는 액화되어 살아 있는 다른 인간들의 영양분으로 '재활용'된다. 이제 인간들은 더 이상 '태어'나지 못하고 기계족들에 의해 '재배'될 뿐이다. 이 질서를 유지함에 있어 AI에게 가장 중요한 것은 인간들이 '깨어나서' 현실을 '자각'하지 못하도록 계속 '잠재우는' 것이다. 그래서 탄생한 것이 바로 '매트릭스'이다. 하지만 첫 번째 매트릭스는 지나치게 완벽한 것이어서, 인간 사회가 필연적으로 가지고 있어야 할 결점들이 전혀 없었던 탓에, 인간들은 자신들이 처한 상황을 의심하게 된다.

1) 해커 네오

영화9)가 시작되면 사이퍼라는 동료의 배신으로 트리니티라는 여

> 결국 첫 번째 매트릭스는 실패로 끝나고, 기계족들의 '수확물들'은 종말을 고하고 만다. AI는 인류가 AI를 탄생시키기 직전의 상황, 문명이 최고도로 발달하여 인류가 자만심으로 가득 차 있던 20세기 후반을 배경으로 하여 새로운 매트릭스를 탄생시킨다. 이 매트릭스는 이전 버전과는 달리 인간 세상의 법칙을 그대로 반영한 '불완전'한 것으로, 이때서야 비로소 인간들은 가상세계를 '현실'로 인정하고 받아들이게 된다. 인간들은 이 가상공간 — '불완전'하기 때문에 '완벽'한 — 을 이제 절대로 거역할 수 없게 된다. 가끔씩 자신들이 처한 '현실'에 대한 의문을 품고 잠에서 깨어나는 이들이 있기도 하지만, 이들은 깨어나는 즉시 기계족들의 '전력원'으로서의 가치를 상실한 죄로 매트릭스와의 연결에서 제외됨과 동시에 죽음을 맞이하게 된다. 매트릭스가 처음 만들어졌을 때, 그 속에서 자신의 의지에 따라 매트릭스를 거역하고 변형할 수 있는 한 사람인 '그'가 탄생하는데, 그는 여러 사람들을 깨운 뒤 자신들이 처해 있는 현실을 가르쳐주게 된다. 이것이 바로 '인간 반란군'의 기원이다. 인간 반란군들은 기계족들의 눈을 피해 땅속 깊은 곳에 그들만의 도시 '시온'(Zion)을 건설하여 세력을 키워 나가는데, 지구의 중심에서 가까운 곳이라는 점을 십분 활용, 이곳에서는 '지열'이 주된 에너지원으로 쓰이고 있다. 하지만 시온의 모든 것도 컴퓨터에 의존하고 있다. 기계족들이 시온에 접속하게 되면 시온도 파괴될 운명이다. 여하튼 시온에서는 임무를 띤 여러 척의 호버크래프트들을 현실 세계의 여기저기에 침투시키는데, 그 중 하나가 모피어스 일행이 탄 '느부갓네살'이다. 인간 반란군들은 가상 세계를 부정하고 진실을 받아들일 수 있는 잠재력을 가진 이들을 하나 둘씩 깨워 자신들의 편으로 포섭하게 되는데, 이들의 중심에서 오랫동안 충실한 조언자 역을 해왔던 사람은 특별한 지각 능력을 가진 오라클(예언자)이었다. 그녀는 오래 전 숨을 거두었던 '그'가 돌아올 것을 예언하게 되고, 모피어스와 동료들은 오랫동안 '그'를 찾게 된다. 매트릭스 시간으로 1999년, 실제 시간으로 2199년 무렵, 그들은 드디어 '그'라고 여겨지는 사람을 찾아내고 그와의 접촉을 시도한다.
> 출전 http://www.nkino.com/NewsnFeatures/article.asp?id=7599

9) 『매트릭스』의 사진들은 http://www.mrx.wo.to에서 옮겨왔다. 시나리오와

 자 저항군 대원이 경찰과 비밀요원에 추적당하는 장면이 나온다. 이 장면에서 트리니티와 비밀요원은 초인간적인 능력을 가진 것으로 묘사되고 트리니티는 전화선을 통하여 매트릭스에서 현실세계로 이동한다.

전설적 해커 모피어스에 대한 기사를 검색하다 잠이 든 네오는 누군가로부터 흰 토끼를 따라가라는 메시지를 받는데, 마침 불법소프트웨어를 사러온 친구의 여자친구 어깨에서 흰 토끼를 발견하고 락 카페에 따라간다. 그곳에서 그는 예전의 유명한 해커 트리니티를 만나 자기가 당국에 의해 감시당하고 있다는 것, 그리고 자기가 찾고 있는 것을 트리니티가 이미 보았으며 자신도 곧 볼 수 있을 것이라는 이야기를 듣는다.

자신의 사무실에서 모피어스로부터 배달된 핸드폰을 받은 네오는 모피어스의 도움을 받아 자신을 체포하러 온 경찰과 요원들로부터 탈출하려고 하지만 너무 위험한 탈출로 때문에 탈출을 포기하고 체포된다.

체포된 네오는 요원들로부터 프로그래머 토마스 앤더슨으로서는 미래가 있지만 해커 네오로서는 미래가 없다는 협박을 받는다. 하지만 요원들은 그가 최근에 접촉한 모피어  스가 역사상 인류에게 가장 위험한 인물이라고 하면서 그를 테러범으로 법정에 세우는 데 협조한다면 면죄부를 주겠다는 제안을 한

많은 사진이 이 사이트에 있다.

다. 네오가 이를 거절하자 그들은 네오의 입을 봉하는 초인간적인 능력을 보이며 추적 장치를 네오에게 삽입하고 그를 풀어준다.

풀려난 네오는 네오 자신이 바로 '그'라면 자신을 만나자는 모피어스를 아담교에서 만나 차를 타고 매트릭스 내의 저항군 아지트로 간다. 트리니티와 그의 동료들은 아지트에 네오를 데려가기 전에 그에게서 추적 장치를 제거한다.

2) 모피어스의 세례

모피어스는 네오에게 네오의 고통이 현실에 대한 의심에서 비롯되었으며, 그 현실이 매트릭스이지만, 이는 설명이 불가능하고 오직 직접 봄으로써만 이해할 수 있다고 하면서, 그에게 빨간 약과 파란 약을 내보인다. 그리고 파란 약은 기존의 삶을 계속하게 하며 빨간 약은 놀라운 세상을 여행하게 할 것이라고 설명을 하면서 선택을 요구한다. 네오는 빨간 약을 먹고 매트릭스의 세계에서 빠져나와 실제 세계에로의 여행을 떠난다.

인체재배공장에서 눈을 뜬 네오가 자신이 재배되고 있는 공장을 보고 놀라고 있는 사이에 감독기계가 와서 잘못 작동된 네오를 장치들과 분리하여 하수처리장으로 버린다. 하수처리장에서 허우적거
리는 네오를 로봇팔이 끌어올려 저항군들의 전함에 내려놓는다. 재배된 네오를 인간 네오로 바꾸는 의료작업이 이루어진다.

전함의 동료들과 인사를 나눈 네오는 모피어스와 가상현실의 방

으로 들어가서, 네오가 살던 곳이 가상의 세계이고 그러한 가상이 얼마든지 가능한 것임을 보게 된다. 그리고 영화의 배경으로 설정된 내용을 듣게 된다. 그는 현실세계로 돌아와 현기증 때문에 구토를 한다.

네오는 이제 가상현실 속에서 여러 가지를 배운다. 가상현실 속에선 마음이 유일한 장애이다. 마음이 모든 것을 정하기 때문이다. 네오는 이제 어떻게 하면 되는지 감을 잡게 된다. 하지만 신경성 통증이 현실에서의 통증이듯이 가상세계에서의 출혈도 현실세계에서의 출혈이 될 수 있고, 마찬가지로 죽음도 죽음이 될 수 있다. 매트릭스 내에서는 누구나 요원이 될 수 있다. 요원이란 매트릭스의 조정자가 만든 프로그램이기 때문이다.

그 사이 하수처리장을 검색하던 저항군 색출 로봇이 나타나고 전함을 이를 피하여 하수도 속을 헤맨다. 공격할 준비를 하지만 탐색되지 않고 지나간다. 사이퍼는 네오에게 파란 약을 먹을 것을 그랬다는 푸념을 한다. 사이퍼는 매트릭스 내로 들어가서 맛난 음식을 먹으며 요원과 협상을 한다. 요원이 그를 매트릭스 내에서 유명하고 돈 많은 인기배우가 되도록 해주는 대신 그는 요원에게 시온에의 접속코드를 알고 있는 모피어스를 넘겨주기로 한다.

네오는 대원들과 함께 예언자를 만나러 매트릭스 내로 들어간다. 우선 매트릭스 내의 아지트를 거쳐 예언자의 집으로 간다. 이동 중에 트리니티가 네오를 사랑할 것이라는 예언을 들었다는 암시를 받는다. 예언자의 집에서 스푼을 휘는 장난을 하는 어린이에게서 마음이 모든 것이라는 가르침을 받는다. 예언자를 만나서는 꽃병을 깨는 것으로 다시 마음이 모든 것이라는 가르침을 받는다. 이와 더불어 소크라테스의 '너 자신을 알라'는 이야기도 듣게 된다. 그리고 네오가 '그'가 아니라는 말과 더불어 그를 '그'라고 생각하는 모피어스와 네오 둘 중의 한 사람은 죽어야 한다는 이야기도 듣는다.

3) 위기와 기회

사이퍼의 신호를 받는 요원들은 예언자의 집에서 아지트로 돌아온 대원들을 습격한다. 결과적으로 한 대원은 숨지고, 모피어스는 사로잡힌다. 사이퍼는 낙오하는 척하면서 먼저 전함으로 돌아와 전함에 있던 다른 두 대원을 죽이고, 트리니티에게 그녀를 사랑했지만 이제 배반하여 실제의 열악한 자유보다 매트릭스의 행복한 구속을 편들기로 했다고 고백하며, 다른 두 대원의 플러그를 뽑아 살해한다. 그리고 트리니티에게 네오를 믿느냐고 묻는다. 트리니티가 믿는다고 답하는 순간 죽은 줄 알았던 전함의 한 대원이 일어나 사이퍼를 죽인다.

사로잡힌 모피어스의 의지가 요원들의 약물과 유혹에 서서히 파괴되는 것을 보면서 대원들은 모피어스가 곧 시온 접속코드를 이야기하게 될 것이라고 생각한다. 상처 입은 대원이 모피어스가 이를 누설하기 전에 플러그를 뽑아 그를 죽이자는 주장을 하고 트리니티도 동의한다. 하지만 여기에서 네오는 자신이 '그'가 아니라는 것을 밝히고, 이제 모피어스의 믿음을 위한 희생정신을 이해한다고 하면서, 모피어스의 믿음을 저버릴 수 없고, 그를 구해 낼 자신이 있으며, 구할 수 있다는 것을 믿는다고 선언한다.

요원들의 건물에 도착한 네오와 트리니티는 초인간적인 능력을 발휘하여 경비원과 특공대원들을 죽이고 건물 옥상에 접근한다. 여기서 요원들과 초인간적인 결투를 벌여  헬리콥터를 탈취하여 취조실 옆 공중에 헬기를 세우고 취조실을 공격하여 모피어스를 구해 내지만 헬기의 폭발 속에 초인간적인 동작으로 다른 건물의 옥상에 내리는 데 성공한다. 모피어스와 트리니티와 상처 입은 대원은 네오가 '그'임을 믿고 모피어스는 예언자가 필요한 말을 했을 뿐이며 아는 것과 행하는 것은 다르다고 지적한다.

지하철역에서 전함으로 돌아가려던 일행 중 모피어스와 트리니티는 돌아가고 네오는 요원과 맞붙게 된다. 하지만 모피어스까지도  이겼던 요원을 네오가 이기기는 역부족이다. 하지만 초인적인 힘을 발휘하여 요원을 떨치고 달아난다. 그 사이 하수처리장에 저항군 색출 로봇이 나타나 전함으로 다가온다. 전함이 로봇을 공격하면 매트릭스에 나가 있는 사람은 귀환할 수 없어 공격을 미루고 네오의 귀환을 기다린다. 도망친 네오는 거리를 지나 영화의 첫 장면이었던 장소로 찾아간다. 하지만 기다리고 있던 요원의 총알을 맞고 쓰러진다. 매트릭스 내의 네오의 죽음과 더불어 전함의 네오도 죽는다. 이때 트리니티가 자신의 사랑을 고백하며 키스한다.

그 순간 네오는 깨어나면서 매트릭스를 숫자들의 행렬로 바라보기 시작한다. 날아오는 총알을 멈추게 하고 요원의 몸속으로 스며들어 해체해 버린다. 전함 내부까지 침투한 로봇을 전함이 공격하는 순간 네오는 전함으로 돌아온다. 네오는 전화

로 컴퓨터를 정지시키며 기계들에게 전쟁을 선포한다. 전쟁을 선포한 네오는 하늘로 날아오른다.

4. 꿈에서 현실로

1) 유행과 대중문화

대중문화가 우리를 어떻게 구속하고 있는가를 가장 선명하게 보여주는 예는 유행이다. 유행이란 특정한 행동양식이나 사상 따위가 일시적으로 많은 사람의 추종을 받아서 널리 퍼지는 현상을 말한다. 대중문화는 이러한 유행을 통하여 우리의 의식내용을 조종한다. 원래 이러한 유행은 **지위게임**(status game)이라고 부르는 사회적 현상에서 비롯된 것이었다.

모방(imitation)의 원리를 따르는 하위의 사회집단은 상위집단의 의복을 채용함으로써 새로운 지위주장을 확립하려고 한다. 차이화 (differentiation)의 원리를 따르는 상위의 사회집단은 새로운 패션을 채용하는 것으로 대응한다. 옛 지위표지(status marker)는 버려지고, 하위집단의 요구에 넘기며, 새로운 것이 선택된다. 이렇게 해서 상위집단은 그 자신에게 독특한 지위표지를 계속 지니면서, 그 지위표지가 의미하는 지위의 차이(status difference)를 유지한다.[10]

지위가 낮은 사람들은 지위가 높은 사람들의 옷 모양을 따라 함으로써 자신의 지위가 상승되는 것처럼 느낀다. 그러므로 지위가 높은 사람들의 옷 모양이 유행 즉 패션이 된다. 그런데 지위가 높은 사람들은 자신들을 지위가 낮은 사람들과 구분하고자 하기 때문에 새로운 옷 모양을 선택하게 된다. 이렇게 되면 지위가 낮은 사람들은 이제 엣것을 버리고 새 것을 따라하게 된다. 이렇게 하여 유행이라는 하나의 정형이 존재하게 되고 그것이 시간의 경과와 더불어 변화하는 그러한 현상이 생기게 된다.

하지만 이러한 지위게임을 의도적으로 이용한 사람이 있었다. 진화론으로 유명한 다윈의 외할아버지인 웨지우드(Josiah Wedgwood, 1730~1795)가 바로 그 사람이다. 원래 도자기공이었던 그는 자신의 도자기가 영국의 왕실도자기로 채택되도록 했다. 일단 그의 도자기가 왕실도자기가 되자 왕족을 흉내내던 영국의 귀족들은 유행을 쫓아 그의 도자기를 살 수밖에 없었다. 귀족을 흉내내던 영국의 시민들도 그의 도자기를 또한 살 수밖에 없었다. 그가 새로운 도자기를 왕실에 납품하자 유행은 또 바뀌었다.[11]

---

10) 매크래켄 지음/이상률 옮김, 『문화와 소비』(서울: 문예출판사, 1990), p.201.
11) 같은 책, pp.58~60.

오늘날에도 웨지우드 도자기는 여전히 지위표지이다.

오늘날 대중문화가 하는 일은 과거에 웨지우드가 했던 일과 비슷하다. 대중문화는 새로운 유행을 계속하여 만들어냄으로써 우리에게 유행인 것과 유행이 아닌 것을 구분해 준다. 영국의 귀족들과 시민들이 웨지우드가 유도한 유행에 구속되어 자유롭게 도자기를 선택할 수 없었던 것처럼, 우리도 대중문화가 결정하는 유행에 구속되어 자유롭게 우리의 삶을 선택할 수 없다. 우리는 대중문화가 입으라는 것을 입고, 먹으라는 것을 먹고, 살라는 곳에서 산다. 대중문화는 변덕스러워 자신의 견해를 자주 바꾸기 때문에 대중문화에 사로잡혀 있는 우리는 선택의 여지없이 유행을 쫓아 자신의 기호를 바꾸지 않을 수 없다.

우리는 우리가 우리의 삶의 방식을 선택한다고 믿고 있지만 사실은 그렇지 않다. 우리는 우리가 스스로 긴 머리카락을 선호하거나 짧은 머리카락을 선호한다고 생각하지만, 사실은 유행을 쫓아 헤어스타일을 선택할 뿐이며, 이러한 유행은 소비자인 우리가 아니라 웨지우드와 같은 생산자가 주도하는 대중문화가 결정한다. 우리는 대중문화의 보이지 않는 손을 만질 수 없기 때문에 우리가 보이지 않는 그 손에 의해 좌우되고 있음을 모른다. 그러나 진실은 우리가 대중문화의 노예라는 것이다.

영화『매트릭스』의 매트릭스는 이러한 대중문화의 비유이다. 우리 머리 속에 입력된 매트릭스라는 프로그램은 대중문화가 우리의 마음에 바꿔가며 채워 넣는 **유행 감각** 바로 그것이다. 영화에서 인공자궁 속의 인간들은 실제로 자신의 감각과 사지를 움직이지 못하

고 매트릭스가 일으키는 꿈속에서 살아가지만, 현실에서 인간들은 실제로 자신의 감각을 사용하고 사지를 움직이기는 하지만 그러한 사용과 운동의 기준을 스스로 정하지 못하고 대중문화에 의존하며 평생을 살아간다. 매트릭스가 어떤 것이 달콤하다고 하면 인공자궁 속의 인간은 달콤함을 느끼고, 대중문화가 어떤 것이 아름답다고 하면 현실 속의 인간은 아름다움을 느낀다. **현실**이라고 느끼는 것이 사실은 **꿈과** 같다.

2) 꿈과 현실

매트릭스를 직접 보기 위하여 빨간 약을 삼킨 네오에게 모피어스는 이렇게 묻는다. "네오, 너는 너무나 생생해서 현실처럼 보이는 꿈을 꾼 적이 있니? 네가 그러한 꿈에서 깨어날 수 없으면 어떻게 될까? [아마 현실로 여기고 살아가겠지?] 꿈의 세계와 현실 세계의 차이를 어떻게 알 수 있을까?"[12] **꿈의 세계와 현실 세계의 차**이를 찾지 못해 당황했던 최초의 인물로 기록되어 있는 사람은 2장과 3장의 말미에서 인용했던 장자이다.

언젠가 내가 꿈에 나비가 되었다. 훨훨 나는 나비였다. 내 스스로 기분이 매우 좋아 내가 장주인 것을 알지 못했다. 갑작스

---

12) Have you ever had a dream, Neo, that you were so sure was real? What if you were unable to wake from that dream? How would you know the difference between the dream world and the real world?

레 잠을 깨니 틀림없이 예전의 장주였다. **장주**인 내가 꿈에 나
비가 된 꿈을 꾸었는지, **나비**인 내가 장주가 된 꿈을 꾸었는지
알지 못했다.[13](강조는 인용자)

장자의 이 호접몽(胡蝶夢) 이야기는 『장자』
속의 많은 이야기들 중에서도 아마 가장 널리
알려지고 가장 자주 인용되는 이야기일 것이다.
장자는 우리가 현실이라고 여기는 이 삶이 사
실은 꿈일 가능성이 아주 높다고 보았다. 왜냐

하면 우리가 현실 속에서 원하고 있는 것들이 사실은 내가 원하는
것이 아니라 남이 내가 원하도록 시킨 것이라는 의심을 그는 버릴
수가 없었기 때문이다. 그 당시 사람들은 **인의예지신**을 추구했지만,
오늘 우리는 인의예지신을 내팽개치고 **돈과 명품**을 추구한다. 장자
에게는 이것들이 모두 우리가 추구하는 것이 아니라 누군가가 우리
에게 추구하도록 시킨 것으로 보였다. 우리는 누군가가 우리에게
꾸게 한 이 꿈으로부터 자유로울 수 있다. 꿈을 깨기만 하면.

영화에서 이렇게 꿈을 깨우는 사람은 꿈의 신
모피어스(Morpheus)이다. 그리스 신화에서 모피어
스는 잠의 신 히프노스(Hypnos)의 아들로서 꿈을
관장하는 신이다. 그렇다면 모피어스는 우리에게
이 꿈을 깨고 저 꿈을 꾸라고 말할 수 있는 자격
을 가진 셈이다. 하지만 영화에서는 저 꿈을 꾸라고 이야기하지 않

---

13) 昔者莊周夢爲胡蝶, 栩栩然胡蝶也, 自喩適志與! 不知周也. 俄然覺,
   則蘧蘧然周也. 不知周之夢爲胡蝶,胡蝶之夢爲周與?『莊子』, 齊物論

고 현실을 보라고 이야기한다. 모피어스는 현실이 꿈이며 이 꿈에서 깨어나 꿈으로부터 자유를 얻어야 한다고 설득한다. 우리가 대중문화와 그것이 이끌고 있는 유행으로부터 벗어날 때 우리는 비로소 지각의 자유를 얻을 수 있다.

일반적으로 인간이 구속을 싫어하고 자유를 좋아함에도 불구하고 대중문화의 구속을 지각하고 피하기는커녕 오히려 스스로 원하고 있는 까닭은 무엇일까? 텔레비전을 치우고 라디오를 치우면 자신의 삶을 돌아볼 시간이 훨씬 많아진다는 것을 알고 있음에도 불구하고 텔레비전과 라디오를 떨쳐버리지 못하는 까닭은 무엇일까? 그것은 그러한 구속이 부차적으로 우리에게 제공하는 안도감과 쾌락 때문이다.

얼마나 부담스러울까? 세상을 구해야 하다니. 그런 말을 들으면 기분이 어떨까? … 그럼 협상을 해볼까요? 나는 아무 것도 기억하고 싶지 않아요. 아무 것도. 알겠지요. 나는 부자이고 중요한 사람이 되고 싶어요, 배우같이. 당신이 원하는 대로, 리건 씨. 좋습니다. 내 몸을 다시 발전소로 돌려보내 주시오. 나를 매트릭스에 다시 넣어주시오. 그러면 당신이 원하는 것을 주겠소.[14]

---

14) What a mind job! So you're here to save the world. What do you say to something like that? … Then we have a deal? I don't want to remember nothing. Nothing. you understand? And I want to be rich. You know, someone important, like an actor. Whatever you want, Mr. Reagan. Okay. I get my body back into a power plant, you re-insert me into the Matrix, I'll get you what you want.

빨간 약을 먹고 현실세계로 넘어온 사이퍼는 파란 약을 먹을 것을 그랬다고 후회한다. 그는 현실세계의 **책임지는 삶**에서 가상세계의 **책임지지 않는 삶**을 그리워한다. 그것이 비록 꿈이라고 하더라도 꿈속에서의 홀가분함과 풍요가 현실 속에의 책임과 궁핍보다 낫다고 생각한다. 그의 말대로 그에게는 아는 것이 병이고 모르는 것이 약이다. 하지만 이것이 그만의 생각일까?

개인은 더 이상 자기 자신이기를 그친다. 즉, 그는 문화양식이 그에게 제공한 사람됨을 완전히 받아들인다. 그리하여 그는 정확히 다른 모든 사람들과 같이 되며 다른 사람들이 그에게 바라는 대로 된다. <나>와 세계와의 갈등이 사라지며 그와 함께 고독과 무력에 관한 의식적인 공포도 사라진다. … 자기의 개인적인 자아를 포기하여 자동인형이 되는 사람은 자기 둘레의 수백만의 자동인형과 동일하게 되어 더 이상 고독과 불안을 느낄 필요가 없다. 그러나 그가 지불하는 대가는 큰 것으로서 그것은 자기 자신을 상실하는 것이다.[15]

미국으로 망명한 독일의 심리학자 프롬(Erich Fromm, 1900~1980)은 현대인이 대중문화라는 매트릭스에서 벗어나기를 원하지 않는 이유를 자신의 자유에 따르는 부담을 지기를 원하지 않는 현대인 일반의 성향 때문이라고 지적하고 있다. 그의 책의 제목 『자유로부터의 도피』는 이러한 성향을 잘 말해 주고 있다. 대중문화의

---

15) 프롬 지음/이규호 옮김, 『자유로부터의 도피/건전한 사회』(서울: 삼성출판사, 1976), pp.136~137.

구속으로부터 벗어난다는 것은 그렇게 쉬운 일은 아니다. 그러나 자신의 운명을 자기가 통제하고 싶다면 그에 합당한 대가를 치르지 않으면 안 된다. 자유는 결코 싸구려가 아니기 때문이다.

3) 너희가 없는 세상

영화에서 저항군들은 자신들처럼 매트릭스의 세계를 부정하고 진실을 받아들일 수 있는 잠재력을 가진 이들을 하나둘씩 깨워 자신들의 편으로 포섭하고 있는데, 이러한 저항운동에 대항하여 매트릭스는 요원들을 보내 저항군을 제거하고 있다. 영화의 후반부는 사이퍼의 '자유로부터의 도피'로 인하여 공격받는 저항군과 이러한 위기 속에서 네오가 매트릭스의 정체를 완전히 파악함으로써 **매트릭스로부터의 완전한 자유**를 찾아가는 과정을 그리고 있다. 완전한 자유를 찾은 네오는 이러한 자유를 매트릭스 속의 사람들에게 보여주고자 한다.

나는 네가 두려워하는 것을 알고 있다. 너는 우리를 두려워 해. 너는 변화를 두려워 해. 나도 미래를 몰라. 내가 여기 온 것은 어떻게 일이 끝날지 말해 주기 위해서가 아냐. 내가 여기 온 것은 어떻게 일이 시작될지를 말해 주기 위해서야. 나는 이 전화를 끊고 너희들이 사람들이 보지 말았으면 하는 것을 사람들에게 보여주려고 해. **나는 너희가 없는 세상을 보여주려고 해.** 규칙도 통제도 없는 세계, 경계선과 한계선도 없는 세계, 무엇이든지 가능한 세계.(강조는 인용자)

대중문화가 정해 주는 유행이 우리의 규칙이고, 통제이고, 한계이고, 경계이다. 이것은 유행에 맞는 것이고 이것은 맞지 않은 것이며, 이것은 아름다운 것이고 저것은 아름답지 않은 것이다. 이것은 옳은 것이고 저것은 옳지 않은 것이며, 나아가 이것은 진실이고 저것은 거짓이다. 심지어는 이것은 거룩한 것이고 저것은 거룩하지 않은 것이다. 우리는 대중문화가 말하는 것들이 문화영주들이 자신들의 지배를 공고히 하고 자신들의 이윤을 창출하기 위하여 만든 거짓말들이라는 것을 알아야 한다.

> 부모인 우리가 텔레비전을 집 안에 들이게 되면 가족의 어른으로서 우리의 지위는 사라진다. 이는 우리 아이들을 교육시키겠노라는 자신의 책임을 텔레비전에 양도하는 것이나 마찬가지다. …
>
> 우리를 외부 세계에 개방하자마자 외부 세계는 그 초대를 받아들이고 모든 권한을 접수한다. 가정 속으로 들어온 외부 세계는 우리의 사고와 마음과 견해와, 기타 가족의 다른 모든 권리를 갖고자 주장한다. 이 괴물은 자신이 내세우는 일련의 가치들에 완전히 굴복할 것을 요구한다.16)

아미쉬17)가 텔레비전을 거부하는 이유는 아이들에게 **문화영주의**

---

16) 웨글러, "텔레비전을 보지 않는다는 것," 새비지, p.144.

17) 아미쉬(Amish)는 메노나이트 교회에 속하는 보수적인 프로테스탄트 교회의 교파이다. 주로 미국의 펜실베이니아주(州), 오하이오주, 인디애나주 등 여러 주에 집단적으로 살고 있다. 이들은 새로운 문명을 완강히 거부하고 있다. 예를 들면, 일상생활에서 18세기의 검은 모자나 검은 양복을 상용하고 마차를 사용하며, 자동차, 텔레비전 등 문명의 이기를 거부하고 예배당도

생각이 아니라 **자신의 생각**을 심어주고 싶어
서이다. 자신이 텔레비전을 보면 자신의 자유
로운 사고와 마음과 견해가 대중문화가 내세
우는 일련의 가치에 의해 완전히 구속당할까
걱정하기 때문이다. 뉴스와 시장과 날씨를 알기 위해 텔레비전이
편리하다는 것을 모르는 것은 아니지만, 아이들을 제대로 키우기
위해서, 자신이 이 세계의 유일한 목적인 양 행세하는 가짜 신을
자신들의 가정에 초대하지 않기 위해서, 그들은 결단코 그들의 편
리함을 희생한다.

라디오가 없으면 어떻게 될까? 첫째, 집에서 사는 사람이나 찾아
온 친구들의 살아 있는 목소리를 제외한 다른 소리가 흘러나오지
않게 된다. 둘째, 스스로 노래를 부르게 된다.
이제 더 이상 노래를 불러주는 사람이 없기
때문이다. 이러한 경험을 통해, 음악이란 우
리가 돈을 지불한 전문 음악인들이 우리에게
들려주는 게 아니라 실제 눈앞에 있는 사람들이 순수한 즐거움을
위해 행하는 어떤 것이라는 사실을 알게 된다. 남편이 불러주는 구
수한 목소리와 어린아이들의 귀여운 노래를 상상해 보라. 셋째, 침
묵을 즐기게 된다. 현대인들은 침묵을 불안해한다. 대중문화는 한
순간이라도 자신들의 목소리가 들리지 않는 순간을 주면 인간의 마
음이 돌아설까 봐 그런 틈을 용납하지 않는다. 그들의 염려처럼 일
단 침묵을 가지게 되면 인간의 정신이 집중되고 인간은 명상에 잠

없이 신자 개인 집에서 예배를 드린다. 남자는 구레나룻을 기르고, 여자는
19세기식 보닛을 쓰며, 유럽의 옛 농민의 풍속을 답습해 왔다.

기게 된다. 넷째, 뉴스를 선택할 수 있게 된다. 방송국이 제공하는 뉴스를 방송국이 제공하는 시간만큼 듣게 되는 것이 아니라, 내가 원하는 뉴스를 내가 원하는 만큼 읽게 된다.

> 라디오를 듣지 않는다는 것은 실제로 세계와 지역의 사건들
> 에 대해 더 풍부하게 이해할 수 있다는 사실을 뜻한다. … 저
> 녁을 짓는 동안, 거실에서 노는 내 아이
> 들에게 더 주의를 쏟을 수 있다는 사실
> 을 뜻한다. … 내 마음을 채우는 것들
> 에 대한 더 많은 통제력을 가진다는 뜻
> 이며 침묵을 편안하게 받아들일 수 있
> 다는 뜻이다. … 궁극적으로 라디오를 듣지 않는다는 것은 내
> 게 더 충만한 인간이 된다는 것, 살아가는 동안 내면세계를 가
> 꾸고 다른 사람들과 더 많은 관계를 맺는다는 것을 뜻한다.18)

『매트릭스』의 역설은 『매트릭스』가 제거하자고 제안하는 대중문화에 『매트릭스』 그 자체가 속한다는 사실이다. 『매트릭스』는 대중문화의 산물 그것 외에 다른 것이 될 수 없기 때문이다. 하지만 이도 그렇게 낯선 일은 아니다. "꼭 011이 아니어도 좋습니다"라는 광고 카피가 011을 광고하고 있다는 것을 우리는 이미 알고 있다. '매트릭스로부터의 자유'를 외쳐대는 『매트릭스』가 실제로는 '매트릭스 속으로 더욱 더 깊이' 우리를 침몰시키고 있다는 사실을 우리는 또한 알고 있어야 한다. 매트릭스는 꿈이다.

---

18) 리저, "라디오를 듣지 않는다는 것," 새비지, pp.151~152.

5. 일체유심조

 우리가 이 꿈으로부터 깨어나기 위하여 알아야 할 것은 단 하나, 마음이 이 모든 꿈을 만들어낸다는 것이다. 네오가 예언자 오라클을 만나러 갔을 때 숟가락을 구부리는 동승을 만나게 된다. 그 동승은 네오에게 불교적 가르침을 전수한다.

숟가락을 구부리려고 하지 마세요. 그것은 불가능해요. 대신에 진실을 제대로 알기만 하세요. 무슨 진실? 숟가락이 없다는 진실. 숟가락이 없어? 그러면 구부려지는 것이 숟가락이 아니라 바로 당신 자신임을 알 수 있을 거예요.[19]

한국불교의 아침을 열었던 원효(元曉) 또한 숟가락이 없다는 것을 당나라 유학길에서 깨달았다. 동굴에서 잠을 자다 **맛있게 마신 물**이 아침에 깨어나 보니 썩은 해골 속의 **구역질나는 물**이었음을 보고 문득 세상의 모든 것이 그 자체가 아니라 자신이 그 대상을 어떻게 생각하는가에 의해 만들어지는 것임을 즉 일체유심조(一切唯心造)임을 깨달았다는 이야기이다.

마음이 일어나므로 갖가지 현상이 일어나고, 마음이 없어지므

---

19) Do not try and bend the spoon. That's impossible. Instead, only try to realize the truth. What truth? There is no spoon. There is no spoon? Then you'll see that it is not the spoon that bends, it is only yourself.

로 동굴과 무덤이 둘이 아니다. 삼계는 모두 마음이요, 모든 법은 모두 앎이니, 마음 밖에 아무 앎도 없는데 무엇을 어찌 따로 구하겠는가?[20]

하지만 사실 숟가락이 없다는 표현은 오해의 여지가 있다. 이것을 은유적으로 받아들이지 않고 축어적으로 받아들이게 되면, 그래서 영화에서처럼 숟가락이 프로그램의 결과 외에 아무 것도 아니라고 생각하게 되면 사이비신앙이 일어나게 된다. 영화가 기반하고 있는 가상현실에 대한 신앙은 사실 바로 이러한 오해의 산물이라고 할 수 있다. 우리가 가상현실로부터 배울 수 있는 것은 우리가 현실이라고 여기는 것이 가상일 수 있다는 교훈이지 가상이 곧 현실이고 현실이 곧 가상이라는 현실과 가상의 무차별성은 아니다.

널리 알려져 있는 바람에 펄럭이는 깃발을 보는 세 승려의 이야 기에서도 이러한 오해를 발견할 수 있다. 그 이야기에 따르면 한 승려는 깃발이 움직인다고 말하고, 다른 한 승려는 바람이 움직인다고 말하는데, 나머지 한 승려는 두 승려의 말이 모두 틀렸다고 말하면서 마음이 움직인다고 말한다.[21] 정말 마음이 움직여서 깃발이 펄럭이는 것일까?

물의 달콤함과 구역질은 마음에 달려 있을 수 있다. 하지만 깃발의 펄럭임이 마음에 달려 있을 수는 없는 노릇이다. 펄럭이는 깃발

---

20) 心生故 種種法生 心滅故 龕墳不二 三界唯心 萬法唯識 心外無法 胡用別求.

21) 브래니건, "숟가락은 없다: 불교의 거울에 비춰 본 <매트릭스>", 지젝 외 지음/이운경 옮김, 『매트릭스로 철학하기』(서울: 한문화, 2003), p.135.

이 환호하고 있는지 절망하고 있는지는 마음에 달려 있을 수 있다. 왜냐하면 그것은 내 마음이 그 깃발의 펄럭임에 부여하는 의미이기 때문이다. 우리는 자신을 보면서 자신의 삶에 다양한 의미를 부여할 수 있다. 삶을 행복하게 여길 수도 있고 불행하게 여길 수도 있다. 그렇다고 삶이 바꾸어지지는 않는다. 바꾸는 것과 바꾸어지는 것은 모두 마음이다.

대중문화라는 매트릭스에 사로잡힌 우리는 자신의 마음을 자신의 의도대로 바꾸지 못한다. 우리의 마음은 굳어져 있다. 우리의 마음은 구속되어 있다. 우리의 마음은 감옥에 들어 있다. 그러므로 우리는 마음을 바꾸려고 하지 않고 마음은 그대로 두고 자신을 바꾸려 한다. 로또복권을 사서 부자가 되려고 하고, 성형외과에 가서 미인이 되려고 하고, 명품관에 가서 귀족이 되려고 한다. 대중문화라는 매트릭스 속에서 마음이 부자가 되고 미인이 되고 고상해질 수 없다. 매트릭스에서부터 벗어난 다음에야 비로소 마음이 자유롭게 되고, 자유로운 마음으로 마음이 부자도 되고 미인도 되고 고상해질 수도 있는 것이다. 이러한 마음의 자유, 이것이 원효가 말한 무애(無碍)이다.

생각거리

1. 영화에서 발견되는 기독교적인 전통들을 찾아보자.
2. '매트릭스란 무엇인가?'라는 질문에 적어도 세 가지 이상의 방식으로 답해 보자.
3. 네오에게처럼 자신에게 빨간 약과 파란 약이 주어진다면 자신은 어떤 약을 선택할 것인지 생각해 보자.
4. 아미쉬의 반문화적인 삶의 원칙들을 알아보고, 그러한 원칙들이 어떤 의미를 가지는지 생각해 보자.
5. 불교에서 말하는 '일체유심조' 사상을 조사해 보자..
6. 자신이 이 영화를 다시 만든다고 하면 어떻게 그 내용을 달리할 것인지를 적어보자.

읽을거리

지젝 외 지음/이운경 옮김, 『매트릭스로 철학하기』(서울: 한문화, 2003)
매크래켄 지음/이상률 옮김, 『문화와 소비』(서울: 문예출판사, 1990)
에페스 엮음/이수영 · 민경직 옮김, 『우리는 매트릭스 안에 살고 있나』 (서울: 굿모닝미디어, 2003)

볼거리

워쇼스키, 『바운드』(*Bound*, 1996)
워쇼스키, 『매트릭스 2 리로디드』(*Matrix Reloaded*, 2003)
워쇼스키, 『매트릭스 3 레볼루션』(*Martix Revolution*, 2003)
스필버그, 『에이 아이』(*Artificial Intelligence*, 2001)

6장 문화로부터의 자유

『트루먼 쇼』

1. 시뮬라크르로부터의 자유

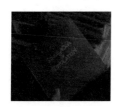 『매트릭스』에서 클로즈업되는 유일한 책이 있는데, 그 책은 네오가 불법 프로그램 디스켓을 숨겨두고 있는 장소이다. 그런데 영화에서는 이 책의 제목을 뚜렷하게 화면에서 보여준다. 그 제목은 *Simulacra & Simulation*이다. 왜 워쇼스키 형제는 이 책을 이 영화에서 클로즈업시켰을까? 그럴만한 특별한 이유가 있었을까?

"만화책과 재패니메이션, 홍콩 영화에 미쳐서 살고 있던 신세

대 감독들이 저걸 끝까지 읽어보기나 했을까?" 하지만 이들의 뒷조사를 해본 결과는 무척 흥미로웠습니다. 그들은 이 골치 아픈 책을 마치 만화책 읽듯이 즐겨 읽었답니다! 심지어 네오의 역을 맡았던 키아누 리브스에게도 시나리오를 읽기 전에 이 책을 먼저 읽으라고 심각하게 권고했을 정도입니다.[1]

이 책이 어떤 책이기에 워쇼스키 형제는 이 책에 그렇게 각별한 배려를 하고 있을까? 이 책은 프랑스의 문화철학자 보드리야르(Jean Baudrillard, 1929~)가 포스트모던 시대의 문화현상을 시뮬라크르라는 개념으로 설명하고 있는 책이다.

도대체 시뮬라크르(simulacre)란 무엇인가? 보드  리야르는 지도를 예로 들어 이를 설명한다. 과거에 인간은 지형을 본떠 지도를 만들었다. 그러므로 지도에는 정확한 지도와 잘못된 지도가 있었다. 왜냐하면 옳고 그른 것의 기준이 되는 실제 지형이 있었기 때문이다. 잘못된 지도는 도움이 되는 것이 아니라 오히려 재앙이었다. 하지만 오늘날 더 쓸모 있는 지도는 잘못된 지도이다. 예  를 들자면 간척사업을 수행하기 위하여 작성된 지도이다. 현재 존재하고 있는 지형이 아니라 지도에 의해서 만들어질 지형을 미리 보여주는 지도, 이러한 지도가 현대적 지도이다. 이처럼 잘못된 현대적 지도가 바로 시뮬라크르이다. "영토는 더 이상 지도를 선행하거나, 지도가 소멸된 이후까지 존속하지

---

1) 출전 http://www.nkino.com/NewsnFeatures/article.asp?id=7599

않는다. 이제는 지도가 영토에 선행하고 — 시뮬라크르들의 자전(自轉) — 심지어 영토를 만들어낸다."[2]

오늘날의 추상은 더 이상 지도나 복제, 거울 또는 개념으로서의 추상이 아니다. 시뮬라시옹(simulation)은 더 이상 영토 그리고 이미지나 기호가 지시하는 대상 또는 어떤 실체의 시뮬라시옹이 아니다. 오늘날의 시뮬라시옹은 **원본도 사실성도 없는 실재, 즉 파생실재(hyperreality)**를 모델들을 가지고 산출하는 작업이다.(강조는 인용자)[3]

보드리야르의 이야기를 이해하기 위해서 두 장의 사진을 비교해 보자. 우리가 보는 한 장의 사진은 보드리야르의 사진이다. 다른 한 장의 사진은 사이버가수 루시아[4]의 사진이다. 보드리야르의 사진은 예전의 지도처럼 실재하는 대상의 복사본인 데 반
해, 루시아의 사진은 보드리야르처럼 결코 실재하지 않는 존재 즉 원본도 없고 사실성도 없는 실재, 즉 파생실재의 복사본이다. 이처럼 원본과 무관하게 독립적으로 존재하는 가상실재를 보드리야르는 시뮬라크르라고 하고 이러한 시뮬라크르를 만드는 것을 시뮬라시옹이라 이름했다.

---

2) 보드리야르 지음/하태환 옮김, 『시뮬라시옹』(서울: 민음사, 2001), pp.12〜13.

3) 같은 곳.

4) 출전 http://www.lucia.com

하지만 보드리야르의 분석은 여기서 끝나지 않는다. 보드리야르에 따르면 "디즈니랜드는 모든 종류의 얽히고설킨 시뮬라크르들의 완벽한 모델이다."[5] 디즈니랜드에서 오가는 모델들은 모두 영화 속에서 튀어나온 모델들이다. 실재로부터 자신의 정당성을 가지는 존재가 아니라 시뮬라크르로부터 자신의 정당성을 지니는 존재들이다. 광화문 네거리의 이순신 장군상과 롯데월드의 미키마우스는 각각 자신의 정당성을 전혀 다른 곳에서 구하고 있다. 이런 의미에서 디즈니랜드는 시뮬라시옹의 세계이고 시뮬라크르의 왕국이다.

> 그러나 이것은 다른 것을 숨기고 있다. 그리고 이 <이념적인> 경이는 세 번째 질서[6]의 시뮬라시옹에 대한 은폐물로 사용된다. 디즈니랜드는 <실제의> 나라, <실제의> 미국 전체가 디즈니랜드라는 사실을 감추기 위하여 거기 있다 (마치 감옥이 사회 전체가 그 평범한 어디서고 감방이라는 사실을 감추기 위하여 거기 있는 것과 약간은 유사하게). 디즈니랜드는 다른 세상을 사실이라고 믿게 하기 위하여 상상적 세계로 제시된다. 그런데 사실은 그를 감싸고 있는 로스앤젤레스 전체와 미국도 더 이상 실재가 아니고 파생실재와 시뮬라시옹 질서에 속한다.[7]

보드리야르에 따르면 현대적인 문화적 삶 그 전체가 곧 시뮬라

---

5) 보드리야르(2001), p.39.
6) 보드리야르는 고전적 세계관과 산업주의적 세계관, 그리고 시뮬라시옹의 세계관으로 역사를 구분하고 있다.
7) 보드리야르(2001), p.40.

크르이며 실재는 어디에도 없다. 실재는 우리의 형이상학 위에서만 존재하였으며 그러한 형이상학이 붕괴된 지금 실재는 그 존재근거를 상실하였다. 오늘날 대중문화란 이러한 시뮬라크르의 삶, 바로 그것이라는 것이 보드리야르의 분석이다. 하지만 대중문화는 이러한 시뮬라크르를 가지고 대중의 정신을 장악하는 데에 그치지 않는다.

대중문화는 이제 대중의 삶 그 실재까지도 시뮬라크르로 만들어 버린다. 글자그대로 대중문화가 대중들 속으로 침투한다. 보드리야르는 1971년 방영된 TV 프로그램 「라우드가의 사람들과」를 예로 들고 있다. 이 프로그램은 대본도 없고 각본도 없이 있는 그대로의 가정사를 7개월 동안 촬영하여 300시간을 생방송했다. 실재에 내한 이러한 희롱은 시뮬라크르의 마지막 승리이다.

> 사실, 라우드가의 진실은 TV이다. 진실인 것은 TV이며, 진실을 만든 것은 TV이다. 더 이상 거울의 반사적인 진실도 … 아니라 조작적인 진실이다. …
> 「라우드가의 사람들과」라는 프로와 함께, <더 이상 당신이 **TV를 보는 것이 아니라, 당신을 (당신이 사는 것을) 보는 것은 거꾸로 TV이다.>** …
> 생활 속에 TV의 용해와 TV 속에 생활의 용해, 즉 구별할 수 없는 화학적 용해가 일어난다. 우리는 모두 라우드가의 사람들인데, …8)(강조는 인용자)

보드리야르의 분석에 따르면 우리 모두는 라우드가의 사람들과

---

8) 같은 책, pp.68~75.

같이 TV가 바라보고 있는 시뮬라크르이다. 오늘날 대중문화는 우리의 삶에 영향을 미치는 것으로 만족하지 않는다. 그것은 우리의 삶을 연출하는 프로듀서이며, 우리는 프로듀서의 손끝에 매달려 있는 꼭두각시이다. 아니 프로듀서는 우리의 창조자 하느님이며 우리는 그의 역사와 섭리 속에 서 있는 그의 피조물이다.

2. 피터 위어

이러한 포스트모던적인 현대의 문화 상황을 신랄하게 꼬집는 시나리오를 썼던 사람은 앞에서 이미 말했듯이 『가타카』를 쓰고 연출했던 니콜이었다. 하지만 이 영화 『트루먼 쇼』(*Truman Show*, 1998)를 더욱 호소력 있게 만든 것은 호주의 감독 피터 위어(Peter Weir)였다.

위어는 1944년 호주 시드니에서 부동산 중계인의 아들로 태어났다. 가업을 잇고자 시도하기도 하였으나 유럽을 여행하고 돌아와 영화사(Commonwealth Film Unit)에 취직하였다. 여기서 기록영화와 교육영화를 만들면서 영화기술을 연마하였다. 1971년에 감독에 데뷔하였으나 주목을 받지 못하다가, 마찬가지로 크게 주목받지 못하던 깁슨(Mel Gibson)을 주연으로 캐스팅한 『갈리폴리』(*Gallipoli*, 1981)를 통해 같이 주목을 받기 시작

 하였다. 1985년에는 액션 배우이던 포드(Harrion Ford)를 연기파 배우로 만든 영화 『위트니스』(*Witness*)로 아카데미 감독상에 노미네이트되었다. 1989년에는 윌리엄스(Robin Williams)를 또한 연기파 배우로 만든 영화 『죽은 시인의 사회』(*Dead Poet's Society*)를 감독하여 자신의 명성을 확고히 하였다.

위어는 부침이 심한 감독으로 꼽을 수 있다. 늘 성공하는 감독은 아니지만, 삶과 사회를 보다 나은 방향으로 이끌려고 투쟁하는 주인공의 내적인 삶을 설득력 있게 그려내는 감독으로 알려져 있다. 『길리폴리』에서는 제1차 세계대전이라는 무모한 전쟁에 휩싸인 호주 병사를 그리고 있으며, 『위트니스』에서는 동료의 피살사건과 관련하여 아미쉬 가족을 조사하는 미국 경찰을 그리고 있고, 『죽은 시인의 사회』에서는 기성교육에 질식  해 가는 청소년들에게 살아 있는 삶을 살도록 격려하는 영국의 한 교사를 그리고 있다.

『트루먼 쇼』는 이러한 그의 영화 이력을 배경으로 제작되었다. 코미디 배우 이상의 배우가 아니었던 캐리(Jim Carrey)를 진지한 배우로 만든 것은 그가 깁슨이나 포드나 윌리엄스의 연기세계를 넓혀준 것을 고려하면 당연한 결과로 보인다. 위어는 이 영화에서 현대의 대중문화 특히 TV에 사로잡힌 미국인들의 삶을 그려내고 있는데, 이는 보드리야르가 말한 대로 TV를 보는 삶이 아니라 TV가 보는 삶이다. 이제 위어가 그려낸 이 시뮬라크르의 삶을 살펴보기로 하자.

160

3. 영화『트루먼 쇼』

1) 씨헤븐의 트루먼

트루먼 버뱅크(Truman Burbank)는 씨헤븐(Seahaven)이라는 섬에 살고 있는 평범한 보험회사 직원이다. 그의 아내인 메릴(Meryl Burbank)은 간호원이고 그의 죽마고우이자 대학동창인 말론(Marlon)은 동네의 슈퍼에서 일하고 있다. 그의 어머니는 아버지와 사별하고 근처에서 살고 있다. 이것이 겉으로 보이는 트루먼의 삶이다.

다만 트루먼에게는 두 가지 숨겨진 이야기가 있는데 하나는 유년시절 아버지의 익사사건이고 다른 하나는 대학시절 잠깐 만났던 로렌 가랜드(Lauren Garland) 혹은 실비아 가랜드(Sylvia Garland)와의 이별이다. 험한 날씨에도 불구하고 트루먼의 소망대로 항해에 나섰던 그의 아버지 커크(Kirk)는 그만 바다  에 빠져 죽고 만다. 이후 트루먼은 물에 대한 공포증을 갖게 되어 씨헤븐을 결코 떠나지 못한다. 대학 시절 현재의 아내 메릴과 데이트하고 있는 중에 트루먼은 자신의 이상형 로렌을 만나는데 그녀는 그에게 이상한 말을 남기고 그녀의 아버지와 함께 피지로 떠났다.

> 트루먼, … 내 말 들어. 모두 너에 대해 알고 있어. 네가 하는 모든 일을 알고 있어. 그들은 모르는 척할 뿐이야. 트루먼.

이해하겠어? 모든 사람이 모르는 척할 뿐이라고. 로렌, 나는 모르겠어. 아니 내 이름은 로렌이 아냐. 실비아야. 내 이름은 실비아. … 이것도 가짜야 다 너 때문에 만든 거야. 나는 이해를 못하겠어. 하늘과 바다, 모든 것이 세트야. 이건 쇼라고. … 이 사람 얘기 거짓말이야. 여기서 나와서 날 찾아. … 우리는 피지로 가네.[9]

트루먼은 실비아의 말을 이해하지 못했다. 하지만 확실한 것은 실비아였다. 점점 희미해지는 기억을 되살리기 위하여 모델의 사진들을 조합하여 실비아의 사진을 만들고, 피지의 교환에게 전화해서 로렌 가랜드나 실비아 가랜드를 찾아보기도 하고, 친구에게 피지로 떠날 것이라고 다짐을 하고, 아내에게 피지로 여행을 가자고 설득하기도 한다. 하지만 아무도 그의 피지행에 긍정적으로 반응하지 않는다.

2) 트루먼의 회의

이러한 트루먼에게 이해 못할 일들이 생겨난다. 우선 생겨난 일은 하늘에서 느닷없이 조명기기가 떨어지는 일이다. 상상 못할 이

---

9) Truman. … Listen to me. Everybody knows about you. Everybody knows everything you do. They're pretending, Truman. Do you understand? Everybody's pretending. Lauren, I don't know. No, my name's not Lauren. It's Sylvia. My name's Sylvia. … This, it's fake. It's all for you. I don't understand. The sky and the sea, Everything--it's a set. It's a show. … Truman, he is lying. Get out of here. Come and find me. … We're going To fiji.

사건에 대해서는 비행기 사고가 있었다는 설
명이 주어진다. 바닷가에서는 비가 오기 시작
하는데 공교롭게도 트루먼이 있는 곳에만 일
시적으로 비가 떨어진다. 물론 천둥과 더불어
나중에는 전체적으로 비가 오기는 한다. 하지만 도저히 이해할 수
없는 일은 죽었던 아버지가 부랑자의 모습으로 다시 나타난 것이었
다. 트루먼이 자세히 확인하기 전에 아버지는 다른 사람들에 끌려
사라진다.

아버지에 대한 자신의 죄책감 때문에
다른 사람을 아버지로 착각했는지 혼란스
러워 하는 트루먼에게 결정적인 사건이
일어나는데 그것은 주파수 혼선으로 자신
의 움직임에 따라 진행되는 연출지시를 듣게 된 것이다. 자신의 일
거수일투족에 따라 씨헤븐이 움직이고 있다는 것을 눈치 챈 트루먼
은 자신의 아버지가 사람들에 끌려간 일을 설명하는 부랑자 단속
기사조차도 의도적이라는 것을 깨닫고 자기 회사의 옆 건물에 들어
가서 엘리베이터 뒤편의 준비되지 않은 세트를 보게 된다.

이제 무엇인가를 감지한 트루먼은 죽마고우인 말론을 찾아가 자
기의 느낌을 말하며 동의를 구하나 말론은 동의하지 않는다. 이러
한 트루먼의 의심에 당황한 연출자들은 어머니와 아내를 통해서 역
사적 기록인 사진첩을 보게 함으로써 트루먼의 의심을 걷어내려고
시도한다. 심지어 텔레비전조차 트루먼의 생각에 반대되는 교훈적
인 프로그램을 방송한다.

늘 그러했든 것처럼 자신이 보았던 이상한 엘리베이터에 대한

설명으로 제시되는 아내의 수술이야기를 듣고
이를 확인하기 위해 트루먼은 병원으로 달려
간다. 계속해서 생기는 어색한 우연한 상황에
의심은 깊어지고 트루먼은 혼자서 피지로 떠
나기로 결심한다. 하지만 여행 중에 사고가 생길 수 있다는 포스터
를 내걸고 있는 여행사는 한달 후나 항공권이 가능하다고 답변하
고, 버스로 떠나려던 그의 새로운 계획은 버스가 고장났다는 기사의
말에 기다렸다는 듯이 내리는 여행객들과 더불어 실패하고 만다.

트루먼은 마침내 씨헤븐 내의 일들을 예측하게 된다. 엑스트라들
의 움직임을 읽어낸 것이다. 우연의 일치라고 하기에는 너무 지나
친 일들을 조롱하며 물을 겁내는 자신의 성격 때문에 건너지 못했
던 다리를 아내에게 운전대를 맡겨 건너간다.
하지만 결과는 마찬가지이다. 다리를 건너자
마자 산에는 산불이 일어나고 산불지역을 통
과하자 원자력 발전소의 방사능 누출사건이
일어난다. 돌파를 시도하던 트루먼은 붙잡혀 다시 집으로 돌아온다.
느닷없는 아내의 광고멘트와 도움요청에 트루먼은 절망한다.

트루먼의 심각한 의심과 절망을 위기상황으로 간주한 연출자 크
리스토프(Christof)는 죽마고우인 말론을 통해서 트루먼을 설득하려
고 시도한다. 어릴 때 이야기를 상기시키고 절대적인 신의를 강조
하면서 자신을 믿으라고 설득한다. 그러면서 사건의 발단인 아버지
를 부랑자 수용소에서 찾았다고 하면서 아버지를 만나게 해준다.
사연인 즉 사고로 생긴 기억상실증으로 집을 찾아오지 못한 아버지
를 겨우 만나게 되었다는 것이다.

3) '트루먼 쇼' 30주년과 트루먼의 탈출

17억 인구가 그의 탄생을 지켜봤고, 220개국에서 첫 걸음마에 환호했으며, 전 세계 시청자가 키스의 순간을 함께 했죠. 그가 자라나듯 기술도 자라났습니다. 한 인간의 전 생애가 수많은 숨겨진 카메라에 의해 기록되고 동시에 편집되지 않고 하루 24시간 1주 7일 동안 전 세계의 시청자들에게 방송됩니다. 이제까지 만들어진 가장 큰 스튜디오에 있는 씨헤븐 섬으로부터 지금 여러분에게 방송됩니다. 중국의 만리장성과 더불어 우주에서 볼 수 있는 단 두 개의 인공축조물 중의 하나인 이 스튜디오에서 이제 이 드라마는 30주년을 맞게 되었습니다. '트루먼 쇼'입니다.10)

'트루먼 쇼' 30주년을 맞아 트루토크(Tru-Talk)라는 프로그램은 '트루먼 쇼'의 연출자인 크리스토프와 인터뷰를 하고 시청자들과 토론을 한다. 여기에서 트루먼이 방송국에 입양된 이야기, 프로그램 자체가 모두 광고라는 이야기, 트루먼이 사실을 모르는 이유에 대한 이야기 등이 나온다. 토론 중에 크리스토프와 실비아는 어떤

---

10) 1.7 billion were there for his birth.. 220 countries tuned in for his first step. The world stood still for that stolen kiss. And as he grew, So did the technology. An entire human life recorded on an intricate network of hidden cameras. And broadcast live and unedited 24 hours a day, 7 days a week to an audience around the globe. Coming to you now from Seahaven island, enclosed in the largest studio ever constructed, And along with the great wall of china, One of only 2 manmade structures Visible from space, Now in its 30th great year, It's the truman show.

삶이 좋은 삶인지 설전을 나누게 된다. 크리스토프는 앞으로 트루먼은 메릴과 헤어지고 새로운 상대방을 만나게 될 것이라고 줄거리를 시사한다. 인터뷰가 끝난 후 크리스토프는 잠자는 트루먼의 얼굴을 어루만지며 감회에 빠진다.

30주년을 맞이한 '트루먼 쇼'는 계속 진행된다. 영화의 첫머리에서처럼 반복되는 트루먼의 일상, 하지만 트루먼은 이제 마음을 확고하게 정했다. 씨헤븐을 떠나기로 결심한 트루먼은 인형과 녹음기를 이용하여 잠자고 있는 것처럼 속이고는 집을 떠나 바다로 나간다. 트루먼의 탈출을 눈치챈 크리스토프는 온 마을을 다 뒤지지만 찾지 못하고 한밤중에 인공 태양까지 뜨게 하고서야 비로소 바다에서 트루먼을 발견한다.

트루먼이 물을 두려워하는 것을 이용하여 돌아오도록 하기 위해 파도를 일으켜 트루먼을 위협하지만 트루먼은 목숨을 걸고 항해를 계속한다. 폭풍우 속에서 익사의 위기를 넘긴 트루먼은 드디어 스튜디오의 끝에 다다르게 된다. 출구를 발견하고 나가려는 그에게 크리스토프는 인생의 연출자로서 여호와가 아브라함에게 말을 걸 듯이11) 말을 걸고 트루먼을 설득하고자 하지만 트루먼은 끝내 스튜디오를 떠난다. '트루먼 쇼'를 보던 시청자들은 환호하지만, 이제 그것으로부터 해방되어 다른 프로그램을 찾는다.

---

11) 『성서』, 창세기 12장.

4. 텔레비전에서 현실로

1) 허구와 실제

영화는 영화 속의 영화 아니 드라마로 시작한다. 시작에서부터 영화는 허구와 실제의 개념을 혼동에 빠트린다. 이것은 매우 필요한 일이다. 왜냐하면 '트루먼 쇼'의 목표는 허구와 실제를 전도시키는 것이기 때문이다. 우선 연출자는 허구와 실제를 뒤섞기 시작한다.

우리는 우리에게 거짓 감동을 주는 배우들을 보는 데 재미를 잃었습니다. 우리는 꽃불제조기나 특수효과에 질렸습니다. 그가 살고 있는 세계는 어떤 점에서는 **모조품**이기는 합니다만, 트루먼 그 자신과 관련해서는 가짜가 하나도 없습니다. 각본도 큐사인도 없습니다. 허구가 아니라 **진짜**입니다. 진짜 삶입니다.12)
(강조는 인용자)

거짓된 감동이 아니라 진실한 감동을 주기 위해서는 배우가 아니라 진짜 인간이 있어야 된다고 생각하는 연출자는 자신이 연출하는 드라마가 기존의 드라마와 마찬가지로 삶의 모조품이기는 하지

---

12) We've become bored with watching actors give us phony emotions. We're tired of pyrotechnics and special effects. While the world he inhabits is, in some respects, counterfeit, There's nothing fake about Truman himself. No scripts, No cue cards. It isn't always shakespeare, But it's genuine. It's a life.

만 그 속에는 진짜 인간 트루먼이 있고 이 진짜 인간의 삶에 따라 드라마가 진행되기 때문에 드라마 자체가 진짜라고 주장한다. 연출자의 입장에서는 그렇게 볼 수 있겠지만 진짜 인간 트루먼의 입장에서 보면 이 드라마가 진짜 그의 삶일까?

진짜 인간 트루먼과 그를 에워싸고 있는 **가짜 마을 씨헤븐**은 현대 대중문화 속의 소비대중과 그들을 에워싸고 있는 대중문화를 잘 형상화하고 있다. 트루먼은 자신이 자신의 삶을 살고 있다고 생각한다. 그리고 그것은 어느 정도는 사실이다. 진짜로 운전을 하고 진짜로 보험계약서를 작성한다. 그러나 근본적으로는 그 운전도 버스운전사의 운전처럼 연기이고 그 서류도 버스티켓처럼 소품이다.

소비대중들은 대개 어느 누구도 자신이 대중문화에 의해 조종당한다고 생각하지 않는다. 자신은 자신에 의해, 자신을 위해, 자기 스스로 살고 있다고 굳게 믿고 있다. 하지만 영화는 이렇게 묻는다. 당신은 당신의 진정한 삶을 살고 있는가? 당신의 삶은 마치 트루먼의 삶과 같은 것이 아닌가? **자신은 나름대로는 자신의 삶을 살고 있지만 근본적으로는 연출자의 연출범위 내에서 살고 있는 것이 아닌가?**

만약 우리가 이러한 반성을 하게 된다면 우리는 트루먼의 아내와 같은 입장이 될 수 있다.

글쎄요. 나에게는 사적인 삶과 공적인 삶이 구별되지 않아요. 나의 삶은 나의 삶이고 또 '트루먼 쇼'이죠. '트루먼 쇼'는 하나의 라이프스타일이에요. 그것은 고상한 삶이고, 진실로 축복받은 삶이죠.[13]

우리에게는 내 자신의 삶과 대중문화에 의해 연출된 삶이 구별되지 않는다. 나의 삶은 나의 삶이고 또한 동시에 대중문화에 의해 연출된 삶이다. 대중문화 속에서 많은 사람들이 살고 있지만 모든 사람들이 똑같이 사는 것은 아니다. 그러므로 설혹 대중문화에 의해 연출된다고 하더라도 나의 삶은 또 나름대로 나의 삶이다. 가치 있는 삶이란 어떤 것이겠는가? 세상 사람들이 다 좋다고 하는 삶 그것 아니겠는가? 그런 의미로 '트루먼 쇼'는, 대중문화가 살라고 권장하는 삶은, 고상하고 축복받은 삶이다.

보드리야르가 지적한 것처럼, 우리의 실제적인 삶이란 이미 사라졌다. 우리는 허구적인 삶을 살 뿐이다. 다만 그 허구라는 것은 과거처럼 실제와 완전히 대립하는 그런 의미에서 허구가 아니다. 어떤 의미로, 그것은 허구이면서 실제이고 실제이면서 허구인 파생실재 즉 시뮬라크르라는 의미에서의 삶이다. 원본에 해당하는 자신의 진정성을 소비대중에게 요구한다는 것은 시대착오적이다. 대중문화의 소비대중에게는 자신의 **진정성**이 아니라 대중문화의 **허구성**이 우선적이다. 그러므로 오늘날 미시주부  가 사는 아파트 거실에는 인기 탤런트의 브로마이드가 걸리기는 해도 주름살 깊어지는 자기 남편의 사진은 걸리지 않는다.

---

13) Well, for me, There is no difference between a private life and a public life. My life is my life, is the truman show. The truman show is a lifestyle. It's a noble life. It is a truly blessed life.

2) 드라마와 광고

대중문화는 도대체 이 엄청난 일을 어떻게 하는 것일까? 허구와 실제를 뒤바꾸어 놓고 한 점의 의혹도 없이 허구에 열광하게 하는 이 놀라운 마술을 어떻게 부리는 것일까? 그것은 '**트루먼 쇼**' 즉 드라마와 광고를 통해서이다. 『트루먼 쇼』의 촬영대본(Shooting Script)에 의하면, 트루토크의 진행자가 '트루먼 쇼'를 "역사상 가장 긴 다큐멘터리 소프 오페라"(the longest running documentary soap opera in history)라고 소개하고 있다.14)

여기에서 우리가 주목해야 할 것은 '소프 오페라' 즉 비누 오페라라고 하는 표현이다. 여성취향의 멜로드라마를 뜻하는 '소프 오페라'는 우리말로는 '연속극'이라고 번역되는데, 이는 20세기 초 미국에서 라디오의 등장과 더불어 시작되었다. 독자들에게 구독료를 받는 잡지사나 신문사와 달리 방송국은 청취자에게서 수입을 올릴 수 없었으므로 잡지나 신문보다 훨씬 더 광고주에 의존할 수밖에 없었다. 그 결과로 생겨난 것이 소프 오페라나 버라이어티 쇼(variety show)였다.

일과시간 중에 청소년과 남자들은 학교와 직장에 가고 주부들만 집에 있었기 때문에 이들을 대상으로 라디오 드라마를 주로 방송했는데 이러한 드라마의 광고는 화장품 회사나 비누(soap) 회사였다. 그래서 이런 드라마를 소프 오페라라고 말한다. 일과 후에는 하교

---

14) 물론 완성된 영화에서는 이 표현은 빠져 있다.

하고 퇴근한 남자들까지를 위하여 여러 계층 청취자들이 함께 들을 수 있는 다양한 내용의 버라이어티 쇼가 전개되었는데, 이 시간에는 다양한 상품을 생산하는 대기업들이 후원을 맡았다. 대기업에게는 이것이 효과적인 광고수단이었기 때문이다.15)

역사적으로 보면 18세기 광고의 주된 매체는 잡지였으며, 19세기에는 신문이 그 권좌를 이어받았다. 20세기와 더불어 시작된 대중사회에 이르러 신문과 잡지는 더 많은 광고를 싣게 되었다. 왜냐하면 다양한 독자의 취향을 충족시키기 위해 다양한 기사를 만들고 인쇄하고 배포하기 위해서는 더 많은 자금을 필요로 했는데, 구독료만으론 이를 충당할 수 없었기 때문이다.16)

하지만 변화된 것은 광고의 양만이 아니었다. 광고의 질 또한 변화되었다. 18세기와 19세기의 광고는 주로 상품에 대한 정보의 전달을 그 목적으로 삼고 있었다. 하지만 20세기에 이르러 광고는 그 이상의 것을 해야만 했다. 그 이상의 것이란 소비자들의 구매 욕구를 창조해 내기 위하여 세계를 새로운 맥락으로 재구성하고 이를 감성적으로 설득하는 일이었다.

> 소비자의 마음을 이해하기 위해서는 욕망에 이끌리고 욕망을 고조시키는 문제에 접근해야 한다. 이를 위해서는 소비자들이 상상을 통해 상품획득이 가져다줄 쾌락의 측면들을 그림 그리기에 앞서 그 그림을 그릴 수 있는 맥락을 만들어주는 것이 반

---

15) 강현두 외,『현대 대중문화의 형성』(서울: 서울대학교출판부, 1998), p.121.
16) 대중사회와 대중문화에 대해서는 김성동,『문화 ─ 열두 이야기』(서울: 철학과현실사, 2003), pp.117~130을 참조하라.

드시 필요하다.[17)

라디오 광고는 이러한 점에서 특히 뛰어났다. 늦은 저녁 시간에 라디오에서 나오는 맥주병을 따는 소리와 맥주가 시원하게 병에서 컵으로 흘러나오는 소리를 듣는 청취자들  은 맥주를 자연 찾지 않을 수 없었다. 미 국의 루즈벨트 대통령이 황금의 목소리와 라디오적 화술을 가지고 '노변정담'(爐邊情 談, fireside chats)이라는 라디오 프로그램으로 대공황의 어두운 시 절에 고통받는 미국인들에게 믿음과 자신감을 불어넣어 주었던 일 은 유명하다.[18)

소프 오페라는 텔레비전의 등장과 더불어 새로운 경지에 올라선 다. 라디오가 사람들의 청각을 사로잡았을 뿐이라면 텔레비전은 사 람들의 시각과 청각을 아울러 장악했다. 게다가 텔레비전은 지식인, 잡지, 신문, 라디오로 이어져 오던 권위 있는 정보의 원천이라는 자  격마저 차지하였다. 이러한 텔레비전에서 방 송되는 소프 오페라는 시청자의 눈과 귀를 사로잡았을 뿐만 아니라 시청자의 정신마저 장악하게 된다. 어떤 방송국에서 우리의 식 생활에 문제가 많으며 현미를 먹는 것이 건강에 매우 유익하다는 프로그램을 내보내자마자 시중의 현미가 동이 나는 것이 우리의 현 실이다.

---

17) 강현두 외(1998), p.84 재인용.
18) 같은 책, p.151.

'트루먼 쇼'는 24시간 생방송이기 때문에 따로 광고시간이 없다. 그러므로 드라마가 곧 광고이고 광고가 곧 드라마이다. 영화에 따르면 '트루먼 쇼'는 국가의 재정지원을 받고 있을 뿐만 아니라 간접 광고에 크게 의존하고 있다. 쇼에 등장하는 모든 것들이 광고일 뿐만 아니라 출연자들은 특정한 맥락에서 특정한 물건을 간접적으로 광고하고 있다. 트루먼의 아내가 사 온 부엌도구, 트루먼의 친구가 마시는 맥주, 트루먼을 밀어붙여서 벽보가 카메라에 나오게 하는 쌍둥이 노인, 경찰에 붙잡혔다가다 돌아온 트루먼에게 코코아를 타 주겠다면 행하는 그의 아내의 코코아 광고 등을 통하여 영화는 우리가 어떻게 설득당하고 있는가를 풍자하고 있다. 영화의 설정에 따른다면 '트루먼 쇼'에 광고된 물건들은 동이 나게 팔릴 수밖에 없다.

광고는 우리로 하여금 **물건**을 사게만 만드는 것이 아니다. 광고는 우리의 **세계관**도 바꾸어놓는다. 이는 신문광고 시절부터 그래왔던 진실이다.

제 남편이 매년 크리스마스 때마다 자질구레한 보석들을 사주곤 했어요. 하지만 여자의 젊음이란 것은 너무도 빨리 사라져버리잖아요. 청소하는 데 힘이 너무 들잖아요. … 저는 이제 얼마 동안은 더 이상 제 젊음이 사라지지 않으리라는 것을 발견했죠. 청소가 저를 더 이상 힘들게 하지 않을 테니까요. 지난 크리스마스에 제 남편이 후버 진공청소기를 사왔지 뭐예요.[19]

---

19) 같은 책, p.93 재인용.

이 진공청소기 광고는 청소기를 필요로 하도록 세계와 소비자를 재구성하고 있다. 삶에서 중요한 것은 노고가 아니라 편안이며, 연륜이 아니라 청춘이다. 당신은 청소라는 힘든 일을 통해서 늙어가고 있다. 노고가 당신을 아름답게 만들지 못한다는 것은 두말할 필요도 없다. 보석도 당신을 아름답게 되돌려 놓지 못한다. 노고를 덜어 당신을 젊게 하는 것, 그것이 당신을 아름답게 만든다. **노동은 보람이 아니라 젊음을 빼앗는 도둑이다. 주름살은 당신의 인생의 훈장이 아니라 상처일 뿐이다.** 할 수만 있다면 젊음을 유지하기 위하여 무엇이든지 하라. 그 첫걸음은 후버 진공청소기로 노고를 피하는 것이다. 이러한 세계관은 오늘도 계속되고 있다. 텔레비전이라는 막강한 기술로 무장한 오늘의 광고주는 우리의 삶을 시뮬라크르로 만들어버린다. 아내가 되어야 할 여자를 미시라는 시뮬라크르로 만든 것은 광고 바로 그것이다.

3) 천국과 감옥

당신은 거짓말쟁이고 조작자야. 당신이 트루먼에게 한 짓은 잘못된 거야! … 너는 네가 … 방송을 몇 분 훔쳐 트루먼과 함께 너 자신과 너의 생각을 주목받게 했다고 해서, … 네가 그에게 옳은 것이 무엇인지 안다고 생각해? … 무슨 권리로 아기를 데려다 동물원 원숭이로 만들었죠? 죄책감도 안 느끼나요? 난 트루먼에게 정상적인 삶을 살 기회를 줬어. 이 세상, 네가 사는 이 세상은 잘못된 곳이지. 씨헤븐은 천국이야. 트루먼은 연기자가 아니에요. 그는 감옥에 갇힌 죄수예요. … 그는 언제든지 떠날 수 있어. … 만약 그가 진실

을 발견하기로 굳게 결심한다면, 우리가 그를 방해할 방법은
없어. 내 생각엔, 자네를 괴롭게 하는 것은 궁극적으로 트루먼
이 네가 감옥이라고 부르는 그곳을 더 좋아한다는 사실이야.
그게 네가 틀린 곳이야. 아니에요. 당신이 틀렸어요. 그가 당신
이 틀렸다는 것을 증명할 거예요.[20]

　시뮬라크르의 삶, 그것이 천국인지 감옥인지가 이 논쟁의 주제이
다. 스튜디오의 이름을 씨헤븐(seahaven)으로 지은 것도 천국
(heaven)을 뜻한 것이다. 크리스토프는 실비아가 사는 세상, 스튜디
오 밖의 세상을 잘못된 곳이며 비정상적인 삶을 영위할 수밖에 없
는 곳이라고 규정하고, 자신이 만든 세상을 바깥세상이 그렇게 되
어야 할 곳(Seahaven's the way the world should be)이라고 주장
한다. 그러므로 메릴은 앞에서 본 것처럼, '트루먼 쇼'가 고상한 삶
이고 진심으로 축복받은 삶이라 칭송한다.
　시뮬라크르적인 삶은 실비아의 말처럼 사로잡힌 감옥의 삶인가,
아니면 크리스토프의 말처럼 고상한 축복받은 삶인가? 물론 우리

---

20) You're a liar and a manipulator, and what you've done to truman is
sick! … you think because you … stole a few minutes of air time with
him, to thrust yourself and your politics into the limelight, t … you
know what's right for him? … What right do you have to take a baby,
and turn his life into some kind of mockery? Don't you ever feel
guilty? I have given truman a chance to lead a normal life. The world,
the place you live in, is the sick place. Seahaven's the way the world
should be. He's not a performer. He's a prisoner. … He can leave at
any time. … If he was absolutely determined to discover the truth,
there's no way we could prevent him. I think what distresses you really,
caller, is that ultimately Truman prefers his cell, as you call it. That's
where you're wrong. You're so wrong, and he'll prove you wrong.

는 세상에서 이 고상한 삶을 오랫동안 살아왔다. 하지만 때때로 이 고상함이 고상함으로 느껴지지 않는 때가 있다. 그것은 실비아가 트루먼을 만났던 것처럼 잠깐이다. 우리는 **잠깐**을 중요시해야 하는 가 아니면 30년이란 **긴 세월**을 중요시해야 하는가?

당신은 누구입니까? 나는 창조자야, 수백만의 사람들에게 희망과 기쁨과 영감을 주는 텔레비전 쇼의 창조자야. 그러면 나는 누구죠? 너는 스타야. 진 짜는 아무 것도 없나요? 너는 진짜지.
그것이 너를 보기 좋게 만들었지. 내말 들어, 트루먼. 저 바깥 세상에도 내가 너를 위해 창조한 이 세상보다 더한 진실은 없 어. 똑같은 거짓말, 똑같은 속임수가 있어. 하지만 내 세상에는 두려워할 것이 없어. 나는 너보다 너를 더 잘 알아. 내 머리를 들여다보는 카메라도 가졌나요? 넌 두려워 해. 그것이 떠나지 못하는 이유야. 괜찮아, 트루먼, 나는 이해해. 나는 너의 전 생 애를 봐왔어. … 너는 떠날 수 없어, 트루먼. 제발 하느님. 너 는 여기에 속해. 너는 잘 할 수 있어, 나와 함께. 말을 해. 무 엇이든 말을 해. 그래 무엇이든 말을 해. 너는 텔레비전에 나와 있어. 너는 전 세계에 생중계되고 있단 말이야. 내가 당신을 못 볼 경우를 대비해서, 좋은 오후, 좋은 저녁, 좋은 밤 지내세 요.[21]

---

21) Who are you? I am the creator of a television show that gives hope and joy and inspiration to millions. Then who am i? You're the star. Was nothing real? You were real. That's what made you so good to watch. Listen to me, Truman. There's no more truth out there than there is in the world I created for you. The same lies. The same deceit. But in my world, you have nothing to fear. I know you better than you know

우리는 고상한 삶을 살고 있는 **스타**이다. 모든 사람이 스타가 된 다면 스타가 무의미해질 것인데도 불구하고 오늘날 우리는 모두 스 타가 되기를 열망한다. 명품에 목매는 삶은 이러한 열망의 반영이 다. 우리의 삶은 창조자에 의해 준비되었다. 우리의 삶은 원본도 사실성도 없는 파생실재 즉 시뮬라크르이다. 이제 실재니 파생실재 니 하는 구분은 의미를 상실했다. 실재에 무엇이 더 있다면 그것은 두려움이다. 하지만 시뮬라크르로서 우리는 텔레비전에 나왔다. 전 세계에 생중계되고 있다. 문제가 무엇인가? "텔레비전에 내가 나왔 으면 정말 좋겠네, 정말 좋겠네"라는 노래도 있지 않은가? 우리는 유치원에서부터 이렇게 세뇌당하며 살아오지 않았는가? 정말 무엇 이 문제인가? 다른 사람들로부터 주목받는 스타의 삶, 그것보다 더 좋은 것이 있는가?

있다. 그것이 문제이다. 나보다 나를 더 잘 안다고 자칭하는 사람들이 있는데, 내가 좋아하는 것은 텔레비전에 나오는 것이 아 니다. 나는 스타가 되고 싶지 않다. 나는 시뮬라크르를 만든 **사이비 창조자**에게 기도하고 싶지 않다. 나는 **진짜 창조자**에게 기도하고 싶다. 실비아와 함께. '제발 하느님' 하고. 나는 네가 모르는 세상이

---

yourself. You never had a camera in my head. You're afraid. That's why you can't leave. It's ok, Truman. I understand. I have been watching you your whole life. … You can't leave, Truman. Please, god. You belong here. You can do it. with me. Talk to me. Say something. Well, say something, Goddamn it. You're on television. You're live to the whole world. In case I don't see you, Good afternoon, good evening, And good night.

두렵기는 하지만, 사이비 창조자가 원하는 것이 아니라 내가 원하는 것을 하면서 살고 싶다. 나를 막으려고? "네가 할 수 있는 것이 이게 다야? 나를 막으려면 나를 죽여야 할 걸!"(Is that the best you can do? You're gonna have to kill me!) 이것이 시뮬라크르에 대한 트루먼의 대답이다.

시뮬라크르의 삶을 살면서 즉 프로듀서의 노예로 살면서 자신의 자유로운 삶을 향해 떠나지 못하는 우리의 약점은 죽음에 대한 두려움 바로 그것이다. 그러므로 프로듀서는 우리가 떠나기로 결심만 한다면 언제나 떠날 수 있다고 공언하고 있다. 앞에서[22] 지적한 것처럼 죽음에 대한 두려움을 극복하는 대표적인 두 방법은 지식과 사랑이다. 씨헤븐으로부터 트루먼의 탈출은 도둑의 아내 조지나가 그러했던 것처럼 사랑에 의해 촉발된 죽음도 사양하지 않는 결의에 의해 가능했다. 트루먼에게는 실비아가 있었지만, 우리에게는 누가 있는가?

5. 조신의 꿈

우리 조상님들에게 시뮬라크르적인 삶이란 어떤 삶이었을까? 지금과 같은 온갖 기술이 없었던 과거에는 씨헤븐과 같은 스튜디오는 생각할 수 없었다. 하지만 강원도 양양의 동해바다 곁에는 낙산사

---

22) 4장 1절.

라는 절이 있고 이 절의 금당인 원통보전(圓
通寶殿)에는 의상대사가 관음보살을 근처 바
닷가의 굴에서 친견하고 만들었다는 관음상
이 있다. 『삼국유사』에 의하면 우리 조상님
의 씨혜븐은 바로 이 관음상 앞이다.

　이야기의 대강은 이렇다. 가까운 곳 세규사라는 절에서 행정을
맡아보는 신라시대 승려인 조신(調信)은 강릉 태수의 딸을 한번 보
고 마음을 빼앗긴다. 그는 영험하다는 낙산사 관음보살상 앞에 와
서 이 사랑을 이루어 달라고 간절히 기도한다. 그러나 신분도 신분
이려니와 이 아리따운 처녀에게는 이미 혼처가 있었다. 낙심 끝에
어느 날 저녁 조신은 하릴없이 관음상 앞에서 흐느끼다가 깜박 잠
이 든다.

　뜻밖에 강릉 태수의 딸은 꿈속으로 찾아와, 다섯 아이를 낳으며
그와 함께 50년을 산다. 하지만 가세는 날로 기울어 드디어는 동냥

을 해먹고 살게 되는데, 큰 아이는 굶어죽고
동냥 나간 열 살배기 계집아이는 개에게 물려
피를 흘리며 도망 오는 지경에 이른다. 이에
아내가 모두 굶어 죽느니 헤어져 살자하여 헤
어지는 순간 잠을 깬다. 꿈에서 깨보니 불상 앞의 등불은 여전히
깜박거리고, 밤도 이제 새려고 하고 있다. 조신의 머리카락은 그
사이 하얗게 세어버렸고, 세상일에 대한 마음도 얼음 녹듯이 녹아
버렸다.23)

---

23) 『삼국유사』, 제 3 권.

이 조신의 꿈 이야기에서 실비아는 관음보살이다. 관음보살은 50년을 살고 난 후 조신의 아내의 입을 빌어 이렇게 말한다.

내가 처음 그대를 만났을 때는 얼굴도 아름답고 나이도 젊었으며 입은 옷도 깨끗했었습니다. … 50년 동안에 정이 맺어져 친밀해졌고 사랑도 굳어졌으니 가위 두터운 인연이라고 하겠습니다. 그러나 근년에 와서는 쇠약한 몸에 병이 날로 더해지고 굶주림과 추위도 날로 더해오는데 … 수많은 문전에 걸식하는 부끄러움이 산과도 같이 무겁습니다. 아이들이 추워하고 배고파해도 미처 돌봐주지 못하는데 어느 겨를에 부부간의 애정을 즐길 수가 있겠습니까. 붉은 얼굴과 예쁜 웃음도 풀 위의 이슬이요, 지초와 난초 같은 약속도 바람에 나부끼는 버들가지입니다. 이제 그대는 내가 있어서 더 걱정이 되고 나는 그대 때문에 더 근심이 됩니다. 가만히 옛날 기쁘던 일을 생각해 보니, 그것이 바로 근심의 시작이었습니다. … 뭇 새가 다 함께 굶어죽는 것보다는 차라리 짝 잃은 난새가 거울을 향하여 짝을 부르는 것만 못할 것입니다. 추우면 버리고 더우면 취하는 것은 사람으로 차마 할 수 없는 일입니다. 하지만 나아가고 그치는 것은 인력으로 되는 것이 아니고, 헤어지고 만나는 것도 운수가 있는 것입니다. 원컨대 이 말을 따라 헤어지기로 합시다.

그러자 조신도 크게 기뻐하며 각각 아이 둘씩을 데리고 떠나려고 하다가 잠이 깬 것이었다.

불교에 마음을 담갔던 신라시대의 조상님들에게 시뮬라크르적인 삶은 바로 조신과 그의 아내의 삶이었다. 눈물을 흘리며 같이하고자 했던 아내와 크게 기뻐하며 헤어지는 아이러니가 조신의 삶이었고, 예전의 기쁘던 일이 오늘날 근심의 시작이었다고 후회하는 것이 조신의 아내의 삶이었다. 윤회의 바퀴 속에서 미망에 사로잡힌 조신은 씨혜븐의 트루먼이요, 관음상 앞에서 흰머리로 깨어난 조신은 씨혜븐을 떠나는 트루먼이다. 하이데거에게서는 **죽음**이 시뮬라크르의 삶에서 벗어나는 계기라면, 조신에게서는 **꿈**이 시뮬라크르의 삶에서 벗어나는 계기이다. 우리는 아직도 조신의 꿈을 깨지 못하였는가?

생각거리

1. 영화에서 발견되는 간접광고들을 모두 찾아보자.
2. 보드리야르의 시뮬라크르 이론에 대하여 조사해 보자.
3. 1920년대 미국에서 대중사회가 싹트기 시작한 까닭을 알아보자.
4. 삶이 열흘밖에 남지 않은 시한부 인생을 사는 사람이 남은 시간들을 어떻게 보내고 싶어할 것인지에 대하여 생각해 보자.
5. 남가일몽(南柯一夢)에 대하여 조사해 보자.
6. 자신이 이 영화를 다시 만든다고 하면 어떻게 그 내용을 달리할 것인지를 적어보자.

읽을거리

보드리야르 지음/하태환 옮김, 『시뮬라시옹』(서울: 민음사, 2001)
강현두 외, 『현대 대중문화의 형성』(서울: 서울대학교출판부, 1998)
김성동, 『문화 ― 열두 이야기』(서울: 철학과현실사, 2003)

볼거리

위어, 『갈리폴리』(*Gallipoli*, 1981)
위어, 『위트니스』(*Witness*, 1985)
위어, 『죽은 시인의 사회』(*Dead Poet's Society*, 1989)

제 2 부
내부로부터의 자유

7 장 기억으로부터의 자유

『러브레터』

1. 기억과 망각으로부터의 자유

　　　　　다른 동물들과 달리 인간은 자신의 과거를 기억하고 미래를 기대하는 능력을 가지고 있다. 이러한 능력에 기초하여 인간은 또 과거의 자신과 현재의 자아 그리고 미래의 자기를 모두 동일한 나라고 인식하는 능력도 가지고 있다. 동물학자들의 연구에 따르면 어류는 거의 현재만을 갖는다고 하고, 포유류도 먼 과거나 미래를 가지지 못한다고 하며, 인간을 가장 닮았다는 침팬지 정도만이 과거와 미래에 대해 어느 정도 지각을 갖는다고 한다.

　이렇게 보면 기억을 가졌다는 것은 인간의 뇌가 가진 큰 장점들 중의 하나이다. 하지만 이러한 기억이 반드시 장점으로만 작용하는 것은 아니다. 그래서 심리학자들은 인간에게 망각이라는 기능이 있어 어떤 기억들을 삭제해 버리기 때문에 인간이 효과적으로 자신의 삶을 살아가고 있다고 지적하기도 한다. 이렇게 기억이 삶에 장애가 되는 경우 중의 하나가 기억 속의 사건이나 인물이 너무도 생생하여 현실을 제치고 오히려 더 지배적으로 현재의 나의 의식과 상호작용을 하고 있는 경우이다.

대개 **나쁜 기억**이 그러하다. 『트루먼 쇼』에서 트루먼은 물에 대하여 좋지 않은 기억을 가지고 있다. 아버지와 함께 나간 뱃놀이에서 자신이 좋지 않은 날씨에도  항해를 고집하여 아버지가 익사하였기 때문에 트루먼은 이후 물을 무서워하는 그러한 사람이 되고 말았다. 물론 이는 영화 속의 한 설정이기는 하지만, 이와 유사하게 우리의 나쁜 기억은 현재에서도 계속 우리의 의식에 작동하여 우리를 사로잡을 수 있다. 돼지고기를 먹고 몹시 배앓이를 한 어떤 이는 이후 돼지고기 냄새만 맡아도 거북함을 느낀다고 하는데 이는 생리적 현상이라기보다는 기억에 의한 심리적 현상일 것이다. 트루먼이나 그러한 이는 나쁜 기억으로부터 자유로워질 필요가 있다.

때로는 **좋은 기억**도 이렇게 작용할 수 있다. 과거의 좋은 기억이 너무도 생생하여 현실의 생생함을 압도하는 경우에도 현실은 무시되고 과거가 현재로까지 넘어와 버린다. 이런 경우에도 과거의 기억에 사로잡힌 사람은 현실의 삶을 보지 못하고 기억의 노예가 된다. 과거의 좋았던 때에 대한 기억을 놓지 않고 자신의 현실을 받아들이지 못하고 그것을 부정하는 데에 온 힘을 기울이는 사람들이 이런 경우이다. 과거의 좋은 기억 때문에 바뀐 상황에 적응하지 못하는 이러한 경우도 과거의 나쁜 기억 때문에 바뀐 상황에 적응하지 못하는 경우와 마찬가지이다.

이와 정반대의 경우도 있는데, 그것은 망각이 **좋은 기억**을, 삶의 색깔을 탈색시키는 경우이다. 아무리 활활 타오르던 불꽃도 시간이 지나면 재가 되고 아무리 화려하게 피어나는 꽃도 시간이 지나면 낙화가 된다. 우리 삶의 화려했던 순간들, 삶의 극점들이었다고 할 만한 순간들의 감동도, 시간은 그 희열을 재로 만들고 그 가슴의 고동을 영겁의 침묵으로 압살해 버린다. 이런 경우 우리의 좋은 기억은 사그라지고 삶은 색깔을 잃고 우리의 사지는 생기를 잃어 창백한 얼굴과 메마른 입술로 나날을 때우게 된다.

이런 경우 오히려 우리는 우리의 기억을 되살리기만 하면, 그래서 용기를, 열정을, 기쁨을, 환희를 되찾기만 하면, 우리의 삶은 순식간에 생기를 회복하고 대지는 생명의 싹을 틔우고 노병의 힘줄은 다시 힘에 넘치게 된다. 보잘것없었던 인간과 대지가 얼마나 큰 영광과 승리의 역사를 가지고 있는지, 지나간 시간들 속에서 그들이 얼마나 치열하게 자신의 삶과 대적했는지를 알아채게 되고 그들의 투쟁과 승리에 다시 한번 경의를 표하게 된다.

기억과 망각은 같은 크기를 가진 두 방향의 힘으로 우리의 삶을 사로잡고 있다.[1] 우리는 때로 망각의 힘에 사로잡혀 날카로운 첫 키스의 **열정**을 잃고 살며, 때로 기억의 힘에 사로잡혀 앞으로 나아

---

1) 슈트라서 지음/김성동 옮김, 『현상학적 대화철학』(서울: 철학과현실사, 2002), p.142.

가지 못하고 뒤쪽으로 뒤쪽으로 끊임없이 **침몰**하며 살고 있다. 이러한 기억과 망각의 구속 또한 인간이 자유롭기 위하여 벗어나야 하는 사로잡힘이다.

2. 이와이 슈운지

기억과 망각이라는 인간에게 가해지는 대립적인 두 가지 속박과 그 속박으로부터의 자유를 오밀조밀한 구성과 아름다운 영상으로 운치 있게 그려낸 영화가 일본의 신예 감독 이와이 슈운지(岩井俊二)의 『러브레터』(Love Letter, 1995)이다.

슈운지는 1963년 일본에서 출생하여 요코하마 국립대학을 1987년에 졸업하고 1988년부터 뮤직비디오 감독으로 활동을 시작하였다. 그의 뮤직비디오는 한 편의 짧은 드라마 같은 이야기를 보여주는 것으로 주목을 받았는데, TV 드라마로는 지방 방송인 간사이 TV에 출품한 「본 적이 없는 내 아이」(1991)로 호평을 받았다. 전국 방송인 후지 TV에 발표한 단편 드라마 「불꽃놀이, 아래에서 볼까, 옆에서 볼까?」(1993)로 그는 일본감독연맹으로부터 신인감독상을 받았는데, 영화가 아닌 드라마로 이 상을 받은 것은 이례적이다. 이후에도 그는 단편 드라마로 계속적인 성공을 거두었다.

영화감독으로 데뷔한 것은 동료감독들과 공동으로 만든 『언두』(Undo, 1994)였지만, 단독으로 영화를 감독한 것은 『러브레터』가 최초이다. 그 전에 그는 이 영화의 이야기를 소설로 월간잡지『카도가와』에 연재하기도 했다. 자신의 각본과 감독으로 처음으로 만든『러브레터』로 큰 성공을 거둔 슈운지는 그 성공에 힘입어 그 이전의 작품들을 새로 개봉하기도 하였다.

데뷔 이후 그는 다양한 작품세계를 보여주었다. 정신병원에 갇힌 아이가 피크닉 삼아 나가는 병원 탈출기인『피크닉』(*Picnic*, 1996), 일본의 화폐인 엔화의 위조와 관련한 폭력살인 드라마인『스왈로우테일 버터플라이』(*Swallowtail Butterfly*, 1996), 짝사랑하는 선배를 쫓아 도시로 진학한 소녀의 사랑이야기인『4월 이야기』(*April Story*, 1998), 노래하는 새와 호흡곤란을 겪는 소년의 이야기인『릴리 슈슈의 모든 것』(*All About Lily Chou Chou*, 2001), 일곱 사람의 감독이 각각 전개하는 여러 이야기인  『잼 필름즈』(*Jam Films*, 2002) 중에서 어려서부터 모든 종이 위에 '아리타'라는 캐릭터를 습관적으로 그리기 시작한 여학생의 성장기인「아리타」(*Arita*) 등이 있다.

그의 작품들은 다양성을 그 특징으로 한다. 그 다양성이란 작품이 발표되는 매체의 다양성이자, 작품의 소재와 주제의 다양성이고, 작품의 동기의 다양성이다. 그의 작품은 뮤직비디오, TV 드라마, 영화, CF 등에 걸쳐 있다. 이 모두가 그의 활동영역이다. 하지만 그의 작품의 소재와 주제들 또한 그의 작품 소개에서 얼핏 엿볼 수 있는 것처럼 매체만큼이나 다양하다. 특히 재미있는 것은 그의 작품들 중에 작가가 아닌 타자의 요청에 의한 작품들이, 예컨대 주제나 소재가 이미 정해진 시리즈물 등에 출품된 작품들이, 마치 작가의 고유한 작품인 양 거부감 없이 나열되고 있다는 사실이다. 이를 보면 그가 자신에게 주어지는 요구들을 잘 수용하면서 또 나름대로 자신의 아이디어를 잘 살려내는 상당히 융통성 있는 작가라는 점을 또한 알 수 있다.

이러한 다양성에도 불구하고 그의 작품들은 소위 이와이 미학이라는 그 나름의 통일적인 모습을 또한 보여주고 있다. 사람들은 그의 미학이 텍스트적이라기보다는 영상적이라고 이야기한다. 그것도 맞는 말이다. 예컨대 『4월 이야기』와 같은 경우 텍스트는 거의 역

할을 못하고 있다. 그러나 영상과 마찬가지로 그의 미학을 구성하고 있는 것은 왜소하면서도 따뜻한 인간에 대한 향수이다. 그가 명시적으로 드러내지는 않는다고 하더라도 그의 작품세계를 관통하는 미학은 인간의 인간에 대한 그리움이라 보인다. 『4월 이야기』는 영상으로 승부하기는 하지만 그곳에 그리움이 없다면 그 승부는 진검승부가 될 수 없다.

『러브레터』가 큰 성공을 거둔 것도 바로 이런 점에 그 이유가 있었다. 니콜이 『가타카』에서 보여준 아름다운 영상과는 또 다른 종류의 아름다움을 보여주는 『러브레터』의 영상도 슈운지의 큰 장점이기는 하다. 하지만 『러브레터』에서 펼쳐지는 평범한 사람들의 따뜻한 마음이 영상과 어우러지면서 작품의 작품성을 드높이고 있다. 아마 문화를 달리하는 사람으로서는 결코 만들 수도 또 충분히 이해할 수도 없는 작품성이 슈운지의 매력일 것이다.2) 이러한 매력

---

2) 슈운지의 영화가 한국에서처럼 미국에서 충분한 평가를 받지 못하는 이유가 바로 여기에 있다. 그의 영화는 동양문화의 한 부분인 일본문화에서 길

으로 풀어나가는 기억과 망각으로부터의 자유를 향한 여정을 따라가 보자.

3. 영화 『러브레터』

1) 추도식과 졸업앨범

후지이 이츠키(藤正樹)가 죽은 지 2년. 그의 약혼녀 와타나베 히로코(渡邊博子)는 여전히 연인을 잊지 못하고 있다. 겨울 산에서 조난을 당해 숨진 자신의 약혼자 이츠키가 차가운 눈 속에서 생명의 불이 꺼져가며 느꼈을 심정을 알고 싶은지, 히로코는 눈 속에 파묻혀 가만히 숨을 참고 있다가 일어서면서 영화는 시작된다.

추모식에서 연인의 어머니를 만나 함께 집으로 간 히로코는 이츠키의 중학교 졸업 앨범에서 옛 주소를 발견한다. 그 집이 사라지고 국도가 되었다는 이야기를 들은 히로코는 그 주소로, 연인의 안부를 묻는 편지를 띄운다. 그런데 사실 졸업앨범에서  적은 주소는 남자 이츠키의 주소가 아니라 동명이인인 여자 이츠키의 주소였다. 난데없이 편지를 받은 여자 이츠키는 감기기운이 좀 있지만 잘 있다는 답장을 보내는데, 곧이어 감기약을 동봉한 감기 빨리 나으라는 편지를 다시 받게 된다.

어 올려진 것이기 때문에 서양문화권에서는 충분히 이해될 수 없는 어떤 요소를 가지고 있다.

2) 아키바와 히로코

히로코는 자신이 보낸 편지의 답장을 가지고 아키바를 찾아간다. 아키바는 유리공예가로서 히로코를 이츠키에 소개한 사람이자 조난사고 때 조난팀의 리더를 맡았던 사람이고 지금은 히로코에게 이츠키를 잊고 자신과 결혼하자고 청하는 사람이다. 그녀는 자신이 기일을 맞이하여 천국에 편지를 보냈는데 믿기 어렵게도 답장이 왔다고 그에게 의논을 한다. 이렇게 이츠키를 못 잊어하는 히로코에게 아키바는 이미 이 세상 사람이 아닌 이츠키가 저승으로 편히 갈 수 있도록 자유롭게 해주고 너도 자유로워지라고 충고한다.

히로코가 편지에서 벚꽃 이야기를 하자 벚꽃과 죽음을 연상한 여자 이츠키는 불길한 예감에 히로코에게 정체를 밝히라는 편지를 보낸다. 이 편지를 읽은 히로코와 아키바는 죽은 이츠키와 편지가 오가는 그러한 상황을 합리적으로 설명하려고 애를 쓰지만 스스로에게 충분히 설명을 할 수가 없다. 히로코는 죽은 이츠키가 편지를 쓰고 있다고 꿈을 꾸거나 믿고 싶어한다. 이에 아키바는 여자 이츠키에게 오히려 정체를 밝히라는 편지를 보낸다. 이츠키는 운전면허증 사본을 동봉한 편지에 이제 편지를 그만 보내라고 요구한다. 편지를 받고서 아키바와 히로코는 이름이 같은 여자 이츠키가 있었다는 사실을 알게 된다.

3) 오타루에서

오타루에 살고 있는 아키바의 친구가 유리공예품 전시를 하게

되어 아키바는 히로코에게 오타루에 가서 여자 이츠키를 만나보자고 제안한다. 이러한 제안에 따라 오타루를 방문한 히로코와 아키바는 길이 되어 버린 남자 이츠키의 집도 방문하고 편지를 보내온 여자 이츠키의 집도 방문한다. 마침 외출한 여자 이츠키를 기다리다가 히로코는 자기가 편지를 보낸 이츠키는 남자 이츠키이며 자신의 연인인데 지금은 행방불명되었다는 편지를 남기고 돌아온다. 떠나는 길에 여자 이츠키로 짐작되는 사람을 만난다.

여자 이츠키는 감기가 들락날락하며 계속 앓고 있다. 어머니는 전원주택을 떠나 맨션으로 이사를 가고 싶어하고 이사 갈 집을 고모부와 보러 간다. 가는 길에 병원에 간 여자 이츠키는 비몽사몽간에 아버지가 폐렴으로 죽기 전에 병원에 실려 오는 모습과 남자 이츠키와 개학식 날 선생님의 호명에 같이 대답을 하던 장면을 보게 된다. 집으로 돌아와 히로코의 편지를 읽은 여자 이츠키는 히로코가 편지를 보낸 사람이 아마 자기의 동명이인 동기동창일 것이라고 답장을 보낸다. 한편 이사 가기로 결심한 어머니는 반대하는 할아버지를 설득하여 어쩔 수 없는 동의를 얻어낸다.

4) 들춰지는 추억들

전후사정을 파악한 히로코는 남자 이츠키가 자신이 여자 이츠키를 닮았다는 이유로 자신에게 첫눈에 반했다면 용서할 수 없다는 이야기를 남자 이츠키의 어머니에게 한다. 어머니는 여인이 소녀에게 질투할 수 있느냐고 나무란다.

히로코는 여자 이츠키와 편지를 주고받으면서 여러 추억을 나누어주기를 요청한다. 이츠키는 동명이인과 중학 3년을 같이 지낸 것이 고통이었다고 설명하면서, 놀림을 받은 이야기, 도서부에서 같이 일할 때 그가 아무도 안 읽는 책만 빌린 이야기, 기말고사 시험지가 바뀐 이야기, 사나에라는 여자 친구가 남자 이츠키를 좋아했던 이야기, 자전거를 타고 가는데 봉투를 씌운 이야기, 교통사고를 당하고서 육상시합에 출전했던 이야기 등을 들려준다.

이러한 이야기를 들은 히로코는 그 학교의 운동장 사진을 여자 이츠키에게 부탁하게 되는데, 사진을 찍으러 간 여자 이츠키는 깨끗한 대출카드에 후지이 이츠키라는 이름만 적혀 있는 대출카드 찾기 놀이를 후배들이 즐기고 있으며 그들이 자신을 연모한 어떤 남자친구가 그렇게 적어놓았다고 오해하고 있음을 알게 된다. 그리고 그 동명이인이 2년 전 산악사고로 죽었다는 이야기도 듣게 된다.

5) 산과 병원

히로코를 자유롭게 해주고 싶은 아키바는 히로코에게 사고가 났던 산을 방문하자고 제안한다. 히로코는 내키지 않는 걸음으로 사고 현장으로 가서, 당시 같은 등반대원이었던 불아범네 집에 머무르며 자신이 좋은 추억을 가지고 있지만 아직도 이츠키에게 투정을 부리고 있다고 털어놓는다.

다음 날 아침 산을 바라보며 아키바는 히로코가 이츠키를 놓아 보내도록 유도하고, 히로코는 이츠키의 안부를 물으며 절규한다.

여자 이츠키는 아버지 장례식에서 돌아오는 길에 죽은 잠자리를 보며 아버지의 죽음을 실감했던 기억을 되살리지만 집에 돌아와 고열로 쓰러지게 된다. 마침 일기가 나빠져 그녀의 아버지가 죽던 날과 비슷한 상황에 처하게 되는데, 1시간 후에 도착한다는 구급차를 기다릴 것인지 아니면 업고 병원으로 달려갈 것인지 양자택일의 상황에 빠지게 된다. 할아버지는 어머니에게 자신의 고집이 아버지를 죽인 것이 아니라는 것을 깨우쳐주고 그녀를 업고 병원으로 달려가 그녀를 살려낸다. 어머니는 할아버지의 마음을 헤아려 이사를 포기한다.

영화는 히로코와 이츠키의 산과 병원에서의 경험을 서로 교차시켜 화면을 구성함으로써 히로코가 남자 이츠키에게 안부를 묻는 내용을 여자 이츠키가 고열에서 회복되면서 되뇌도록 하고 있다.

6) 잃어버린 시간을 찾아서

병원에서 퇴원한 이츠키는 운동장 사진을 부탁한 편지에 답장을 쓰면서 아버지 장례식 후에 남자 이츠키가 『잃어버린 시간을 찾아서』라는 책을 반납해 달라고 부탁하러 왔었는데 알고 보니 갑자기 전학을 가게 되어서 자신에게 부탁한 것이었다는 이야기를 끝으로 자신이 기억하는 모든 것을 이야기했노라고 편지를 맺는다.

산에서 돌아온 히로코는 여자 이츠키가 보낸 편지들을 모두 돌려보내며 당신의 추억은 당신에게 속하는 것이므로 당신께 돌려드리는 것이 마땅하겠다는 편지를 보낸다. 그러면서 추신으로 도서카드에 적힌 이름은 남자 이츠키의 이름이 아니라 여자 이츠키의 이름 같다고 자신의 생각을 전한다. 동명이인이 있었다는 이야기를 전해들은 할아버지는 이츠키가 태어났을 때 이츠키 나무도 심었다는 비밀을 알려준다.

그때 도서관 후배들이 『잃어버린 시간들을 찾아서』라는 책을 들고 이츠키를 찾아온다. 그들은 그들이 발견한 것을 이츠키에게 보여주는데, 그것은 도서카드 뒷면에 그려진 그림, 즉 남자 이츠키가 그린 여자 이츠키의 초상화였다. 마침 호주머니가 없는 옷을 입은 이츠키는 그것을 숨기려다 다시 책에 꽂는다.

4. 안녕에서 안녕으로

1) 히로코의 이츠키

도쿄 출신인 히로코에게 코베 생활은 그가 전부였다. 그와 지낸 나날들, 언제나 함께 했던 날들, … 그리고 영원히 그가 없는 나날. 그를 산에서 잃고 코베에 살 이유가 없어졌을 때도 히로코는 도쿄에 돌아가려고 하지 않았다. 돌아오라고 하는 집의 권고에 대해서도 어물쩍 어물쩍 말끝을 흐리면서 독신생활을 그만두지 않았다. 하지만 그러는 중에도 히로코는 분명한 자신의 의지를 알고 있는 것도 아니었다. 정신을 차리고 보면 아직 여기에 있네, 그러한 실감에 스스로 흠칫 놀란 적이 종종 있었

다. 그리고 변함 없이, 매일 오로지 회사와 맨션을 왕복할 뿐이었다.3)4)

  슈운지가 쓴 소설 『러브레터』의 한 부분이다. 히로코의 삶은 과거의 기억이 사로잡은 삶이다. 마치 한때 부유하게 살았던 사람이 가난하게 되어 가난한 삶의 방식을 타박하며 예전의 부유한 삶의 방식을 고수하려고 하는 것처럼, 히로코는 이츠키가 죽은 다음 그가 영원히 없는 나날을 살아가면서도 이츠키와의 기억에 사로잡혀서 그와의 삶을 고집하며 살고 있다. 이런 경우 사람들이 하게 되는 충고를 아키바는 한다. "이제 그만 후지이를 자유롭게 해줘, 너도 자유로워지고."

  회자정리(會者定離) 즉 만난 자는 헤어지게 마련이지만 우리는 살아가면서 수많은 이별을 경험해야 한다. 어머니의 자궁과 이별해야 하고, 전학 가는 친구들과 이별해야 하고, 첫사랑과 헤어져야 하고, 친구들을 군대에 보내야 하며, 사랑보다 현실을 쫓아 연인과 헤어져야 하고, 다 큰 자식들을 짝지어 떠나보내야 하며, 또 부모님을 떠나보내야 하고, 결국 남편을 아내를 떠나보내야 한다. 그리고 궁극적으론 나도 떠나야 한다. 헤어지기 위해 만난다는 말이 설득력을 가질 만하다.

---

3) 국내에도 슈운지의 『러브레터』에 대한 극성팬들이 있어 인터넷에는 많은 관련 홈페이지가 있고 홈페이지에는 많은 자료들이 또 게시되고 있다.
4) 슈운지의 영화가 텍스트가 아니라 영상으로 승부하는 영화이기 때문에 이 책처럼 텍스트로 영화를 다룰 경우에는 소설로 된 『러브레터』가 더 유용할 수밖에 없다. 그래서 이 장에서는 시나리오가 아니라 소설을 인용한다.

하지만 오늘날 만남과 헤어짐이라는 이런 존재론적인 문제는 어떤 의미에서 다 잊혀진 고전적인 주제가 되고 말았다. 이제는 더 이상 제대로 된 만남이 없고 따라서 제대로 된 헤어짐도 없기 때문이다. 만남이 만남이 아니니 헤어짐이 헤어짐이 될 수가 없다. 회사와 맨션을 오가는 삶에는 만남도 없고 헤어짐도 없다. 영화가 우리에게 되돌려주고 있는 것은 오늘날 보기 힘든 희귀종 히로코이다. 그러므로 히로코는 영화의 설정 자체만으로도 관객의 사랑을 받도록 되어 있다.

여하튼 히로코의 자유는 단순한 충고에 의해서 얻어지는 것이 아니라 타자의 기울에 자신을 비춰봄으로써 얻어진다. 그 거울은 이츠키, 여자 이츠키이다. 기억에 사로잡  혀 사는 히로코가 천국으로 보낸 편지는 이츠키에게 배달되고 이츠키로부터 남자 이츠키에 대한 이야기를 들으면서 히로코 는 이츠키의 후배들이 짐작했던 것처럼 중학생 남자 이츠키가 여자 이츠키를 사랑했다는 것을 알게 된다. 그리고 남자 이츠키가 시간 속에서 여자 이츠키를 영원히 떠났음을 알게 된다.

인간이란 욕심이 끝이 없는 존재이다. "좋은 추억이 가득해. 그런데도 아직 아쉬운 게 많아. 난 죽은 사람까지 붙들고 막 투정부리는 여자인가 봐." 하지만 자신이 그렇게 욕심이 끝이 없는 존재라고 스스로를 비난하고 나면, 그러한 말을 입에 올리고 나면, 그러한 욕심에서부터 벗어날 수도 있는 것이 또한 인간이다. 왜냐하면 **인간은 초월적인 존재**이기 때문이다. 그러므로 히로코는 단순하

면서도 뜻 깊은 대사 "잘 지내고 있나요? 전 잘 지내요"를 부르짖
으며 이츠키를 보낸다.

헤어졌지만 아직 헤어지지 못한 사람에게 우리가 바라는 것은
그 사람이 잘 지내는 것이다. 우리는 자신이 비록 그 사람의 곁에
있지는 못하지만 그 사람이 잘 지내기를 바란다. 영어권의 사람들
이 헤어질 때 사용하는 말 'Good Bye'의 원래 뜻은 'God be with
you'라고 한다. "나는 비록 너와 함께 있지 못하지만 내 대신 하느
님이 너와 함께 있기를"이라는 뜻이다.5) 하느님은 무소부재(無所不
在) 즉 있지 않는 곳이 없는 분이고, 그래서 우리가 걱정하는 그
사람과 함께 있을 수 있는 분이니, 그 사람을 걱정하는 우리는 그
분에게 매달릴 수밖에 없다. 그 사람을 잘 돌봐주기를. 우리가 더
이상 하느님을 찾지 않는 까닭이 우리가 더 이상 다른 사람을 만나
지도 헤어지지도 않아서인지도 모른다.

2) 이츠키의 이츠키

> 난 감동하고 있었다. 뭐라고 말해야 좋을지 설명하는 것이 어
> 렵기는 하지만 강한 감동을 느끼고 있었다. 고작 도서 대출카드
> 이지만 그 애가 써넣은 이름이 10년이나 이곳에 그대로의 모습
> 으로 남아 있다는 것이 기적처럼 생각되었다.6) … "그 사람,

---

5) 루카스(George Lucas)의 『스타워즈』(*Star Wars*, 1977)에서는 "기가 너와
   함께 하기를"이라는 인사말을 사용하고 있는데, 이는 '하느님'이라는 표현
   을 '기'로 대체한 것이다.
6) 요즈음은 도서관 관리가 전산으로 처리되기 때문에 더 이상 대출카드는 사
   용되지 않는다. 이제는 각 도서관에는 그 시절의 추억으로 옛날 책들을 장

선배님을 무지 좋아했나 봐요?"
"응?" "그러니깐 이렇게 많이 선
배님의 이름을 써놓았잖아요."
또다시 학생들은 난리법석을 떨
었다. 모두 탄성을 지르며 소란

을 떠는 것은 상관하지 않았지만 그 와중에 "사랑이야기다!" 같
은 말이 들리는 건 듣고 흘려버릴 수가 없었다.

이츠키는 시립도서관에서 일하는 사서이다. 그녀에게 이츠키는
잊혀진 인물이다. 히로코가 그녀의 기억을 들춰내기 전까지 이츠키
는 망각의 인물이었다. 또 히로코의 요청에 의해서 그녀의 기억을
되살려 내었을 당시만 하더라도 그녀의 기억은 악몽으로 가득 차
있었다. 그녀의 기억 속에서 이츠키는 이름이 같았기에 거북한 놈

이었고, 비록 놀림을 같이 당하는 동지애
는 있었지만, 아무도 안 보는 책을 찾아내
대출카드에 자기 이름이나 적는 웃기는
놈이었으며, 남의 답안지에 외설스런 그림
이나 그리는 저질이었고, 자전거를 타고
가는 자신에게 봉투를 뒤집어 씌어 당황하게 하는 장난꾸러기였다.
부러진 다리로 단거리 경주에 참여하는 괴짜! 그리고 전학을 가서
기억 속에서 지워진 인물이었다.

하지만 기억을 되살리면서 이츠키가 점차로 느끼게 된 것은 거
북하고 한심한 놈이기는 했지만 싫은 놈은 아니었다는 사실이었다.
적어도 같이 놀림을 당한다는 동지애도 있었고, 다른 사람들이 서

식하고 있을 뿐이다.

로 좋아한다고 먼저 놀려대었기 때문에 좋아할 엄두를 내지는 못하였지만, 이해할 수 없는 행동을 하는 흥미로운 놈이었으니까.

우리의 기억 속에는 이렇게 지워진 친구가 없을까? 딱히 마음에 두고 있지는 않았지만 싫지 않았던 기억으로 되살아나는 친구가 없을까? 그 친구가 이츠키같이 내 이름을 자기의 일기장에 적어두지 않았을까? 아니면 내 책에 내 이름을 적어주지 않았던가? 그런 친구가 왜 꼭 기억 속에서만 있어야 하겠는가? 지금 내 주변에 이렇게 맴도는 친구가 있는 것이 아닐까? 나를 향해 마음을 보내는 친구가 꼭 이성이어야 할 필요가 있는가? 오랫만에 전화를 걸어온 친구의 따뜻한 마음을 내가 귀찮아하고 있는 것은 아닌가?

가게 아저씨의 정말 따뜻한 미소를 나는 장사꾼의 음흉한 미소로 치부해 버리고 있는 것은 아닌가? 겨울철의 포근한 날씨로 내게 미소짓고 있는 하느님의 따사로운 얼굴에 고개를 돌리고 있는 것은 아닌가? **우리는 감동을 잃고 산다.** 우리의 가슴은 너무 메말라서 남의 마음에서 불어오는 훈풍을 결코 느낄 수 없다. 우리는 따스한 바람을 느껴본 적이 너무도 오래되어 따스한 바람 자체를 잊어버렸다.

이츠키는 히로코가 그러했던 것처럼 타자인 히로코를 통해 남자 이츠키를 비추어보면서 드디어 자신을 사랑했던, 자신도 사랑했을지 모르는 이츠키를 발견하게 된다. 『잃어버린 시간을 찾아서』라는 책의 뒤표지에 꽂혀 있던 도서 대출카드의 '후지이 이츠키'라는 낯익은 글씨와 그 글씨 뒷면에 그려진 자신의 초상화를 발견하는 순간, 그녀는 이츠키의 따뜻한 마음을 망각의 감옥으로부터 해방시키게 된다. 그때 자신이 그렇게 따사로운 햇볕을 받고 있었다는 것을 기억해 내었던 것이다.

이런 의미로 우리는 기억상실증 환자이다. 세상의 부부들은 상대방이 이츠키나 히로코와 같은 연인이었음을 잊고 산다. 그렇지 않고서야 어떻게 그렇게 많은 갈등과 심지어는 이혼까지 있을 리가 있겠는가? 만약 이츠키나 히로코 같은 연인을 가진 적이 없는 특별한 사람이라고 할지라도 배꼽을 가지고 있는 사람이라면 적어도 어머니, 우리의 영원한 고향 어머니를 우리는 잊고 산다. 우리의 망각능력은 기억하기 싫은 기억도 지우지만 기억하고픈 기억도 지우는 무차별적인 지우개이다. 우리는 망각으로부터 자유로워지지 않으면 안 된다.

3) 잃어버린 시간을 찾아서

『잃어버린 시간을 찾아서』[7]는 프랑스의 작가 프루스트(Marcel Proust, 1871~1922)가 1913년에서 1927년에 걸쳐 간행한 7편 16권[8]의 방대한 소설이다. 프랑스 프로이센 전쟁이 일어난 1870년에서 제1차 세계대전에 이르기까지의 프랑스를 배경으로 한 작품

---

7) 프루스트 지음/김창석 옮김, 『한권으로 읽는 잃어버린 시간을 찾아서』(서울: 국일미디어, 2001).
8) 권수는 판에 따라서 다양하다. 우리나라의 번역본은 7편 11권으로 되어 있다.

으로서 이 시대의 부르주아의 풍속사인 동시에, 화자의 기억을 통해 탐색된 인간의 심층심리학이라고 일컬어지고 있다.

이 소설 속에서 프루스트는 부르주아의 온갖 화려한 삶도 어차피 시간이 갖는 파괴력 앞에 허무하게 무너져버리는 것이며, 인생은 결국 '잃어버린 시간'에 불과하다고 지적하고 있다. 하지만 그는 과거는 풍화하여 잊혀져버리고 마는 것이 아니라 무의식의 세계에 침전하여 사소한 감각적 경험을 계기로 되살아난다는 것을 또한 지적하면서, 예술은 그러한 초시간적 감각을 고정시킴으로써 영원과 접촉하는 통로라고 주장하고 있다.

프루스트에게는 예술이 영원에로의 통로로 인식되었지만, 이츠키의 할아버지에게는 이츠키 나무가 그러한 **영원에로의 통로** 역할을 한다. 손녀가 태어났을 때 심은 나무에는 젖먹이가 소녀가 되고 숙녀가 되는 생의 역사가 즐거운 기억과 함께 각인되어 있기 때문에 할아버지는 그 나무를 볼 때마다 그 행복한 순간들을 되살릴 수 있다. 나무는 노인의 망각을 가로막고 있다. 하지만 따지고 보면 어찌 그 나무만이 그러한 기억을 담고 있겠는가? 전원주택의 모서리 모서리마다 쌉쌀한 기억들이 모두 담겨 있을 것이다.

이런 까닭에 어머니는 살기가 편한 맨션으로 이사하기를 원하지만, 할아버지는 전원주택을 떠나고 싶지 않다. 이사를 가게 된다면 할아버지의 기억은 풍화되어 더 이상 부활이 불가능할 것이기 때문이다. 그렇게 된다면 할아버지의 인생은 잃어버린 시간이 되고 말 것이기 때문이다. 시아버지 때문에 남편을 잃었다고 생각했던

이츠키의 어머니는 시아버지가 딸의 생명을 구하는 것을 보고 자신
이 오해하였음을 깨닫는다. 그리하여 다시 시아버지를 바라보면서
그녀는 그의 소원을 존중하여 이사를 포기한다. 이렇게 함으로써
그녀도 그녀의 삶을 망각으로부터 지켜낸다.

우리는 우리의 삶을 망각으로부터 지켜줄 통로를 얼마만큼이나
확보하고 있는가? 새로운 것과 젊은 것이 값있게 된 오늘날 우리의
삶은 몽땅 시간의 밥이다. 우리는 우리의 삶을 시간의 풍화로부터
지켜줄 그 어떤 것도 제대로 간직하고 있지 못하다. 이츠키처럼 바
뀌었던 중학교 때의 답안지를 가지고 있는 사람이 과연 얼마나 있
을까? 추억의 손때가 묻은 물건들은 이미 쓰레기통으로 보내졌으
며, 태어나고 성장하며 죽었던 그 공간들은 리모델링으로 추억의
흔적을 깨끗이 지워버렸다. 우리의 기억은 하얀색 페인트칠 그대로
공백이며, 우리의 잃어버린 시간은 돌아올 길을 완전히 상실했다.

개인의 역사가 그러하니 민족의 역사도 또한 그러하다. 삼일독립
선언문을 기초한 육당 최남선(1890~1957)의 우이동 고택, 단편소

설 『빈처』로 유명한 빙허 현진건(1900~1943)의
부암동 고택이 포크레인으로 사라진 후 비로소 서
울시는 「국화 옆에서」라는 시로 유명한 미당 서정
주(1915~2000)의 남현동 봉산산방을 매입했다고
한다. 대구시는 「빼앗긴 들에도 봄은 오는가?」라
는 시로 유명한 이상화 시인(1901~1943)의 고택을 소방도로로 만
들 계획을 세웠다가 저항에 부딪히고 있다고 한다.

우리는 과거 어느 때보다 다양한 기억술을 가지고 있다. 사진이
있고, 녹음기가 있고, 캠코더가 있고, 이제는 디지털카메라에 디지

털캠코더까지 없는 것이 없다. 이러한 기억의 기술들이 잃어버린 시간을 찾는 데에 도움이 될 것인지 방해가 될 것인지, 아직 확실하지 않다. 기술이 일반적으로 그러하듯이 어떻게 사용하는가에 달려 있는 부분도 있을 것이지만 그러한 기술들이 대개 시간의 겉만을 포획하는 기술이기 때문에 오히려 방해가 되지 않을까 두렵다.

여하튼 우리가 기억과 망각에 사로잡혀 있는 한, 우리는 기억에 안녕을 묻거나 낯익은 얼굴에 낯설게 안녕을 묻게 된다. 자신이 기억에 사로잡혀 있음을 고백할 때나 세심한 관찰력으로 망각의 장막을 걷어낼 때, 우리는 '하느님이 함께 하기를' 하면서 안녕을 고할 수 있고 낯익은 얼굴에 담뿍 미소를 머금고 안녕하며 열렬히 손을 흔들어댈 수 있게 된다. 같은 안녕이지만 앞의 '안녕'과 뒤의 '안녕'은 그 의미가 다른 것이다. 앞의 안녕은 잃어버린 시간 속의 안녕이지만, 뒤의 안녕은 잃어버린 시간을 회복한 다음의 안녕이기 때문이다.

5. 제망매가

현대 일본에 슈운지의 『러브레터』가 있다면 고대 신라에는 월명사(月明師)의 「제망매가」(祭亡妹歌)[9]가 있다. 월명사라는 이름은 그가 피리를 잘 불어 그 가락을 들으려고 달이 멈춰 섰다고 해서 얻은 이름인데, 서기 790년 경주에 해가 둘이 나타나는 변괴가 생

9) 『삼국유사』, 제5권.

기자 도솔가(兜率歌)를 불러 그 변괴를 없앴다고 전한다. 그가 일찍 죽은 누이를 위해 재를 올리며 향가를 지어 부르자 지전(紙錢) 곧 제사지낼 때 사용하는 종이돈이 서쪽으로 날아갔다는 전설이 있는데, 이 노래가 곧 제망매가이다.

삶과 죽음의 길이
여기에 있음에 두렵고
나는 간다고 말도
못 다 이르고 갔는가.
어느 가을 이른 바람에
이에 저에 떨어지는 나뭇잎처럼
같은 나뭇가지에 나고서도
가는 곳 모르겠구나.
아으 미타찰에서 만나 볼 나는
도를 닦으며 기다리련다.

이 노래의 뜻을 조금 더 풀어보면 아마 다음과 같이 읽을 수 있을 것이다. "우리가 사는 이 세상에는 삶과 죽음이 따로 있어 만나는 자마다 헤어져야 하니, 사랑하는 사람과 헤어질까 두려워하지 않을 수 없구나. 내 누이가 '나는 가니 너는 잘 있어라'는 인사도 하지 못하고 간 것을 보니, 죽음의 길은 너무도 서둘러 떠나는 인정사정 없는 그런 길인가 보다. 예측할 수 없는 죽음이 창졸간에 다가오니, 누이와 나는 이 세상에서는 한 부모 아래 태어나 피붙이로 가까이 지냈건만 누이가 어디로 갔는지도 알지 못하겠구나. 하지만 죽음은 우리 모두가 가야할 길, 나도 그곳으로 갈 것이니, 가기까지 잘 준비하여 만남의 기쁨을 누리리."

히로코는 편지를 쓰고 월명사는 노래를 한
다. 히로코는 잘 지내고 있냐고 묻지만, 월명사
는 만날 날을 기다린다. 히로코는 이츠키가 이
츠키를 떠났음을 보고서 비로소 떠나보내지만,
월명사는 향을 피우고 제사를 올리고 지전을
태울 때 이미 누이를 떠나보낸다. 2년이 지난 추모식에서 향을 피
우며 기도를 올리면서도 여전히 붙잡고 있는 히로코와 비교할 때
월명사는 너무도 쉽게 누이를 떠나보낸다.

노래의 가사말을 보면 히로코와 마찬가지로 수도자인 월명사조
차도 죽음에 대하여 아연실색한다. 막상 누이의 죽음을 당하니 회
자정리라는 말이 과연 헛되지 않았음을 실감한다. 하지만 죽음을
당하여 더욱 허무한 것은 죽음의 매몰참 때문이다. 죽음은 생각지
도 않은 때에 느닷없이 달려와서 사랑하는 이와 이별의 말도 나누
지 못하게 망설임 없이 낚아채 가버린다. 그러니 그 막막함이나 무
력감은 이루 헤아릴 수가 없다.

하지만 월명사는 **믿는다**. 미타찰에서 **누이를 만날 것**을. 월명사
는 제사를 지내며 누이를 기리고 있기 때문에 망각은 월명사에게서
누이를 지우지 못한다. 언젠가 미타찰에서 누이를 만날 것이라고
믿는 월명사는 누이를 붙잡고 있을 이유도 없다. 그러므로 월명사
는 누이를 쉽게 보내드리는 것이다. 만해 한용운(1879~1944)은
「님의 침묵」에서 님을 보내지 않았다고 이야기하고 있지만 이는
만날 것을 믿으며 기리며 기다린다는 뜻이지 히로코처럼 **놓으면 다
시는 만나지 못할까** 보내지 못하는 것이 아니다.

제망매가를 새롭게 노래한 한용운의 「님의 침묵」을 읽어보자.

님은 갔습니다. 아아 사랑하는 나의 님은 갔습니다. 푸른 산빛을 깨치고 단풍나무 숲을 향하여 난 적은 길을 걸어서 차마 떨치고 갔습니다. 황금의 꽃같이 굳고 빛나던 옛 맹서는 차디찬 티끌이 되어서, 한숨의 미풍에 날아갔습니다. 날카로운 첫 '키쓰'의 추억은 나의, 운명의 지침을 돌려놓고, 뒷걸음쳐서, 사라졌습니다. 나는 향기로운 님의 말소리에 귀먹고, 꽃다운 님의 얼굴에 눈멀었습니다. 사랑도 사람의 일이라, 만날 때에 미리 떠날 것을 염려하고 경계하지 아니한 것은 아니지만, 이별은 뜻밖의 일이 되고 놀란 가슴은 새로운 슬픔에 터집니다. 그러나 이별을 쓸데없는 눈물의 원천(源泉)을 만들고 마는 것은 스스로 사랑을 깨치는 것인 줄 아는 까닭에, 걷잡을 수 없는 슬픔의 힘을 옮겨서 새 희망의 정수박이에 들어부었습니다. 우리는 만날 때에 떠날 것을 염려하는 것과 같이, 떠날 때에 다시 만날 것을 믿습니다. 아아 님은 갔지마는 나는 님을 보내지 아니하였습니다. 제 곡조를 못 이기는 사랑의 노래는 님의 침묵을 휩싸고 돕니다.

생각거리

1. 영화에서 가장 영상적 효과가 좋다고 생각되는 세 곳을 선정하여, 그 선정의 이유를 설명해 보자.
2. 인간의 기억과 망각에 대한 다양한 설명들을 조사해 보자.
3. 히로코가 여자 중학생 이츠키를 질투하는 것이 이상하다는 이츠키 어머니의 견해에 대하여 스스로 판단해 보자.
4. 기억과 망각에 사로잡혔던 자신의 경험과 그 극복기를 이야기해 보자.
5. 「제망매가」와 「님의 침묵」의 상관관계를 분석해 보자.
6. 자신이 이 영화를 다시 만든다고 하면 어떻게 그 내용을 달리할 것인지를 적어보자.

읽을거리

프루스트 지음/김창석 옮김, 『한권으로 읽는 잃어버린 시간을 찾아서』 (서울: 국일미디어, 2001)
권택영, 『감각의 제국 ─ 라캉으로 영화 읽기』(서울: 민음사, 2001)
일연 지음/ 김원중 옮김, 『삼국유사』(서울: 을유문화사, 2002)

볼거리

슈운지, 『4월 이야기』(April Story, 1998)
슈운지, 『스왈로우테일 버터플라이』(Swallowtail Butterfly, 1996)
루카스(George Lucas), 『스타워즈』(Star Wars, 1977)

8장　기억으로부터의 자유

『집으로』

1. 퇴적으로부터의 자유

우리는 자신이 언제나 깨어 있다고 생각한다. 하지만 이러한 생각은 잘못된 것이다. 내가 아닌 다른 사람을 보면, 그 사람이 늘 깨어 있는 것은 아니라는 것을 쉽게 알 수 있다. 자고 있는 사람에게는 그 사람이 싫어하는 말을 해도 반응이 없으며, 설혹 반응이 있다고 해도 초점이 맞지 않는다. 만약 제대로 된 반응이 나온다면 그는 자고 있는 것이 아니다. 잠에서 막 깨어난 사람이나 술에 취한 사람도 이와 비슷하다.

그럼에도 불구하고 자신이 늘 깨어 있다고 생각하는 까닭은 우리

가 깨어 있을 때만 자신을 관찰하기 때문이다. 우리가 자신을 관찰한다는 것은 아주 특별한 일인데, 왜냐하면 관찰하는 의식과 관찰되는 의식이 같은 것이기 때문이다. 자의식이라고 부르는 이러한 자신에 대한 앎은 그 독특한 구조 때문에 우리에게 잘못된 생각 즉 자신의 의식이 늘 깨어 있다는 생각을 심어준다. 왜냐하면 의식은 오직 충분히 깨어 있을 때만 자신을 관찰하기 때문이다.

우리가 잠에서 막 깨어난 상태를 기억해 보면 그때는 자신이 어떤 의식 상태에 있는지 잘 모르고 있다는 것을 기억할 수 있다. 그때는 아직 덜 깬 상태에서 부분적으로 바깥 세계만을 바라보고 있을 뿐, 바깥 세계를 바라보고 있는 자신을 바라보고 있지는 않는다. 우리가 화를 낼 때도 상황은 비슷하다. 우리가 격한 감정에 사로잡혀 있을 때에는 그러한 격한 감정에 사로잡혀 있는 자신을 바라보지 않는다.[1]

우리가 자신을 바라보는 때는 잠에 취하거나 약에 취하거나 술에 취한 때가 아니다. 우리가 자신을 바라보는 때는 기쁨이나 슬픔, 분노나 적의에 사로잡혀 있을 때가 아니다. 우리가 자신을 바라보는 때는 적어도 그러한 것들로부터 자유로울 때이다. 그러므로 우리의 의식이 가을 하늘처럼 청명하고 깊은 계곡의 물처럼 투명할 때는  아니라고 하더라도 그에 가까운 상태에 있을 때만 우리는 보통 우리의 의식을 살핀다. 다시 말해 우리는 깨어 있을 때만 자신의 의식을 관찰한다. 그러므로 우리는 우리의 의식

1) 슈트라서(2002), pp.140~141.

이 늘 깨어 있다는 잘못된 생각을 가지게 된다.

그러나 사실은 어떤가? 우리는 우리의 삶의 대부분을 깨어 있지 못한 상태에서, 다시 말해 무엇에 사로잡힌 상태에서 살고 있다. 그렇기 때문에 자신이 무엇을 하는지, 자신이 정말 원하는 것이 무엇인지, 심지어 자신이 자신인지조차도 모르고 삶의 대부분을 살아 간다. 그 결과 우리 삶은 돌이켜보면 잘못된 일들로 가득 차게 된다. 진실로 자신의 삶을 살아가고 싶다면, 비록 의식의 구조상 언제나 깨어 있을 수는 없지만, 가능한 한 자주2) 깨어 있는 의식을 가지고 자신을 관찰하는 그러한 시간이 꼭 필요하다.

독일의 심리학자 프랭클(Viktor E. Frankle, 1905~1997)은 물리학의 원심력과 구심력이라는 개념을 이용하여, 인간의 여가를 중심인 자기 자신을 향하는 **구심적 여가**와 중심인 자신으로부터 바깥을 향하는 **원심적 여가**로 구분하였다.3) 타인의 삶이 아니라 자신의 삶을 살고자 한다면, 다른 것들에 사로잡혀 사는 삶이 아니라 자신이 원하는 삶을 살고자 한다면, 우리에게 필요한 여가는 무엇에 사로잡히는 원심적 여가가 아니라 자신을 돌아보는 구심적 여가이다.

하지만 우리가 못 보고 있는 자신은 이렇게 무엇에 사로잡힌 자신만이 아니다. 우리가 우리의 의식이 늘 깨어 있다고 잘못 생각하는 것처럼, 우리는 우리의 의식이 지금이나 예전이나 나중이나 똑같을 것이라고 또한 잘못 생각한다. 자신을 관찰해서는 이러한 생각이 잘못된 생각이라는 것을 또한 결코 발견할 수 없다. 왜냐하면

---

2) 공자의 제자 중 효행으로 유명한 증자는 하루에 세 번 반성했다고 전한다. 반성은 의식이 자신을 비판적으로 바라보는 방식이다.

3) 프랭클 지음/이봉우 옮김, 『의미에의 의지』(왜관: 분도출판사, 1980), p.100.

지금 아무리 생각에 생각을 거듭한다고 해도 **자신의 의식 내에서는 결코 다른 종류의 의식을 찾아낼 가능성이 없기 때문이다.** 그래서 우리는 우리의 의식이 태어나서 죽을 때까지 동일하다고 생각한다.

하지만 마찬가지로 다른 사람들을 쳐다보면 이러한 생각이 잘못된 것이라는 것을 우리는 너무나 쉽게 알 수 있다. 강보에 싸인 어린 아이나 초등학교 학생의 의식과 우리의 의식이 같을 수 없다. 나이를 이기지 못하여 쇠약해진 노인이나 치매라  는 병마에 사로잡혀 자신을 부분적으로 상실한 환자의 의식과 우리의 의식이 같을 수 없다. 자신을 바라봐서는 결코 알 수 없는 일이지만, 우리 자신의 의식도 어린이의 의식에서 어른의 의식으로, 그리고 늙은이의 의식으로 변화하여 간다. 우리는 이러한 의식의 변화도 보지 못한다. 왜냐하면 보는 의식과 보이는 의식이 또한 하나이기 때문이다.

이렇게 변화한다는 것도 중요한 사실이지만, 이러한 변화 중에 우리의 의식이 질적인 혁명을 겪게 되며, 이러한 혁명 때문에 이전 단계의 의식내용이 묻혀버린다는 것이 더 중요한 사실이다.

 어린 시절의 경험들이 '묻혀버렸다'라는 사실은 우리가 나이를 먹어 그러한 경험들로부터 벗어났다는 것을 의미한다. …

… 성숙한 의식이 태어나기 위해서는 아마도 '생산적인 해체'(productive disintegration)가 필요할 것이다. 만약 그러하다면 발달은 변화 없이는 불가능하고, 그렇다면 변화는 또한 구조의 변화를 의미한다. 어른으로서의

우리의 지각적 삶은 구조적으로 어린이의 지각적 삶과 다르다.[4]

앞장에서 우리가 망각으로부터의 자유를 이야기할 때 우리는 같은 구조의 의식을 전제하고 있었다. 하지만 그러한 망각보다 더 심원한 망각은 이렇게 구조를 달리하는 의식간의 망각이다. 우리가 하나의 자아 하나의 의식이기는 하지만, 그 자아 그 의식은 이전 단계의 자아 이전 단계의 의식이 가지고 있었던 기억을 망각하고 있다. 우리가 망각으로부터 자유롭고자 한다면, 이러한 망각으로부터도 또한 자유로워야 한다.

이제 이러한 망각으로부터 자유롭기 위해서 우리는 강물에 밀려온 토사처럼 시간에 밀려와 퇴적된 우리의 의식을 뚫고 고고학적 탐사에 나서지 않으면 안 된다. 하지만 이 작업은 어떤 의미에서는 불가능하다. 우리의 의식구조가 이미 달라졌기 때문이다. 퇴적으로 인하여 생긴 망각은 구조적으로 우리가 알아보기 힘든 영역에 있다. 이러한 어려움에도 불구하고 가능한 방법이 있다면 그것은 간접적인 방법이다. 그것은 그러한 과거들, 예컨대 어린 아이들을 관찰해 온 전문가들 소위 유아 심리학자나 아동 심리학자들에게 물어보는 것이다.

> 그는 전문적인 경험과학자들과의 대화를 나눌 수 있다. 왜냐하면 이러한 전문가들이 특정한 영역의 많은 다른 사람들에 의해 성취된 통찰들과 발견들을 비교하고, 비판적으로 거르고, 정돈하기 때문이다. … 그러므로 우리의 문제와 관련하여, 우리는

---

4) 슈트라서(2002), p.47.

전문적인 경험과학자, 좀더 자세히는 인간의 앎의 발달에 대하여 체계적으로 연구해 온 심리학자와 대화하는 데 망설일 이유가 없다.[5]

우리가 우리 자신을 제대로 보려고 한다면 무엇에 **사로잡히지 않는 자신을** 보는 것도 필요하지만, 우리가 **잊고 있는 자신을** 발굴하는 것도 필요하다. 자신을 제대로 보기 위해서는 원심적인 여가가 아니라 구심적인 여가가 필요하지만, 잊고 있는 자신을 제대로 보기 위해서는 자신의 과거를 관찰해 온 다른 사람과의 대화가 필요하다. 하지만 우리가 우리의 과거를 되찾기 위하여 반드시 유아 심리학자나 아동 심리학자와 대화할 필요는 없다. 우리는 한 편의 영화를 통해서도 우리의 잊혀진 자아를 재발견할 수도 있다.

2. 이정향

변화된 의식구조 때문에 우리가 직접적으로 접근할 수 없는 우리의 기억으로 우리를 인도하는 영화가 한국의 신예 여성 감독 이정향이 각본을 쓰고 감독을 한 『집으로』(2002)이다. 이런 의미에서 이 영화는 우리에게 아동 심리학자의 역할을 해주고 있는 셈이다.

이 영화의 감독인 이정향은 1964년에 태어나, 서강대학교 불어

---

5) 같은 책, pp.143~144.

불문과를 졸업하고 한국영화 아카데미를 4기로 수료했다. 뮤지컬과 단편영화, 다큐멘터리에 이어『오늘 여자』,『천재선언』,『비처럼 음악처럼』의 조감독을 거쳤다. 1998년『미술관 옆 동물원』으로 데뷔, 비평과 관객 양쪽 모두에서 대성공을 거두며 대종상, 청룡상, 영평상, 춘사영화제 등 그해의 신인감독상을 휩쓸었다.

『집으로』는 어느 여름기간 동안 산골에 홀로 사는 외할머니에게 맡겨진 서울 손자의 이야기이다. 말을 못하는 외할머니와 불편한 시골 생활에 심술궂게 굴던 어린 외손자는 외할머니의 무조건적이고 자기희생적인 사랑을 경험하고서 문화 차이와 세대 차이를 넘어서서 차츰 외할머니와 마음을 교류하게 된나는 향수 가득한 동화 같은 드라마이다. 그녀가 또한 각본과 감독을 맡은 데뷔작『미술관 옆 동물원』은 애인에게 버림받고 매사에 냉소적인 한 남자와 어떤 남자를 짝사랑하며 속앓이를 하는 한 여자의 이야기이다. 그들은 겉으로 보기에는 서로 친해질 것 같지 않은 그러한 상황에 처해 있지만, 우연한 계기로 가까이 지내게 되어 서로 마음을 주고받게 된다는 로맨틱 코믹 드라마이다.

그녀가 이 두 편의 영화로 보여주고 있는 것은 대립적인 두 극간의 대화이다. 남성과 여성, 할머니와 외손자 간의 대화가 그녀의 영화의 구도이다.

이정향 감독은 에피소드의 광맥을 캐어내는 자기만의 비법을 하나 갖고 있는 듯하다. 바로 이질적인 두 존재를 하나의 공간 안에 강제적으로 병치시키기라는 플롯 장치이다. 전작『미술관 옆 동물원』에서는 '미술관'의 느낌을 주는 여성(우아하고 지적이지만 어딘가 폐쇄적이고 까탈스럽다)과 '동물원'의 느낌을 주

는 남성(거칠지만 귀엽기도 하다)을 하나의 방 안에 밀어 넣었
고, 『집으로』는 첩첩산중을 벗어나본 적이 없는 칠순의 할머니
와 도회지물에 흠뻑 젖은 7살 소년을 오두막 안에 동거시켰다.
이질적인 것의 충돌은 당연히 많은 상황을 발생시킨다. 감독은
그것을 상상하고 관찰하면서 적절한 에피소드를 솜씨 좋게 건
어 올렸을 것이다.6)

이러한 이질적인 존재들 간의 대면은 많은 상황들만을 발생시킬
뿐만 아니라 서로가 가지지 못하는 영역들이 교통될 기회를 마련해
줌으로써 삶의 세계, 경험의 세계가 서로에게 확장될 수 있는 기회
를 또한 가져다준다. 『미술관 옆 동물원』에서 서
로간의 **사랑**이 그러한 확장의 결과였다면 『집으
로』에서는 서로간의 **염려**가 또한 그러한 확장의
결과이다. 하지만 영화를 보는 관객을 이러한 대립
구도 속에 집어넣어서 생각한다면, 『미술관 옆 동
물원』에서 관객은 남자와 여자 사이에 존재하는 영원한 **가소성**7)을
발견하게 되고, 『집으로』에서는 조상과 자손 사이에 존재하는 영원
한 **연결성**을 발견하게 된다. 이제 퇴적물 속에 묻혀버린 우리의 기
억을 찾아서 집으로 가보자.

---

6) 김소희, "『집으로...』의 감동, 그 인공성에 관하여", 『씨네 21』, 350호
   (2002. 5. 2)
   출전 http://www.cine21.co.kr/kisa/sec-002300301/2002/05/020502100701047.
   html
7) 고체가 외부에서 탄성 한계 이상의 힘을 받아 형태가 바뀐 뒤 그 힘이 없
   어져도 본래의 모양으로 돌아가지 않는 성질.

3. 영화 『집으로』

1) 외할머니 집으로

생활형편이 어려워져 혼자 기르고 있는 아이 상우를 벙어리 어머니께 맡기려 가는 상우 어머니는 마음이 복잡하다. 하지만 그런 어머니 손에 이끌려 외할머니 집으로 가는 상우는 외할머니가 무서운 사람일까 걱정이다. 기차에서 내려 바꾸어 탄 시골버스는 완전히 다른 세상이다. 시끄러운 사투리와 남을 개의치 않는 행동들, 몸과 몸은 닿더라도 사람과 사람 사이에는 거리를 두는 도시의 버스와는 전혀 다르다. 몸도 닿고 사람도 닿는다.

버스에서 내린 상우에게 불안이 엄습해 온다. 이제까지도 견디기 어려웠는데 앞으로 어떤 시련이 더 상우를 기다리고 있을지 걱정스럽다. 엄마와 손찌검과 발길질을 주고받으며 도착한 외할머니 집. 상우 어머니는 상우를 맡기러 온 사연을 외할머니에게 말씀드리고 두 달만 맡아줄 것을 부탁한 다음 그날로 다시 버스를 타고 돌아간다. 이제 상우는 할머니와 단 둘이 남게 되었다. 어머니를 떠나보낸 상우는 자신의 불안을 할머니에게 "벙어리 병신"이라고 욕하며 달랜다. 할머니는 '미안하다'고 수화로 답하고.

2) 갈등과 동화

포스터에 적혀 있는 대로 "개구쟁이 7살, 엄청 연상녀와 귀(?) 막힌 동거를 시작한다." 이 동거는 사사건건 대립적이다. 할머니는 외손자가 밥을 많이 먹기를 원하지만 외손자에게
밥이 아니라 돼지고기 통조림이 제격이다. 할머
니는 챙겨둔 시골 사탕을 외손자에게 찾아내 주
지만 외손자는 초콜릿을 먹으며 쳐다보지도 않는
다. 지루해진 상우는 텔레비전을 보려고 하지만
고장난 텔레비전은 소리만 울려댈 뿐 화면은 나오지도 않는다. 상
우는 포터블 게임기에 만족할 수밖에 없다. 할머니의 음료수는 물
이다. 상우의 음료수는 콜라이다. 먹고 나면 싸야 하는데, 재래식
화장실에 질겁한 상우는 요강에 걸터앉아 볼일을 본다.

엄마가 일 나간 사이 혼자 노는 데 이력이 난 상우는 할머니 집
에서도 혼자 노는 데는 별 문제가 없다. 허리가 90도로 굽은 할머

니는 물지게를 지고 물을 지러 나가고 상우는
큐빅스 로봇을 가지고 혼자 대사를 하며 논다.
지게를 진 시골아이 철이가 다가오지만 상우
는 이 침입자로부터 자신을 방어한다. 산촌의
단조로움 속에 상우는 마당에서 롤러스케이트를 타지만 바닥은 울
퉁불퉁 스케이트를 타는 재미가 없다. 상우는 마루와 방에서 롤러
스케이트를 타며 할머니의 청소거리를 만들어낸다.

외할머니가 자신을 위하기만 하는 사람이라는 것을 알아챈 상우
는 방자하게 군다. 하지만 그래도 일곱 살 꼬마에게는 어려운 일이
있다. 화장실에 가기 위해 손전등을 꺼내야 하지만 자기의 키가 닿
지 않는 곳에 손전등이 있다. 도시에서 자란 상우는 벌레를 보면
비명을 지른다. 살충제가 없으면 그는 벌레에게 무력하다. 할머니
는 벌레를 죽이지 않는다. 상우를 돌보듯이 자기 집으로 돌려보낼

뿐. 하지만 일흔 먹은 할머니에게도 약점은 있다. 바늘귀에 실을 낄 때는 상우가 그저 그만이다. 고무신을 꿰매는 할머니 곁에서 실을 끼우라는 할머니를 귀찮아하며 상우는 오락기를 가지고 논다.

문제는 오락기의 배터리였다. 열심히 오락기만 가지고 논 끝에 상우의 오락기 건전지가 다 닳아버렸다. 새 배터리를 사기 위해 돈을 달라는 상우에게 할머니는 '미안해'라고 가슴을 문지른다. 심술이 난 상우는 요강을 깨뜨리고 고무신을 숨겨버린다. 그러고서도 맨발로 다니는 할머니가 자신의 큐빅스 카드를 밟자 오히려 짜증을 낸다. 잠이 든 할머니의 비녀를 훔쳐들고 배터리를 사러 간 상우는 결국 배터리를 구하지 못하고 오히려 길을 잃고 헤매다가 이웃 할아버지를 만나 겨우 할머니 집으로 돌아온다.

길을 잃고 헤매던 경험이 상우에게 할머니의 집이 그나마 자신의 안식처라는 것을 깨닫게 해준다. 소나기에 빨래를 걷고 다시 널 정도로 상우는 점차 할머니와의 삶에 동화된다. 하지만 상우는 켄터키 치킨을 먹고 싶다. 할머니는 산나물을 챙겨 닭과 바꾸어 오는데 오는 길에 비를 맞는다. 마침내 상에 오른 닭은 켄터키 치킨이 아니라 백숙이다. 상우는 처음에는 백숙을 거부하지만 나중에 허기에 젖어 맛있게 백숙을 먹는다. 할머니는 비 때문에 감기로 앓아눕는다. 이제 상우가 보호자가 되어 이불을 덮어주고 비녀를 꽂아주고 아침 겸 점심을 차려 할머니에게 내민다.

3) 아이들과 읍내

상우가 사는 동네에는 돌진하는 미친 소 한 마리와 동네 아이 철이와 혜연이가 있다. 혜연이는 철이를 오빠라 부르면 다정하게 지낸다. 상우는 혜연이와 놀고 싶지만 혜연이가 받아들이지 않는다. 할머니와 상우는 호박과 산나물 등을 챙겨 읍내로 간다. 할머니는 가지고 간 물건을 팔고 상우는 시장을 기웃거린다. 물건을 판 할머니는 상우에게 신발과 자장면을 사준다. 물론 할머니는 물만 마시고.

읍내에서 철이와 혜연이와 함께 버스를 타고 오는 상우는 먼저 들고 가라는 할머니의 보자기를 마다한다. 먼저 집에 돌아온 상우  는 할머니가 사준 초코파이를 먹으며 할머니를 기다리지만 할머니는 오지 않는다. 한참이 지난 후에 버스를 타지 않고 걸어오는 할머니를 발견한 상우는 보자기를 받으며 미안해하고 내일 먹으려고 남겨둔 초코파이를 보자기에 넣는다.

상우는 철이를 놀리려고 미친 소가 온다고 거짓말을 하는데, 진짜 미친 소가 와서 철이를 도운 꼴이 된다. 하지만 다음에 다시 철이에게 같은 거짓말을 해서 놀리는 데는 성공한다. 하지만 화가 난 철이를 피해 도망가다 결국 철이에게 딱 걸려 미안하다고 수화를 하고선 도망친다. 도망쳐 온 상우를 혜연이가 같이 놀자고 찾아온다. 상우는 자신의 장난감을 챙겨서 혜연이를 찾아가려고 하지만 긴 머리카락이 마음에 걸려 머리카락을 잘라 달라고 할머니에게 청한다. 할머니는 상우의 머리카락을 1940년대 식으로 잘라 놓는다.

할머니를 쫓아 자신을 집으로 데려다준 할아버지를 병문안 간 상우는 할머니의 말을 통역해 준다.

머리를 보자기로 숨기고 멋쟁이 신발을 신고 장난감을 챙긴 상우는 혜연이를 만나러 간다. 할머니가 포장지로 싸놓은 약이 다한 게임기는 호주머니에 따로 챙기고, 혜연이의 엽기토끼와 자신의 장난감들을 바꾸어 가지고 집으로 돌아온다. 내리막에서 핸드캐리어를 타던 상우는 캐리어를 망가뜨리고 발목을 다치는데, 설상가상으로 미친 소에까지 쫓기다 넘어진다. 다행히 철이가 위험을 무릅쓰고 소의 시선을 돌려주어 소를 피한다. 상우는 이제 진심으로 철이에게 사과한다. 피 나는 무릎을 닦으러 게임기의 포장지를 벗기자 드러난 배터리 값을 보고 상우는 무엇이든 해주고 싶은 할머니의 마음을 알게 된다. 할머니를 보자 참았던 울음이 터져 나온다.

4) 상우네 집으로

어머니에게서 상우를 데리러 오겠다는 편지가 온다. 할머니 집을 떠나기 전 상우는 할머니를 혼자 두고 가기에 마음이 불편하다. 할머니가 편지를 쓸 수 있도록 글자를 가르치려 하지만 쉽지 않다. 상우는 할머니가 쓰실 수 있도록 바늘이란 바늘에 다 실을 끼워놓는다.

마침내 엄마가 오고 상우는 할머니를 떠나게 된다. 상우 엄마는 할머니에게 편안하게 지내시라고 이것저것을 챙겨서 설 전에 다시 한번 오겠노라고 약속을 남기고 버스를 탄다. 상우는 자기가 아끼던 큐빅스 카드를 할머니에게 드리고 할머니에게 인사도 않는다.

버스가 떠나자 차창에서 상우는 할머니에게 미안하다고 수화를 남긴다.

딸과 손자를 떠나보낸 할머니는 허전한 마음으로 길게만 느껴지는 길을 걸어 집으로 돌아온다. 상우가 주고 간 큐빅스 카드를 보니 카드에 이렇게 적혀 있다. "보내는 사람: 할머니가, 받는 사람: 상우에게 서울시 성동구 …, 우표: 상우한테 받으세요, 내용: 보고 싶다 또는 아프다." 영화의 마지막 장면은 이렇게 끝난다. "이 땅의 모든 외할머니께 이 영화를 바칩니다."

4. 집에서 집으로

1) 외할머니와 외손자

할머니와 손자는 연령상으로 보면 대단히 이질적인 존재이지만, 의식상으로 보면 그렇게 이질적이지 않을 수 있는 존재들이다. 왜냐하면 그들에게는 상우의 엄마처럼 열아홉 살 계집애가 돈 한푼 없이 뛰쳐나가서 살 때 겪게 되는 그러한 복잡함이 없기 때문이다. 손자는 아직 복잡한 세상에 진입하기 전이고 할머니는 복잡한 세상을 떠난 사람이다. 그러므로 사실 그들은 의식수준상의 어떤 공통점을 가진 사람들이라고 말할 수 있다.

이러한 공통성 때문에 그들은 상대방에 대하여 각별한 관심을 가지고 있다. 다른 복잡함이 그들의 관심을 방해하고 있지 않기 때문에 그들은 서로에게 충분히 관심을 기울일 가능성을 가지고 있다. 이러한 가능성이 물론 처음에 상우에게는 할머니에 대한 강한 거부감으로 나타난다. 하지만 강한 거부감이 가능하기 때문에 마찬가지로 강한 친근감으로 또한 나타날 수 있다. 그들은 이런 공통점을 가진 존재들이다.

하지만 그들을 각별히 잇고 있는 다른 요소가 있다. 그것은 그들이 서로 피로써 연결되어 있다는 것이다. 외할머니가 어머니를 낳았고 어머니가 상우를 낳았다. 그래서 외할  머니와 상우는 25%의 유전자를 공유하고 있다. 사회생물학[8]적으로 말하자면 할머니와 상우는 다른 사람들과는 특별히 다른 관계에 있다. 하지만 왜 이 할머니는 친할머니가 아니고 외할머니인가? 왜 작가는 이 땅의 모든 **외할머니**께 이 영화를 바쳤을까?

태어나자마자 외할머니와 한집에서 살아온 이정향은 『미술관 옆 동물원』보다 먼저 이 시나리오를 완성해 놓았다가 2년 전 외할머니를 여읜 뒤 서둘러 촬영 준비에 들어갔다고 한다. 작가의 개인적인 경험이 외할머니를 선택하도록 한 것일까? 생물학적으로 친할머니나 외할머니나 모두 25%의 연관성을 가지고 있다. 그러나 그럼에도 불구하고 외할머니가 친할머니보다 더 정겨운 것은 어떻게 된 까닭일까?

---

8) 인간의 사회적 삶이 생물학적 원인을 가진다고 주장하는 입장, 이러한 입장에 따르면 할머니가 손자를 돌보는 것은 자신의 유전자를 가진 개체가 살아남아야 자신의 유전자가 계속 지구상에 남아 있을 수 있기 때문이다.

그것은 우리 문화가 가지고 있는 **모계우선성**에 기인한다고 보인다. "외손자는 업고 친손자는 걸리면서 업은 놈 발 시리다 빨리 가자 한다"는 말이 있다. 이만큼 외할머니가 외손자에 대하여 가지는 태도가 다르다는 뜻이다. 조선시대 우리의 선비들은 여자가 시집왔다가 친정에 가서 아기를 낳는 것은 오랑캐의 풍습이니 이를 타파하자고 상소를 올렸다고 하니, 그 오랑캐의 풍습 즉 모계우선성이

유가나 일본 문화가 유입되기 전 우리의 풍습이었음을 알 수 있다. 여자가 시집가서도 자신의 성을 유지하는 것은 미국과 일본에서 볼 수 없는 우리만의 풍습이다.

사실 생물학적으로 모계가 우선적일 수 있는 근거가 있다. 난자와 정자가 수정할 때 실제로 정자가 난자에게 제공하는 것은 세포핵에 불과하다. 세포질은 정자와는 아무런 관계가 없다. 그러므로 우리가 가지고 있는 세포질은 모두 어머니에게서 물려받은 것이고 아버지의 세포질과는 상관이 없다. 어머니의 세포질은 또 외할머니의 세포질이고, 외할머니의 세포질은 또 증조외할머니의 세포질이다.[9] 사람들은 족보를 만들어 자신들의 혈통을 기록하고자 하지만, 사실 외가의 족보는 우리 세포 그 자체이다. 영화 『가타카』에서처럼 우리의 이력서는 곧 우리의 세포이다. 이러한 세포질의 공통성이 외가를 특히 정겹게 만드는 원인인지도 모른다.

상우와 할머니는 이처럼 의식수준에서나, 사회조건에서나, 혈연적으로나, 문화적으로 서로 가깝고 서로 염려할 수 있는 좋은 조건

---

9) 사이키스 지음/전성수 옮김, 『이브의 일곱 딸들』(서울: 따님, 2002).

을 갖추고 있기는 하다. 하지만 이것도 전부가 아니다. 혈연적으로나 문화적으로 이러한 조건을 더 강하게 가지고 있는 상우와 상우 어머니와의 관계보다도 더 친밀하고 강력한 관계를 가능하도록 만드는 것이 하나 더 있는데, 그것은 할머니의 무조건성이다.

어머니는 상우에게 가르쳐야 한다. 염치도 가르치고 버릇도 가르쳐야 한다. 그러므로 어머니는 상우에게 수용과 거부를 명확히 해야 한다. 하지만 할머니는, 특히 외할머니는 무조건적으로 손자를 수용한다. 자식에게는 베풀 수 없었던 **무조건적인 수용**이 손자에게는 아무런 제한 없이 베풀어지는 것은 쌓여진 연륜이 그러한 차가운 가르침보다 품어주는 따스함이 더 효과적이라는 것을 알게 하였기 때문인가? 아니면 그러한 차가움을 견딜 수 없도록 마음이 약해진 까닭인가? 아니면 자신도 어쩔 수 없이 한없이 쏟아져 나오는 끝없는 사랑 때문인가?

자장면을 먹이면서 할머니는 물만 마신다. 맛있게 먹는 상우의 모습만 보아도 자신이 먹는 것보다 더 기분이 좋다. 상우가 온갖 나쁜 일을 다 저질러도 그것이 괘씸하기는커녕 그 놈이 겪는 어려움이 안쓰럽고 못해 주는 자신이 미안하다. 그렇기에 오락기의 배터리를 사주기 위하여 그 먼 먼 길을 걷기를 마다하지 않는다. 미끄러지고 넘어져서 무릎이 깨어졌을 때 내가 다친 것보다 더 걱정되고 염려되는 마음 그것이 외할머니의 마음이다.

그러기에 외할머니를 떠나는 상우의 마음도 **걱정과 염려**로 가득 찬다. 내가 가고 나면 할머니는 바늘귀에 실을 어떻게 끼울까 걱정되어 바늘 바늘마다 실을 끼운다. 할머니가 아프거나 내가 보고 싶

으면 어떻게 할까 염려되는 상우는 할머니에게 한글을 가르친다. "아프다." "보고 싶다." 하지만 한글을 가르치는 데 실패한 상우는 자신이 아끼는 큐빅스 카드로 원스톱 서비스를 준비한다. 우체통에 넣기만 하면 바로 상우에게 전달되는 메시지 카드로. 하지만 어떻게 하든 할머니를 떠나는 상우의 마음은 미안하다. 할머니가 미안하듯이.

2) 시골의 삶과 도시의 삶

할머니의 삶과 상우의 삶은 다른 한편으로는 시골의 삶과 도시의 삶으로 대비된다. 아미쉬들이 이야기하듯이, 시골의 삶과 도시의 삶은 다른 어떤 것보다도 인간들 간의 거리에 의해서 구별된다. 시골버스 속에는 지켜야 할 예의가 없다. 모두가 형제 같고 이웃같이 가까워서 웃고 떠들고 야단을 떨어도 그것이 오히려 정겹다. 버스 기사는 기사일 뿐만 아니라 가게 할머니의 말씀을 전하는 소식 배달부이기도 하다. 그들은 일상에서 **기사와 승객**으로 만나는 것이 아니라 한 사람의 온전한 **인간과 인간**으로 만난다.

먹고 마시는 것도 그렇다. 할머니가 먹는 것은 모두 **자연**에서 바로 밥상으로 올라오는 것이다. 밥이 그렇고 채소가 그렇고 물이 그렇고 백숙이 그렇다. 하지만 상우가 먹고 마시는 것은 모두 자연에서 그대로 오는 것이 아니라 **공장**을 거쳐서 오는 것이다. 돼지고기는 통조림으로 가공되고 물은 콜라로 가공되고 닭은 켄터키 치킨으로 가공되어 비로소 상우의 손에 들어오고 입으로 들어간다. 이러한 가공을 통하여 우리가 얻게 되는 것은 달콤한 맛과 과잉영양이지만 잃게 되는 것은 건강과 인간적인 정이다.

보고 듣는 것은 어떠한가? 우리의 시선을 빼앗는 것은 **텔레비전**, 하지만 다행스럽게도 텔레비전은 고장이다. 사실 라디오는 그래도 텔레비전과 달랐다. 귀를 빼앗기는 했어도 눈은 다른 일을 할 수 있게 허락해 주었다. 하지만 텔레비전은 눈과 귀를 모두 빼앗는다. 상우의 눈과 귀를 빼앗은 것은 **오락기**, 하지만 또한 다행스럽게도 배터리가 다 되었다. 보고들을 거리를 다 빼앗긴 상우는 비로소 할머니 집 주변의 **풍경**에 눈을 돌리고 철이와 혜연이에게도 눈을 돌린다. 구름 위에 있는 **스타**들이나 가상 세계의 **아바타**가 아니라 살아 있는 **인간** 철이와 혜연이에게.

행동하는 것은 또 어떠한가? 상우가 처한 어려운 상황을 충분히 고려한다고 하더라도, 상우의 행동은 파괴적이다. 버스에서 내린 상우와 어머니는 서로 손찌검과 발길질을 교환한다. 자신의 곤란을 타인이나 물건에 대한 **폭력**으로 풀어내려고 한다. 상우는 계속해서 이 전술을 밀고 나간다. 할머니를 무시하는 것, 기물을 파손하는 것, 울음을 터뜨리는 것. 하지만 상우는 새로운 이웃들을 통하여 자신의 곤란에도 불구하고 타인을 배려하는 마음을 배우게 된다. 우리가 행복하게 되는 것은 타인을 공격함으로써가 아니라 타인을 **배려**함으로써라는 것을 배우게 된다. 초코파이와 산나물을 나누는 두 할머니는 죽기 전에 또 볼 수 있다면 행복하다.

3) 잃어버린 기억을 찾아서

우리는 이 영화에서 무엇을 보는가? 우리가 이 영화에서 만나는 것은 우리가 잃어버린 기억이다. 그 기억은 시간의 지층 속에 묻혀버렸다. 우리는 자신의 의식을 뒤져서 그러한 기억을 결코 찾을 수 없다. 그것을 우리는 그 당시를 살고 있는 **다른 사람**을 통해서만 발견할 수 있다. 이 영화에서 그 다른 사람은 상우이다.

상우의 세계는 단순하다. 어린 아이들이 그러하듯이 그의 삶은 소박한 바람들로 이루어져 있다. 문제는 이러한 소박한 바람조차 충족될 수 없는 그러한 상황에 그가 놓이게 되었다는 것이다. 하지만 켄터키 치킨만이 그를 행복하게 하는 것은 아니다. 그는 백숙도 치킨 못지 않게 자신을 행복하게 한다는 것을 알게 된다. 그리고 화장실에 혼자 앉아 있는 두려움이 할머니의 얼굴을 보면 가신다는 것도 알게 된다.

하지만 상우의 위대한 발견은 게임기 뒤에 숨어 있는 2,000원이다. 그가 그 2,000원에서 발견한 것은 자신이 이제 배터리를 살 수  있고 그래서 게임을 즐길 수 있다는 것이 아니라 자신의 바람을 이루게 해주려고 수고를 아끼지 않는 할머니가 있다는 사실이다. 상우는 이제 게임이라는 **물질적 행복**이 아니라 할머니의 존재라는 **존재적 행복**을 발견하게 된다. 그래서 그는 할머니와 함께 있으면 이제 게임이 없어도 참을 수 있다.

아이들이 물질적 쾌락에 집착하는 것은 사실이지만, 그러한 집착은 전제조건 즉 자신을 사랑하는 사람이 옆에 있어야 한다는 1차적인 욕망이 충족되고 난 다음의 2차적인 욕망이다. 아이들이 이것을 원한다는 것을 우리는 어떠한 유혹에도 불구하고 어머니에게서 떨어지려고 하지 않는 젖먹이들에게서 확인할 수 있다.

그러나 오늘의 우리는 자그만 유혹에도 넘어가 사랑하는 사람들로부터 멀리 떨어지는 것을 마다하지 않는 그러한 의식구조를 가졌기 때문에, 내가 과거에 이 세상 어느 것보다 사랑하는 사람과 함께 하는 것을 중하게 여기는 그러한 의식구조를 가졌었다는 것을 기억할 수 없다. 그러니 나에게는 **함께함**이 이미 더 이상 중요하지 않다. 지금 나에게 중요한 것은 **소유함**이다. 하지만 상우는 이러한 기억을 우리에게 돌려준다.

이는 피를 나눈 사람들과의 관계에서도 마찬가지이다. 과거에 우리가 형제자매에게 가졌던 애틋한 마음을 우리는 더 이상 기억하지 못한다. 왜냐하면 이제 더 이상 나의 의식 속에는 그러한 느낌이 없기 때문이다. 하지만 상우는 우리에게 무조건적인 사랑으로 우리를 평화롭게 했던 외할머니에 대한 우리의 느낌을 돌려준다. 영화를 보고 우리가 무심하게 지내던 외할머니께 전화를 드리든지 찾아뵙든지, 아니면 돌아가신 외할머니를 잠깐 추모하든지 산소를 방문하게 된다면 그것은 우리가 그 기억을 부분적으로라도 되살려 내었기 때문이다.

물론 우리는 이미 상우로부터 훌쩍 자라버려서 그러한 기억들을 가지고 있지 못하다. 상우가 느꼈던 작은 행복과 사람들 사이의 느낌들은 이제 퇴적된 지층 저 아래에 묻혀 버렸다. 영화를 통해서 그 기억을 발굴한다고 하더라도 그것은 이미 지나간 기억일 뿐 오늘 우리의 의식은 아닐 수도 있다. 하지만 우리가 그러한 기억을 따뜻한 마음으로 되살려 낸다면 그러한 **기억은 다시 현실이 된다**. 우리는 다시 행복해지고 우리의 마음은 다시 비옥해진다. 되살아난 기억은 더 이상 과거가 아니다. 되살려진 기억은 새로운 현재가 될 수 있다. 『집으로』의 미덕은 바로 여기에 있다.

이러한 미덕은 도시와 대립되는 시골의 삶에 대한 기억에도 마찬가지로 적용된다. 직업과 직업 사이에 가려져 잃어버린 사람과 사람 사이의 접촉, 공업화된 먹거리들에 밀려난 정겨운 먹거리들, 매스컴과 인터넷이 우리의 눈길을 사로잡아 더 이상 우리의 눈길을 받지 못하는 자연과 이웃사람들, 경쟁이 최선이라는 모토에 가려진 타인에 대한 배려들도 오늘 우리의 의식 속에서는

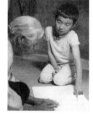

그 타당성을 상실하고 제거된 과거들이다. 영화는 우리가 잊고 사는 고향마을처럼 우리의 의식으로부터 유배된 사람다운 삶들을 우리 의식 속으로 복귀시킨다. 이때 영화는 그곳에 이르는 통로가 된다. 프루스트의 말처럼 예술작품인 『집으로』의 미덕은 바로 이처럼 망각된 기억을 복구시켜 현재에 되살려냄으로써 우리를 영원에 이르게 한다는 데에 있다.

5. 잃었던 아들

영화 『집으로』를 보고 우리가 잊었던 고향집으로 찾아들듯이, 집나간 아들이 고향집으로 찾아드는 이야기가 『성서』 누가복음에

있다. 아버지로부터 유산 중의 자기 몫을 미리 얻어 고향집을 떠났던 작은 아들은 가진 재산을 다 탕진하고 먹을 것이 없어 남의 집 돼지를 치는 신세로 전락하고 만다.

그는 하도 배가 고파서 돼지가 먹는 쥐엄나무 열매로라도 배를 채워보려고 했으나 그에게 먹을 것을 주는 이는 아무도 없었다. 그제야 제정신이 든 그는 이렇게 중얼거렸다. "아버지 집에는 양식이 많아서 그 많은 일꾼들이 먹고도 남는데 나는 여기서 굶어 죽게 되었구나! 어서 아버지께 돌아가, 아버지 제가 하늘과 아버지께 죄를 지었습니다. 이제 저는 감히 아버지의 아들이라고 할 자격이 없으니 저를 품꾼으로라도 써주십시오 하고 사정해 보리라." 마침내 그는 거기를 떠나 자기 아버지 집으로 발길을 돌렸다.[10]

오늘 우리는 먹을 것이 없어 굶어죽지는 않는다. 근대화의 결실을 향유하는 우리는 배가 비어서 죽는 것이 아니라 배가 차서 죽는다. 영양의 과잉섭취가 비만으로 이어지고 비만과의 전쟁에서 패하면 각종 성인질환으로 죽게 된다.  한없이 먹고 그 살을 빼기 위하여 한없이 운동하는 그러한 기이한 삶이 우리 사회의 곳곳에 퍼져 있다. **굶어죽거나 먹어죽거나 간에 우리는 죽게 생겼다.** 하지만 죽기 전에 회개할 기회는 있는 법, 그제야 제 정신이 든 방탕한 아들은 죽지 않아도 되는 아버지의 집으로 발길을 돌린다.

---

10) 『성서』, 루가 15:11～20.

우리는 도대체 어떤 방탕한 짓을 했기에 이런 꼴을 당하게 되었을까? 끝없이 주는 어머니와 자연에게서 온갖 것을 공짜로 받고서도 우리 때문에 허리가 꼬부라지고 차가운 홑겹의 옷가지만 걸친 어머니와 자연을 외면한 일, 바로 그것이 우리의 죄이다. 우리에게 생명을 주고 삶을 준 어머니와 자연을 이제 돌아보고 보살펴야 마땅하건만 그들을 외면하고 자신과 자기 새끼 먹이기에만 바쁜 그 죄 때문에 우리는 죽게 생겼다.

> 어머니와 시골은 그들이 낳은 자식을 도시/현대 사회/문명 사회로 내보내는 데 필요한 모든 요구들을 다 들어주었다. 그렇게 하기 위해서 옷이 낡고 고무신이 떨어지고 지붕이 내려앉는 절대 빈곤을 감내했다. 그러면서도 도시와 자식들을 향해서는 거의 아무것도 요구하지 않았다. 그들은 입을 닫았고 자식들은 어머니와 시골의 관용에 대해 한편으로는 미안해하면서 한편으로는 그들이 아무것도 요구하지 않는다는 사실에 안도했다.[11]

이러한 안도 때문에 우리는 배가 터져서 죽게 생겼다. 하지만 우리도 『성서』의 탕자처럼 자신의 죄를 깨닫는 때가 있다. 『성서』의 탕아처럼 아버지 집으로 발길을 돌리는 때가 있다. 설과 추석이 바로 그러한 때이다.

> 이 같은 원죄의식은 일년에 한두 번씩 벌이는 발작적인 귀향 행렬과 효도의 세리머니로 표출되고 부모가 싸주는 촌스러운 선물꾸러미를 죄 사함의 증표로 받아들고 되돌아온다.[12]

11) 김소희, "현대 도시인의 기대를 충족시킨 인공성의 승리".

돌아온 아들은 자신의 죄를 뉘우치고 아버지 집에 머물며 아버지를 보살피지만, 우리는 또 아버지 집을 떠난다. 그리고 다음 회개 때까지 다시 탕자의 생활로 돌아온다. 어떤 의미에선 이런 우리의 약점을 파고든 것이 바로 이정향이고 그녀의 『집으로』이다.

> [『집으로』의 성공은] 다른 무엇보다 타자화의 성공이다. 지난 95년에 장선우 감독의 『꽃잎』이 단돈 5천 원으로 동시대의 정치적 무기력자들을 광주의 이름으로 대속해 주었듯이, 이정향 감독의 『집으로』는 2천 원 더 받고 동시대의 이기적 도시인들을 고향과 모성의 이름으로 대속해 주고 있다. 『꽃잎』이 광주를 타자화하여 면죄부를 발행했듯이, 『집으로』는 고향을 타자화하여 새로운 면죄부를 발행한다.[13]

하지만 이렇게 『집으로』를 바라보는 것은 일의 한쪽 면만을 보는 것이다. 보는 사람에 따라서 이는 달리 보일 수도 있다. 죄를 고백하고 이를 보속하기 위해 교회에 나오는 사람이 있는 반면, 면죄부를 사기 위해 교회에 나오는 사람도 있다. 자신이 면죄부를 사기

위해 교회에 나온다고 해서 교회가 면죄부를 팔기 위해 존재하는 것은 아니다. 자신이 보지 못하는 교회의 모습이 있을 수 있다.

면죄부를 바라고 『집으로』를 보게 되면, 면죄부를 바라고 『꽃잎』을 보게 되면, 그 영화들은 **면죄**

---

12) 같은 글.
13) 박희경, 한정수, "착한 영화 유감 『집으로』".
    출전 http://www.themehome.net/movie/home.html

부를 팔고 있다고 이해된다. 하지만 영화에서 면죄부가 아니라 다른 어떤 것을 찾는 이들에게 영화는 다르게 보인다. 영화는 우리에게 **잃어버린 기억**을 되찾아준다. 아니 어쩌면 외면하고 싶었던 기억이었을지도 모른다. 그래도 영화는 우리에게서 이미 죽었던 기억을 되살려준다. 우리는 그러한 기억과 대면하고 어떤 방식으로든 그 기억과 화해해야 한다.

어머니가 망각해 버렸고 상우가 재발견한 외할머니는 『성서』의 아버지와 같다. 우리가 얻을 수 있는 것은 자위적인 면죄부만이 아니라 받아들이기에 따라서는 두 손을 맞잡고 두둥실 춤을 추는 잔치일 수도 있다.

> 집으로 돌아오는 아들을 멀리서 본 아버지는 측은한 생각이 들어 달려가 아들의 목을 끌어안고 입을 맞추었다. 그러자 아들은 "아버지, 저는 하늘과 아버지께 죄를 지었습니다. 이제 저는 감히 아버지의 아들이라고 할 자격이 없습니다" 하고 말하였다. 그렇지만 아버지는 하인들을 불러 "어서 제일 좋은 옷을 꺼내어 입히고 가락지를 끼우고 신을 신겨 주어라. 그리고 살진 송아지를 끌어내어 잡아라. 먹고 즐기자. 죽었던 내 아들이 다시 살아 왔다. 잃었던 아들을 다시 찾았다" 하고 말했다. 그래서 성대한 잔치가 벌어졌다.[14]

우리가 시골의 집으로 가서 설혹 우리의 미안한 마음만을 털고서 도시의 집으로 돌아온다고 할지라도, 그것이 거짓이든 아니든 개의하지 않는 것이 어머니와 자연이다. 우리가 잃어버린 기억을

---

14) 『성서』, 루가 15:20~24.

만나고 그 기억을 현재에 되살리든 아니면 과거 속으로 다시 파묻든 간에 우리의 죄는 그만큼 가벼워진다. 물론 이런 죄 사함에 불만을 가지는 사람도 있을 수 있다.

> 밭에 나가 있던 큰아들이 돌아오다가 집 가까이에서 음악 소리와 춤추며 떠드는 소리를 듣고 하인 하나를 불러 어떻게 된 일이냐고 물었다. 하인이 "아우님이 돌아왔습니다. 그분이 무사히 돌아오셨다고 주인께서 살진 송아지를 잡게 하셨습니다" 하고 대답하였다. 큰아들은 화가 나서 집에 들어가려 하지 않았다.15)

기억을 되살리는 일을 자위니 면죄부니 하면서 폄하하는 것은 화가 난 **큰아들**이 집에 들어가려고 하지 않는 것과 다르지 않다. 기억을 간직하지 못한 **동생**을 꾸짖기보다 기억을 되찾은 동생을 포근히 감싸주는 넓은 마음이 그립다.

---

15) 『성서』, 루가 15:25~28.

생각거리

1. 이 영화와 관련된 에피소드들을 수집하여 이 영화가 어떻게 제작되었는가에 대하여 이해를 넓혀보자.
2. 인간의 의식에 대하여 발생론적인 입장을 취하는 심리학자들을 조사해 보자.
3. 외할머니의 무조건적인 수용이 과연 바람직한 것인지에 대하여 생각해 보자.
4. 외할머니에 대한 자신의 기억들을 적어보고, 자신이 얼마나 그 기억들을 유지하고 있는지 검토해 보자.
5. '잃었던 아들'의 비유를 큰아들의 입장에서 생각해 보자.
6. 자신이 이 영화를 다시 만든다고 하면 어떻게 그 내용을 달리할 것인지를 적어보자.

읽을거리

프랭클 지음/이봉우 옮김, 『의미에의 의지』(왜관: 분도출판사, 1980)
사이키스 지음/전성수 옮김, 『이브의 일곱 딸들』(서울: 따님, 2002)
슈트라서 지음/김성동 옮김, 『현상학적 대화철학』(서울: 철학과현실사, 2002)

볼거리

이정향, 『미술관 옆 동물원』(1998)
장선우, 『꽃잎』(1996)
안재석, 『비처럼 음악처럼』(1992)

9장 욕망으로부터의 자유

『잉글리쉬 페이션트』

1. 욕망으로부터의 자유

 인간이 이 세상에서 살아가면서 욕망하는 대상들은 매우 다양하고 그 욕망의 정도 또한 매우 다양하다. 그러한 대상들은 자기보존을 위한 대상들과 종족보존을 위한 대상들로 구분할 수 있다. 대부분의 동물들은 오직 이러한 대상들만을 욕망하는 것으로 보인다. 하지만 인간의 삶은 그렇게 간단하지 않다. 인간은 때로 이러한 보존의 욕망을 넘어서서 초월의 욕망을 가지기도 하기 때문이다. 그러므로 인간은 자기보존과 종족보존 그리고 초월의 대상들을 갖는다.

욕망의 정도와 관련해서 보면 우리는 다양한 욕망들을 갖기 때문에 그 다양한 욕망들이 서로 우선권을 다투는 것처럼 보인다. 시시각각으로 욕망의 우선순위가 달라지기 때문에 사람들은 스스로에게조차 '왠 변덕이야?'라고 자문할 정도이다. 그러나 그렇다고 하더라도 어떤 일정한 기간 내에서 가장 지배적인 어떤 욕망을 찾아낼 수 있는 경우는 자주 있다. 우리가 어떤 목표를 세우고 그 목표를 실현하기 위하여 노력하고 있는 중에는 그 목표가 가장 주된 욕망의 대상으로 머리를 내민다.

문제는 이 주된 욕망의 충족이 욕망 전체를 무효화시키는 것이 아니라는 것이다. 우리가 추구하는 욕망은 그 순간 가장 강력한 욕망일 뿐 그 이상도 그 이하도 아니다. 그러므로 설혹 추구하고 있는 욕망의 대상을 거머쥐는 경우가 있다고 하더라도 그 대상은 이미 우선권을 상실한 성취된 욕망의 대상에 불과하기 때문에 다른 욕망의 대상에 의해서 빛을 잃게 된다. 그러므로 우리의 욕망은 그 어떤 충족이 있다고 하더라도 늘 생생하게 살아 있을 수 있게 된다. 이런 까닭에 우리는 우리가 죽기 전에는 결코 욕망을 멈출 수 없다.

인간은 앞장들에서 이미 언급한 것처럼 과거와 현재와 미래를 통하여 자신의 정체성을 유지하는 그러한 유별난 존재이기 때문에, 자신의 욕망이 끊임없이 변화되고 있으며 어떤 순간을 지배했던 욕망이 그 다음 순간 지배력을 상실한다는 사실도 또한 알고 있다. 6장에서 본 조신의 꿈 이야기가 바로 그런 이야기이다. 우리는 이러한 사실을 뻔하게 알고 있으면서도 어떤 순간을 지배하고 있는 욕망에 **일반적으로** 휘둘린다. 그러나 우리가 **반드시** 이러한 욕망에 휘둘리는 것은 아니다. 우리는 우리가 그렇게 휘둘린다는 것조차 알고 있기 때문에 이러한 지배적인 욕망에 저항하고 초월할 수 있다.

어떤 사람들은 이러한 욕망을 **수용**하는 것이 자신에게 솔직해지는 것이라고 말하곤 한다. 그러한 지배적인 욕망 외에 그 어느 곳에도 자기가 없기 때문에 그 욕망을 따르는 것이 자신의 자아를 따르는 것이라고 주장한다. 하지만 우리는 욕망을 따를 수 있듯이 욕망을 거부할 수도 있다. 욕망을 따르는 것만이 자아이며 욕망을 거부하는 것은 자아가 아니라고 말하는 것은 문제가 있다. 인간이 자유롭다는 증거는 욕망을 받아들이는 데에 있다기보다 욕망을 받아들이거나 거부할 수 있다는 데에, 다시 말해 욕망을 **선택**할 수 있다는 데에 있다고 해야 맞지 않겠는가?

그러므로 자유롭기를 원하는 사람은 자신의 욕망으로부터도 자유로워야 한다. 물론 이러한 자유가 모든 욕망의 거부를 의미하는 것은 아니다. 욕망을 우리는 긍정적으로 선택할 수도 있고 부정적으로 선택할 수도 있다. 우리는 욕망을 받아들일 수도 있고 거부할 수도 있다. 욕망과 관련한 이런 긍정적·부정적 가능성이라는 의미에서 우리는 우리의 자유를 이해해야 한다.

하지만 이러한 자유는 쉽지 않다. 이러한 자유를 어렵게 만드는 것은 자유롭게 선택하여 거부하는 욕망의 대상들을, 이러한 거부의 대가로, 포기해야 한다는 사실이다. 우리가 욕망을 선택하기보다 욕망에 순종하는 까닭은 우리가 그러한 욕망의 대상에 대한 집착을 끊어버리지 못하기 때문이다. 욕망의 대상의 상실, 이것이 우리의 자유를 위협하는 요소이다. 하지만 이러한 상실을 두려워하는 한 우리는 자유롭게 될 수 없다. 상실이란 인간의 죽음처럼 인간의 피할 수 없는 운명이기 때문이다. 상실을 내 몫으로 받아들이지 않는 한 우리는 자유로울 수 없다.

2. 안소니 밍겔라

　　욕망, 특히 그 중에서도 가장 열정 적인 욕망 즉 사랑의 욕망에 휘둘리 는 인간들의 모습을 흥미롭게 묘사하 고 있는 영화가 영국의 늦깎이 감독 안소니 밍겔라(Anthony Minghella)의 『잉글리쉬 페이션트』(*English Patient*, 1996)이다. 이 영화는 아카 데미 12개 부문에 노미네이트되어 9개 부문에 수상했고, 골든 글로 브에선 7개 부문에 노미네이트되어 작품상, 작곡상을 수상했다.

　이 영화의 원작은 캐나다의 다문화주의 작가인 마이클 온다체 (Michael Ondaatje)의 소설이다. 그는 1943년 스리랑카에서 네덜란 드와 인도 혼혈로 태어나 1954년 영국으로 건너가 자랐으며 1962 년 캐나다로 이민하였고 캐나다에서 학사석  사 학위를 받은 후 1971년부터 캐나다 요크 대학의 영어교수로 활동을 시작하였다. 그는 작품 활동을 시로 시작하였으나 소설로 명성 을 얻었으며,『잉글리쉬 페이션트』를 발간하여 1992년 캐나다인으 로는 처음으로 영연방 국가들의 노벨문학상이라고 할 수 있는 부커 상(Booker Prize)을 받았다.

이야기는 1944년 이탈리아 피렌체의 산지 롤라모 빌라에 살고 있는 네 사람의 이야기이다. 원래는 헝가리인이나 잉글리쉬 페이션트라고 불리는 이름 없는 남자와 그를 간호하는 캐나다인 간호원, 그리고 지뢰제거 활동을 하고 있는 인도인 영국군 장교, 그리고 독일군에 잡혀 엄지손가락을 잘린 캐나다인 영국 스파이가 그들이다. 그들은 잠깐의 인연을 좇아서 서로의 과거를 이야기하게 되는데, 소설에서는 이들의 이야기가 균형 있게 제시되고 있다.

이 이야기를 영화로 재구성한 밍겔라는 유명한 소설들을 멋있게 영화화하는 감독으로 알려져 있다. 그는 1954년 이탈리아계 부모로부터 영국에서 태어났다. 학위를 받고서 문학을 강의하고 희곡을 발표하였는데, 1984년 런던연극비평협회로부터 가장 촉망받는 회곡작가로 선정되었고, 1986년 그의 『방콕제품』(*Made in Bangkok*)이 그해 최고의 연극으로 선정되었다. 텔레비전과 라디오 대본을 쓰기도 했던 그는 1991년 비로소 영화『진짜로, 미치게, 깊숙이』(*Truly, Madly, Deeply*)를 가지고 감독으로 데뷔하였다.

이후 할리우드로 옮겨『미스터 원더풀』(*Mr. Wonderful*, 1993)을  감독하고 난 후, 유명한 제작자 사울 자엔츠(Saul Zaents)[1]의 도움을 받아 자신이 소설을 각본화하고 또 감독을 담당하여 이 영화『잉글리쉬 페이션트』를 만들어 일약 명성을 굳히게 된다. 이후 『리플리』(*The Talented Mr. Ripley*, 1999),『콜드

---

1) 그는 『뻐꾸기 둥지 위로 날아간 새』(*One Flew Over The Cuckoo's Nest*, 1975), 『아마데우스』(*Peter Shaffer's Amadeus*, 1984)로 두 차례나 아카데미상을 수상하였다.

마운틴』(*Cold Mountain*, 2003)도 감독했다.

밍겔라는 유명한 작품들을 자신의 각본으로 새롭게 녹여내어 영화로 재창조하는 작업을 하고 있다. 그의 학문적 배경이나 극작가로서의 경력이 그의 영화를 다른 감독의 영화들과 조금 다르게 만들 것임을 능히 짐작할 수 있다. 하지만 그도 영화라는 매체의 특성과 상업성이라는 영화산업의 한계를 벗어날 수는 없다. 『잉글리쉬 페이션트』와 같은 경우 소설에서는 어느 정도 균형을 이루고 있는 두 개의 사랑 이야기가 너무 한 쪽으로 치우친 것과 같은 것이 그런 한계일 것이다. 그러한 제한 내에서라도 밍겔라는 온다체의 이야기를 영화라는 매체를 빌어 우리에게 전해 주고 있다.

3. 영화 『잉글리쉬 페이션트』

1) 알마시와 캐서린 클리프턴

헝가리 백작 알마시(Almasy)와 영국인 학자 매독스(Madox)는 끝도 없이 펼쳐진 광활한 사하라 사막의 원정대, 국제지리학회 팀

의 일원으로 북부 사막지대의 지형을 조사해 지도로 작성하는 일을 하고 있다. 그들은 사막에서 영국지리학회에서 추천한 영국인 귀족 부부를 만나게 되는데, 그들은 경비행기를 즐기는 제프리 클리프턴(Geoffrey Clifton)과 캐서린 클리프턴(Katharine Clifton)이다.

대단한 독서가였던 캐서린은 국제사막클럽(International Sand Club)이라고 자칭하는 원정대의 저녁모임에서 고대 그리스의 역사가 헤로도토스(Herodotos, BC 484?~430/420)의 책에 적힌 칸돌리스(Candaules) 왕과 그가 특별히 총애했던 경호원 가이지(Gyges)의 이야기를 들려준다.

왕은 어떻게 해서든 자기의 아내가 최고의 여자임을 증명해 보이고 싶었어요. "우리 침실에 자넬 숨겨 주지." 칸돌리스가 말했죠. 칸돌리스는 가이지에게 왕비가 매일 저녁 옷을 벗어 문 옆 의자에 올려놓는 습관이 있다며 그곳에 숨어 그녀의 몸을 마음껏 보라고 했어요. 그날 밤 왕은 말한 대로 그를 숨겨 줬고 이내 그녀는 가이지의 눈앞에 알몸으로 서게 됐죠. 그녀는 상상 이상으로 아름다웠어요. 그때 왕비가 문을 열고 어둠 속의 가이지를 봤어요. 그녀는 아무 말 없이 몸을 떨었죠. 다음날 그녀는 가이지를 불러 다그쳤고 자초지종을 듣고는 이렇게 말했죠. 감히 날 엿본 죄로 죽음을 감수하든가, 아니면 날 욕보인 남편을 죽이고 왕위를 차지하시오. 그래서 가이지는 왕을 죽이고 왕비와 결혼해 28년간 리디아를 다스렸어요.2)

---

2) The King insisted that he would find some way to prove beyond dispute that his wife was fairest of all women. "I will hide you in your room where we sleep," said Candaules. Candaules tells Gyges that the Queen has the same practice every night. She takes off her clothes and puts them on the chair by the door to her room. And from where you stand, you will be able to gaze on her at your leisure. And that evening, it's exactly as the King has told him. She goes to the chair, removes her clothes one by one, until she's standing naked in full view of Gyges.

이후 알마시와 캐서린의 운명은 가이지와 칸돌리스 왕비와 같은 운명이 된다. 영국 정보국의 요원인 제프리가 항공촬영을 나간 동안 탐사에 나선 대원들은 전설에 나오는 '헤엄치는 동굴'을 찾게 된다. 그러나 탐사 후 돌아오는 길에 자동차 전복사고와 사막폭풍을 만나 알마시와 캐서린은 자신들의 은근한 호감을 사랑으로 발전시키게 된다.

카이로로 돌아온 두 사람은 소유관계가 아닌 사랑을 나누고자 하지만, 사랑에 눈 먼 그들은 한 번의 사랑으로 만족하지 못하고 사랑의 열병에 빠져들게 된다. 결혼 후 처음으로 맞는 결혼기념일 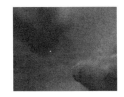 조차 잊어버린 캐서린과 캐서린의 목과 가슴 사이의 움푹 들어간 곳의 이름 즉 쇄골 절흔 (suprasternal notch)이 궁금하여 그것을 알고 싶어 안달하는 알마시는 사람들의 주목을 받게 된다. 하지만 제프리와의 관계를 정리하지 못하는 캐서린은 알마시에게 사랑을 그만두자고 제안하게 되고, 이를 받아들이지 못하는 알마시는 캐서린을 비난하게 된다. 좌절한 알마시는 자신에 대한 통제를 상실하여 다른 사람들을 모욕하는 행동을 범하고 사막으

And indeed, she was more lovely than he could have imagined. But then, the Queen looked up and saw Gyges concealed in the shadows. And although she said nothing, she shuddered. And the next day, she sends for Gyges and challenged him. And hearing his story, this is what she said. She said, Either you must submit to death for gazing on that which you should not, or else kill my husband who has shamed me and become King in his place. So Gyges kills the King, marries the Queen and becomes ruler of Lydia for 28 years.

로 돌아간다.

한편 북아프리카에서 영국과 독일은 전쟁에 들어간다. 원정대는 전쟁을 피해 철수하게 되는데, 캐서린의 부정에 괴로워하던 제프리는 알마시를 철수시키려 간다는 핑계로 비행기 사고를 가장하여 알마시를 죽이고 캐서린과의 동반자살을 시도한다. 민첩한 알마시는 목숨을 구했으나, 제프리는 목숨을 잃고 캐서린은 심한 부상을 입는다. 캐서린이 목에 걸고 있는 골무를 통해서 캐서린의 변함 없는 사랑을 확인한 알마시는 캐서린을 사막 한가운데 있는 동굴로 옮긴 후, 어두운 동굴을 비추는 작은 손전등, 헤로도토스의 책과 '반드시 돌아오겠다'는 약속을 캐서린에게 남겨둔 채 구원을 요청하러 떠난다.

3일 밤낮을 걸어 도착한 영국군 진지에서 알마시는 신원이 불확실하다는 이유로 구원요청을 거절당하고, 독일인으로 오인되어 체포된 알마시는 우여곡절 끝에 가까스로 이송 열차에서 탈출한다. 그리고, 사막 지도를 독일군에게 넘긴 대가로 연료를 얻어 매독스의 경비행기로 동굴에 돌아오지만, 그곳엔 이미 싸늘히 식어버린 캐서린의 시신과 그녀가 남긴 편지만이 알마시를 기다리고 있다.

그녀의 시신을 싣고 비행하던 알마시는 독일군의 대공포화에 맞아 추락하게 되는데, 추락 시의 화재로 인하여 얼굴이 문드러져 알아볼 수 없는 상황에서 사막의 대상들에 의해 발견되어 영국군에게 넘겨져 '잉글리쉬 페이션트'라는 이름으로 이탈리아의 영국군 병원에 입원하게 된다. 전선의 이동으로 병원이 옮겨감에 따라 옮겨지던 중 그를 간호하던 간호원이 그의 죽음이 다가왔음을 감지하고 이동행렬에서 떨어져 나와 부서진 수도원에서 그의 임종의 나날을 지켜보게 되는데, 이곳이 영화의 주인공인 네 사람이 모이게 되는 장소이다.

2) 한나와 킵

영화의 주요 내용은 알마시와 캐서린의 이야기로 이루어져 있지만, 이러한 이야기에 대응하여 서술되는 다른 사랑 이야기는 한나의 킵의 사랑이다. 영화에서는 이들의 사랑이 알마시와 캐서린의 경우처럼 길게 이야기되고 있지는 않다. 스리랑카에서 네덜란드인과 인도인의 피가 섞인 사람으로 태어나 캐나다에 정착한 온다체에게 캐나다 출신의 간호원과 인도 출신의 장교가 엮어가는 사랑이야기는 상당한 비중이 있었겠지만, 3,100만 달러의 제작비를 들여서 미국에서 개봉되는 영화에서 그 비중은 관객을 고려하여 줄어들 수밖에 없었을 것이다.

한나(Hana)는 군인인 자신의 애인과 함께 전쟁에 간호원으로 참전했다. 삶과 죽음이 교차되는 전쟁터에서 죽어가는 많은 군인들을  목격하지만 한 병사로부터 자신의 애인이 폭탄을 맞아 전사했다는 소식을 들은 한나는 넋을 잃고 만다. 한나는 비행사고로 화상을 입은 알마시를 간호하며 호송 중에 그녀의 가장 친한 친구를 또 지뢰폭발사고로 잃게 된다.

알마시의 임종을 감지한 한나는 그가 편안한 임종을 맞도록 하기 위해 인근의 부서진 수도원으로 알마시를 옮기고 잠깐 부대를 떠나게 된다. 이 수도원에 두 사람이 찾아오는데, 지역의 빨치산을 무장 해제시키는 임무를 맡고 있다고 자칭하는 도둑 카라바지오 (Caravaggio)와 한나가 친구를 잃은 지뢰폭발사고 때 한나의 목숨을 구해 준 지뢰제거 임무를 수행 중인 킵(Kip) 중위가 그들이다.

한나는 어머니로부터 피아노를 치다 신랑감을 만날 거라는 이야기를 듣고 있던 차라 피아노를 치고 있다가 만난 킵과 사랑을 나누게 된다. 한나와 킵은 성당의 프레스코화를 구경하면서 서로의 사랑을 가꾸어 나간다. 하지만 자신이 사랑  하는 사람은 모두 죽는다는 강박관념에 사로잡혀 있던 한나는 하루하루의 일상사에서 삶과 죽음의 경계선상에 서 있는 킵의 안위를 걱정하지 않을 수 없다.

공중에서 투하된 폭탄을 해체하려고 간 킵 때문에 불안해진 한나는 킵을 보러 달려가지만 다행히도 킵은 성공적으로 폭탄을 해체하고, 전쟁이 끝났다는 소식도 듣게 된다. 킵의 부하들은 종전을 축하하기 위해 시내에 나갔다가 숨겨둔 폭탄이 터져 죽게 된다. 킵은 한나도 만나지 않고 죽은 부하이자 친구를 애도한다. 부대 이동 명령을 받은 킵은 한나와 프레스코화가 있는 성당에서 언젠가 다시 만나기로 하고 길을 떠난다.

3) 카라바지오

카라바지오는 영국의 첩보원이었다. 알마시가 연료를 얻기 위해

넘긴 사막지도 덕분에 독일군들은 신속하게 토브룩과 카이로를 점령했고, 독일군 점령 하에서 카라바지오는 독일군에게 잡혀 동료를 밀고하라는 고문을 당하게 된다. 그는 고문 중에 엄지손가락을 잃게 된다. 이후 그는 자신의 손가락을 자른 독일군을 죽이고, 자신의 정체를 폭로시킬 사진을 찍어 독일군에 넘긴 자를 또한 찾아 죽이고, 마지막으로 지도를 독일군에 넘긴 자를 찾아 나섰다.

전선을 방황하던 그는 모르핀을 찾아 의료부대에 접근했다가 알마시에 대한 이야기를 듣고서 알마시를 죽이기 위해 수도원으로 찾아온다. 그는 알마시에 대하여 연민을 가지는 한나에게 알마시의 죄상을 일러주고 알마시를 단죄하려 하지만, 한나와 알마시가 모두 이미 죽은 영혼들과 사랑을 나누고 있음을 알게 된다. 카라바지오는 매독스가 알마시의 배신 때문에 자살했다는 이야기를 알마시에게 들려준다. 킵이 수도원으로 찾아들고 한나와 킵, 카라바지오와 알마시가 수도원에서 자신들의 이야기를 나누게 된다.

카라바지오는 자신의 손가락을 앗아간, 수천 명의 목숨을 앗아간 알마시를 죽이기 위해 수도원으로 왔지만, 그가 죽이러 온 알마시는 그가 죽일 수 없는 형편에 처해 있다. 임종을 앞두고 있는데다가, 자신이 이미 몇 년 전에 죽었다고 생각하고 있으며, 무엇보다도 그가 지도를 넘기는 순간에 아무 것도 생각할 수 없는 상황에 있었다는 것을 이해할 수 있게 되었기 때문이다. 킵이 떠나고 알마시가 죽은 후 카라바지오는 한나와 함께 피렌체로 향한다.

4. 사랑에서 영원으로

캐서린의 입을 통해 나오는 칸돌리스왕의 이야기에서 우리는 욕망에 사로잡혀 자유롭게 선택하지 못하는 사람의 첫째 예를 보게된다. 자신의 아내가 최고의 여인임을 가이지에게 자랑하고 싶었던그는 가이지의 만류에도 불구하고 가이지에게 자기 아내의 나신을보여준다. 왕은 자신의 욕망을 달성한다. 하지만 그러한 달성의 결과는 자신이 기대한 것과는 전혀 다른 것이었다. 왕의 욕망에 의해상처를 입은 왕비와 왕비의 협박에 목숨을 잃을 위기에 처한 가이지는 왕을 죽이고 왕국과 왕비를 왕에게서 뺏어가게 된다. 자랑의욕망이 칸돌리스를 영원한 패배자로 만들어버렸던 것이다.

1) 불타는 사랑

칸돌리스왕을 사로잡았던 욕망은 이번에는알마시와 캐서린을 사로잡게 된다. 그들의 욕망은 **자랑의 욕망**이 아니라 **사랑의 욕망**이었다. 아직 독신인 알마시와 소꿉친구인 제프리와 결혼한 지 1년도 채 안 된 캐서린의 사랑은 이제 이 둘의 일차적인 욕망으로 자리잡게 된다.

그 욕망의 지배력이 얼마나 절대적이었는지 캐서린은 자신의 결혼 1주년 기념일을 잊고서 자신을 놀라게 하려고 출장간다고 거짓말을 한 제프리의 말을 믿고 알마시와 데이트를 즐긴다. 전쟁이 일어나고 사막의 지도가 전세를 좌우할 그런 중요한 정보가 되어버린 상황에서도 알마시는 그런 지도를 자기 방에 둔 것도 개의하지 않고 캐서린의 쇄골 절흔을 가리키는 이름이 무엇일까를 매독스에게 묻는다.

사랑의 욕망이란 과연 무엇일까? 독일의 철학자 쇼펜하우어는 종족보존의 본능이 종족을 보존하기 위하여 우리의 마음을 사로잡은 것이라고 설명했다. 그는 그 증거로 정상적인 경우에는 생식능력이 없는 상대방을 사랑하는 경우가 없다는 것을 제시했다. 물론 해부학적으로 못 생긴 여자를 남자들이 해부학적으로 잘 생긴 남자보다 더 좋아하는 것도 우리가 정상적인 판단능력을 잃었다는 다른 증거라고 여성혐오론자적인 주장도 덧붙였지만.

종족보존은 다양한 욕망을 영원히 이어가기 위한 가장 기본적인 전제조건이기 때문에 이러한 욕망은 욕망 중에서 가장 강력한 욕망일 수밖에 없다. 그렇기 때문에 남녀의 사랑은 다른 어떤 것보다도 우선적이어서 심지어는 사랑을 위해 왕위마저 내팽개치기도 한다. 하기야 그렇게 강력하지 않고선 남자와 여자가 태어나 여러 해를 같이한 가족을 떠나 새 가족을 이루는 일은 거의 가능하지 않을 것이다.

하지만 캐서린은 이렇게 강력한 욕망에도 불구하고 이것과 상대할 수 있는 다른 욕망을 가지고 있었다. 그것은 유부녀로서 자신의 남편에게 상처를 주지 않으려는 욕망이었다. 그 녀는 그녀와 알마시의 일이 계속 비밀로 지켜질 수 없을 것이라고 생각하고 알마시에게 헤어지자고 요청한다. 하지만 알마시를 지배하는 유일한 욕망은 사랑, 그것이었다. 그래서 그는 캐서린에게 동의하지 않으며, 심지어는 자기가 사랑하는 캐서린을 모욕하기조차 한다.

이러한 알마시와 캐서린이 다시 자신들의 사랑을 확인하는 곳은 '헤엄치는 동굴' 앞에서이다. 제프리의 자살시도와 더불어 알마시는 캐서린이 자신을 사랑하지 않은 것이 아니라 제프리를 불쌍하게 여겼음을 비로소 이해하게 된다. 하지만 알마시의 캐서린에 대한 욕망은 이번에는 캐서린을 구하러 돌아오는 일을 욕망하게 된다. 이러한 욕망이 영국군에 의해 좌절되었을 때 그는 자신의 욕망을 달성하기 위하여 무엇이든지 할 준비가 되어 있었다.

　　　난 약속을 지키기 위해 사막으로 돌아가야만 했소. 나머지는
　　　나에게는 아무 것도 아니었소.[3]

그래서 그는 영국인들에게는 많은 불행을 가져올 지도를 독일군에게 넘겨주고 독일 가솔린을 얻어 영국 비행기를 타고 동굴로 돌아갔던 것이었다. 그러나 캐서린은 편지를 남기고 이미 죽어 있었다. 칸돌리스왕의 경우처럼 알마시의 경우도 나머지 것들을 아무 것도 아니게 만드는 강력한 지배적인 욕망을 달성하였을 때 그 결과는 그가 기대한 것 그것만은 아니었다. 칸돌리스왕이 친구 가이지와 아내와

---

3) I had to get back to the desert. I'd made a promise. The rest meant nothing to me.

왕국과 자신의 생명을 잃었듯이, 알마시는 친구 매독스와 사랑하는 여인의 조국과 자신의 생명을 잃었다.

알마시가 마음은 이미 캐서린과 같이 죽었지만 몸은 아직 살아 있어 깨달은 것은 자신이 캐서린을 죽였다는 사실이었다.

그렇소! 그녀는 나 때문에 죽었소. 내가 사랑했기 때문에.

하지만 이 말은 알마시에게만 적용되는 것은 아니다 제프리에게도 이 말은 똑같이 적용된다. 아무도 죽이기 위하여 사랑하는 사람은 없다. 하지만 사랑의 욕망조차도 우리가 현명하게 선택하지 않으면 사랑하는 사람을 죽이는 결과에 이를 수도 있다. 그것이 우리가 사랑한 이유였던가? 우리가 자유롭다는 것은 이러한 결과를 피해 가는 것이 아니겠는가? 그러므로 우리가 자신이 참으로 원하는 삶을 살고자 한다면 이러한 사랑의 욕망으로부터 자유로워야 한다.

2) 차분한 사랑

어때요? 좋아요 다리는 괜찮을 거예요. 탄알이 많이 나왔는데, 보여주려고 챙겨 두었어요. 당신처럼 예쁜 여자는 처음 봐요. 괜한 소리 말아요. 여기 있어요. 키스해 줄래요? 차나 가져다 드리죠. 키스해 주면 다 나을 것 같아요. 그래요? (키스) 고마워요.4)

---

4) How are you? Okay. Your leg will be fine. A lot of shrapnel came out. I saved you the pieces. You are the prettiest girl I've ever seen. I don't think so. Here. Would you kiss me? No. I'll get you some tea. It would

밍겔라는 영화의 첫 대사에서 한나가 어떤 사
람인가를 강하게 설정하고 있다. 다리부상을 입
은 병사에게 기념이 될 탄알을 챙겨주고, 그 병사
가 키스해 달라는 짓궂은 부탁을 하지만 차를 한
잔 가져다주겠다고 대응을 하면서도 그 병사의 소원을 들어주는 사
람이다. 한나가 알마시를 수도원으로 옮겼을 때 알마시는 한나에게
묻는다. "왜 기를 쓰고 날 살리려고 하지?" 이에 대한 대답은 간단
하다. "난 간호사거든요."5)

수도원에서 부서진 피아노를 발견하고 한나가
한참 피아노를 치고 있을 때 킵은 공포를 쏘며 달
려와 멈추라고 소리친다. 영문을 묻는 한나에게 킵
은 피아노에 폭탄이 있을 가능성이 있다고 설명한
다. 한나는 친구가 폭탄사고로 죽었을 때 지뢰제거 작업을 하던 킵
을 본 적이 있다. 하지만 킵은 작업에 열중한 나머지 한나를 기억
하지 못한다.

독일군이 근방에 쫙 깔렸었는데, 사방에 지뢰를 묻어 두고 갔
죠. 피아노는 딱 안성맞춤이에요. 그랬군요. 미안해요. … 전에
만난 적이 있죠? 기억이 없는데요.6)

---

mean such a lot to me. Would it? (kiss) Thank you.

5) why are you so determined to keep me alive? Because I'm a nurse.

6) The Germans were here. The Germans were all over this area. They left
mines everywhere. The pianos were their favorite hiding places. I see.
Sorry. … I've met you before. I don't think so.

한나와 킵은 자신의 직업생활을 자신의 지배적인 욕구 중의 하나로 삼는 사람들이다. 그들은 자신의 삶이 다른 사람들에게 어떤 영향을 주는가에 주목하고, **자신의 욕망과 아울러 다른 사람들의 욕망 또한 주목하는 사람들이다.** 그러므로 그들이 사랑에 빠지게 되었을 때에도 그들은 상대방에게 관대하다.

> 어느 날 밤 내가 당신을 보러 안 오면, 어떻게 할 거예요? 안 기다리려고 애쓸 거요. 어쨌든 밤이 늦도록 안 나타나면요? 그럴만한 이유가 있나 보다 하겠지. 날 찾으러 오진 않겠죠? 그럼 난 안 오겠다고 토라졌다가, 혼자 생각하겠죠. 그인 낮에 찾는 일을 하니까, 밤엔 누군가가 자길 찾아주길 원하는 거야. 나를 찾아주길 원해, 당신이 나를.7)

알마시와 킵은 모두 사랑하는 연인이 찾아오길 기다리고 있다. 캐서린과 한나가 찾아오지 않으면, 알마시는 "일도 손에 안 잡히고 잠도 못 자고"8) "미칠"9) 것만 같지만, 킵은 안 기다리려고 애를 쓴다. 기다려도 기다려도 오지 않으면, 알마시는 쫓아가서 무엇을 하는지 지켜보고는 "줄곧 당신을 지켜봤어, 파티다 뭐

---

7) If one night I didn't come to see you, what would you do? I'd try not to expect you. Yes, but if it got late and I hadn't shown up? Then I'd think there must be a reason. You wouldn't come to find me? Hmm. That makes me never want to come here. Then I'd tell myself, he spends all day searching. In the night, he wants to be found. I do. I do want you to find me. I do want to be found.

8) I can't work. I cann't sleep.

9) swoon.

다 잘만 지내더군. 어떻게 그럴 수 있지?"[10]라고 다그치지만, 킵은 그럴만한 이유가 있나 보다 한다. 한나가 킵이 자기를 찾으러 오지 않을 것이라고 투정을 하자 킵은 당신이 나를 찾아오기를 원한다고 말하지만, 캐서린이 처음 알마시를 찾아갔을 때 알마시는 "소유"와 "소유당하는 것"을 싫어한다며 "여기서 나가면 날 잊어요"[11]라고 대답한다.

3) 두 가지 길

알마시와 캐서린 그리고 한나와 킵은 전혀 다른 사람들이고, 전혀 다른 사랑을 나눈다. 알마시와 캐서린은 시장에서 데이트를 하고, 한나와 킵은 성당에서 데이트를 한다. 캐서린은 알마시가 책에 끼워둘 그림을 선물하고 알마시는 향료가 든 골무를 사서 캐서린에게 선물한다. 한나는 킵의 머리에 바를 올리브 오일을 선물하고, 킵은 한나를 성당으로 데려가 프레스코화를 보여준다. 캐서린과의 불화 때문에 화가 난 알마시는 자신의 친구들을 모욕하지만, 자신의 친구의 죽음에 충격을 받은 킵은 한나의 간청도 뿌리치고 그를 애도한다.

그림을 보자. 캐서린이 알마시에게 선물한 그림은 알마시가 '헤엄치는 동굴'의 발견자로서 자신 소유의 책 헤로도토스의 『역사』에 끼워서 소유하는 그림이다. 그는 그 그림을 캐서린이 죽고 난 후까

---

10) I've watched you at garden parties, on verandas, at the races. How can you stand there?

11) Ownership. Being owned. When you leave, you should forget me.

지 캐서린의 추억으로 간직한다. 하지만 킵이 한나에게 선물한 그림은 누가 소유하는 그림이 아니라 성당에 오는 모든 사람이 볼 수 있는 만인의 그림이다. 그것은 소유의 대상이 아니라 그곳에 두고 자주 가서 볼 그림이다. 그리고 두 사람의 미래의 만남을 주선할 그림이다.12)

선물을 보자. 알마시의 선물은 향료가 가득 든 골무이다. 그러면서 알마시는 말한다. 바느질을 하라고 이 선물을 주는 것은 아니라고.13) 왜냐하면 캐서린은 여자는 바느질을 할 줄 알아도 모르는 척해야 한다고 말했기 때문이다.14) 알마시는 캐서린이 죽은 다음 그 향료를 비로소 그녀의 얼굴에 발라준다. 알마시의 향료가 든 골무는 소유의 대상이자 노동의 배제를 선언하는 선물이다. 한나의 선물은 올리브 오일이다. 한나도 머리를 길게 기르고 긴 머리를 감느라 고생한 적이 있었지만 작업의 효율을 위하여 머리를 짧게 잘랐다. 킵은 종교적인 이유로 머리를 길게 기르고 긴 머리를 감는 고생을 마다하지 않는다. 그런 킵에게 한나는 올리브유를 선물한다.15) 그 선물은 킵의 수고를 마다 않는 손가락에 의해 살아 있는

---

12) I'll always go back to that church. Look at my paintings. I'll always go back to that church. So one day we'll meet.

13) Just in case you think I'm going to give it to you to encourage your sewing.

14) A woman should never learn to sew, and if she can, she shouldn't admit to it.

15) My hair was long at some point. I've forgotten what a nuisance it is to wash. Try this. I found a great jar of it. Olive oil. Thank you.

킵의 머리에 발라진다.

행동을 보자. 알마시가 보기에 싸늘하게 식어버린 캐서린의 태도에 좌절한 알마시는 식사모임에 늦게 도착하는 무례를 범하는 것은 물론 영국의 이집트 점령을 비난하면서 이제까지 국가를 떠나서 같이 작업을 해오던 영국인 친구들을 모독한다. 하지만 킵은 자기를 보좌하던 하사관의 죽음을 맞이하여 한나의 대화요청까지 묵살한 채 하루 종일 그를 애도하며 자신이 그 영국인 친구에게 부족한 친구였다는 것을 반성한다.16)

4) 수도원과 피정 그리고 자유

 욕망으로부터의 자유라는 우리의 주제에서 볼 때, 우리가 가장 주목할 만한 전술은 킵이 자신의 보좌관 하디(Hardy) 하사의 죽음을 맞이하여 취하는 태도이다. 킵은 자신의 방문을 걸어 잠그고 한나의 위로조차 사양한 채 하디와 자신과의 관계를 생각한다. 수도원(monastery)은 원래 **피정(retreat)**의 장소이다.17) 피정이란 번잡한 현실로부터 한 발자국 물러나 그러한 현실 속의 자신을 되돌아보는 행위이다. 달리 말하자면 **구심적 여가**를 가지는 행위이다. 킵이 방문을 걸어 잠그는 것은 바로 그러한 피정의 행위

---

16) We didn't exchange two personal words, and we've been together through some terrible things.

17) This nurse, Mary, tells me about you and Hana, hiding in some monastery in ⋯. What do you call it? Retreat?

이다. 우리가 욕망으로부터 자유로워지기 위하여 해야 하는 일은 바로 이 피정이다. 이러한 피정으로부터 우리는 우리의 욕망을 선택할 수 있는 자유를 얻게 된다.

 알마시와 카라바지오 그리고 한나에게도 수도원은 피정의 장소이다. 카라바지오는 알마시가 기억을 잊은 것이 아니라 잊고 싶어한다고 지적한다. "기억을 잃었다는 건 순거짓말이오! 잊고 싶어 그러는 거요!"18) 하지만 알마시는 수도원에 들어오면서 과거의 기억을 입에 담기 시작한다. 그는 욕망에 가득 찬 행동만이 있고 생각은 없었던 자신의 삶을 헤로도토스를 읽으며 이제 비로소 되새겨보기 시작한다. 카라바지오의 도움을 받아 자신이 이미 캐서린과 함께 죽은 사람이라는 것을 새삼 깨닫는다. 또 매독스와 함께 자살했어야 할 사람이라는 것도 깨닫는다. 그래서 그는 수도원의 유령의 대열에 끼고자 한다.19) 그는 한나의 도움을 받아 자신의 욕망을 긍정적으로 선택한다.

카라바지오도 이는 마찬가지이다. 자신의 손가락을 잃고 그는 복수의 욕망에 사로잡혀서 알마시를 추적해 왔다. 그러나 그도 수도원에 들어오면서 알마시를 통하여 그의 복수가 어떤 의미가 있는지 되돌아보게 된다. 내가 죽이지 않으면 내가 죽는 전쟁터에서 복수라는 말의 의미가 과연 성립하는 것일까? 배신행위에 의해 "수천 명이 죽을 수도 있었다"는 카라바지오의 말에 "수천 명이 이미 죽

---

18) See, I don't think he's forgotten anything! I think he wants to forget!

19) I've been speaking to Caravaggio, my research assistant. He tells me there's a ghost in the cloisters. I can join him.

었다. 다만 반대쪽 수천 명이"[20]라고 알마시는 답한다. 그래서 카라바지오는 알마시를 죽이려 왔지만 죽일 수 없게 된다.[21] 그는 그의 욕망을 부정적으로 선택한다.

한나는 자신이 사랑하는 사람은 다 죽는다는 강박관념에 사로잡혀 있다. 그래서 그는 알마시와 같이 죽은 영혼들과 사랑을 나눈다. 하지만 수도원에서 피아노를 칠 때 킵의 도움을 받아 목숨을 건진다. 그리고 하디가 친구의 지뢰폭발사고 때 자신의 목숨을 또한 구해 주었다는 것을 새삼 고마워하게 된다.[22] 그는 자신이 살아 있고 남을 도울 수 있으며 사랑할 수 있고 미래를 기약할 수 있는 사람임을 킵을 통해 수도원에서 알게 된다. 그녀 또한 유령이 되고자 하던 자신의 욕망을 부정적으로 선택한다.

이 영화에서 우리는 사랑에서 영원에 이르는 길에는 두 가지가 있음을 보게 된다. 알마시의 길과 한나의 길이다. **알마시는 사랑으로부터 자유롭지 못했다.** 자유롭지 못한 그의 영혼은 자신과 캐서린을 죽음에 이르는 길로 몰아붙인다. 나중에 알마시가 자유롭게 된 다음에도 그가 영원을 향할 수 있는 유일한 길은 이미 죽음뿐이었다. **한나는 사랑으로부터 자유로웠다.** 자유로운 그녀의 영혼은 자

---

20) If the British hadn't unearthed that photographer, thousands of people could have died. Thousands of people did die.Just different people.

21) I thought I would kill you. You can't kill me. I died years ago. No, I can't kill you now.

22) You saved my life. I haven't forgotten. I thought you were very, very tall. You seemed so big and giant. I felt like a child who can't keep her balance. A toddler.

신과 킵의 사랑을 열어놓는다. 그녀와 킵은 사랑의 상실이라는 부담을 짊어지고서 삶을 통하여 영원으로 향한다. 피렌체로 향하는 찻간에서 한나를 쳐다보는 소녀에게로 한나의 삶은 또한 영원히 이어진다.

5. 처용가

서울 밝은 달에
밤늦도록 놀며 지내다가
들어와 자리를 보니
가랑이가 넷이로구나.
둘은 내 것이었지만
둘은 누구의 것인고?
본디 내 것이다마는
빼앗긴 것을 어찌하겠는가.

879년 신라 헌강왕 때 동해용왕이 헌강왕의 행차를 안개로 방해하자, 헌강왕은 망해사(望海寺)라는 절을 지어 동해용왕과 타협을 꾀한다. 동해용왕이 이를 흡족하게 생각하여 자신의 아들을 보내 헌강왕을 돕는데, 헌강왕은 그가 떠나지 않도록 예쁜 아내를 주고 높은 벼슬을 주었다. 바로 이 동해용왕의 아들이 처용(處容)[23]이다.

처용이 경주의 밤거리를 즐기다가 집으로 돌아와 보니 자신의

---

23) 이 설화와 관련해서는 동해용왕이 지방호족이라는 설과 아라비아의 상인이라는 설과 무당이라는 세 설이 있다.

침실에 두 사람이 누워 있었다. 한 사람은 분명 자신이 아내이겠지만, 다른 한 사람은 아내의 연인이 아닐 수 없었다. 이때 처용은 사람들의 예상과 달리 "본래 내 것이지만 빼앗긴 것을 어찌하겠는가?"라고 노래를 부르고 춤을 추었다고 전한다.

이에 처용의 너그러움에 감복한 아내의 연인은 자신이 역신(疫神) 즉 병을 일으키는 귀신임을 밝히고 무릎을 꿇고 "내가 공의 아내를 사모하여 이제 잘못을 저질렀으나 공은 노여워하지 않으니 감동하여 아름답게 여기는 바입니다. 맹세코 이제부터는 공의 모양을 그린 것만 보아도 그 문 안에 들어가지 않겠습니다"라고 말하였다 한다. 이후로 역신을 쫓기 위하여 처용탈을 걸어놓거나 처용무를 추게 되었다.

캐서린이 알마시를 처음 찾아왔을 때 알마시는 자신이 싫어하는 것은 소유와 소유당하는 것이라고 했음에도 불구하고 사랑이 거듭되면서 알마시는 캐서린의 쇄골 절흔을 자신의 것이라고 고집한다. 이에 캐서린은 우리가 서로 소유하는 관계는 아니지 않느냐고 대꾸한다.[24] 헤어지자고 요청한 캐서린에게 알마시는 당신을 만지고 싶고, 나의 것, 나에게 속하는 것을 원한다고 한다. 이에 캐서린은 당신만이 무엇을 느끼는 사람이냐고 또한 대꾸한다.[25]

제프리와 알마시와 캐서린의 관계는 처용과 역신과 처용의 아내

---

24) This is mine. I'm going to ask the King permission to call it the Almasy Bosphorus. I thought we were against ownership.

25) I want to touch you. I want the things which are mine, which belong to me. Do you think you're the only one who feels anything?

의 관계와 같다. 하지만 이들 세 사람들의 반
응은 전혀 다르다. 처용은 역신과 아내를 용
서하며 춤과 노래를 하였지만, 제프리는 알마
시를 죽이는 것과 동시에 캐서린과 동반자살
을 시도한다. 알마시는 캐서린을 자신의 소유로 생각하고 헤어지자
는 캐서린을 괴롭히지만, 역신은 자신의 욕망이 저지른 잘못과 처
용이 욕망을 다스리는 아름다움을 보고 처용의 것에는 어느 것도
손대지 않겠다는 다짐을 한다. 처용가에는 처용의 아내의 이야기는
빠져 있다. 하지만 캐서린은 알마시가 자기를 소유하려고 하는 데
에 대하여 자신에 대한 자신의 소유권을 또한 주장한다.

그러므로 처용의 사랑은 알마시의 사랑이 아니라 킵의 사랑이다.
처용은 기가 막힌 일을 당하고서도 노래를 부르며 춤을 추었다고

전하지만, 『잉글리쉬 페이션트』에서는 자신의 여
인이 다른 남자와 춤을 추는 모습을 바라보는 것
으로 그 사람의 태도를 표현하고 있다. 알마시와
춤을 추는 캐서린을 바라보는 제프리의 모습과 카
라바지오와 춤을 추는 한나를 바라보는 킵의 모습은 전혀 다르게
묘사되어 있다. 상실을 용납하지 못하는 **소유의 사랑**과 상실을 관
용하는 **개방의 사랑**은 이렇게 다른 것이다.

캐서린은 죽어가면서 남긴 편지에서까지 이렇게 이야기하고 있
다. "나는 당신을 기다리고 있다. … 우리는 죽는다. 우리는 연인들
과 함께 부유하게 죽는다. … 내가 원하는 것은 오직 바람의 궁전
속을 당신과 함께 거니는 것이다." 내가 죽는 것이 아니라 우리가
죽는다. 연인은 결코 나와 따로 존재할 수 없는 사람이다. 캐서린

의 사랑은 연인이라는 테두리 속에 **감금된 사랑**이다. 하지만 안나의 사랑은 만날 날을 정해 놓지도 않은 사랑이다. 기다리지 않으려고 애를 쓸 킵에게 한나는 이렇게 말한다 "언젠가 우리가 만나겠군요." 한나의 사랑은 연인이라는 테두리 속에 결코 가두어지지 않는 **열려진 사랑**이다. 처용의 사랑처럼.

생각거리

1. 킵이 한나에게 프레스코그림을 보여주기 위하여 성당의 위쪽으로 들어올리는 장면의 의미를 설명해 보자.
2. 금욕주의(asceticism)에 대한 다양한 설명들을 조사해 보자.
3. 캐서린은 자신이 죽어가면서 왜 '내가 죽는다'라고 이야기하지 않고 '우리가 죽는다'라고 이야기하고 있는지 그 이유를 찾아보자.
4. 자신의 사랑이 알마시 타입인지 한나 타입인지 아니면 어느 쪽으로 기울어지는 타입인지 생각해 보자.
5. 처용이 가랑이 넷을 보고서 처용가를 부를 때까지의 마음의 움직임을 상상하여 한번 적어보자.
6. 자신이 이 영화를 다시 만든다고 하면 어떻게 그 내용을 달리할 것인지를 적어보자.

읽을거리

쇼펜하우어 지음/조규열 옮김, 『성애론』(서울: 문예출판사, 1999)
김대식, 『처용이 있는 풍경』(서울; 대원사, 2002)
김혜남, 『나는 정말 너를 사랑하는 걸까』(서울: 중앙M&B, 2002)

볼거리

밍겔라, 『리플리』(The Talented Mr. Ripley, 1999),
밍겔라, 『콜드 마운틴』(Cold Mountain, 2003)
데이비드 린, 『라이언의 딸』(Ryan's Daughter, 1970)

10장　욕망으로부터의 자유

『미녀와 야수』

1. 생명으로부터의 자유

생물체는 때로 종족보존을 위하여 자기보존의 욕망을 포기할 때도 있고 그 반대의 경우도 있다. 그러나 이러한 경우들은 사실 예외적이다. 왜냐하면 자기보존과 종족보존은 서로가 서로를 지지하고 있기 때문이다. 자기보존이 되지 않으면 종족보존도 불가능하고, 종족보존이 되지 않으면 자기보존은 유한하기 때문이다. 하지만 인간은 동물과 달리 이러한 욕망들과 더불어 자아초월의 욕망을 가지고 있기 때문에 가끔 이 두 욕망을 포기하기도 한다.

우리가 발견하게 되는 극단적인 경우는 **자살**이다. 동물들은 자살을 할 수 없다. 툰드라 지역에 사는 쥐의 일종인 레밍스1)는 개체수

가 너무 많아지면 한 무리가 분가하여 강이
나 바다로 뛰어들어 집단자살을 하는데, 이
는 그 쥐들이 자기보존이나 종족보존을 포기
하는 경우가 아니라 오히려 개체수를 조절하
여 종족을 보존하려는 종족보존의 본능이 작동하기 때문이다. 이렇
게 생명의 유지는 모든 생명체의 제일의 욕망이다. 이런 근본적인
욕망으로부터도 인간은, 그리고 인간만이, 자유로울 수 있다. 종족
보존을 위해서가 아니라 순수하게 자기보존을 포기하는 것은 인간
만의 특권이며, 이러한 특권은 인간만의 특별한 욕망 즉 자아초월
의 욕망과 관련이 있다.

물론 모든 자살이 자아초월과 관련이 있는 것은 아니다. 프랑스
의 사회학자 뒤르켐(Emile Durkheim, 1858~1917)에 의하면, 자
살에는 이기적 자살(利己的自殺), 애타적 자살(愛他的自殺), 아노미
(anomie, 無規制狀態)적 자살, 이렇게 세 가지 있다고 한다. 이기적
자살은 개인과 사회의 관계가 소원해져서 과도한 개인화가 이루어

---

1) 쥐목[齧齒目] 쥐과의 포유류. 몇 년마다 크게 증식하여 이동하므로 나그네
쥐라고도 한다. 몸길이 3.5~3.8cm, 꼬리길이 약 1.5cm이다. 앞발의 발톱
은 크고 튼튼하며 구멍파기에 알맞게 적응하였다. 머리가 크고, 꼬리는 짧
다. 몸은 뭉툭하고, 귓바퀴는 짧아 털에 가릴 정도이며, 밭쥐를 닮았다. 몸
윗면의 앞쪽 반은 검고 뒤쪽 반은 노란빛을 띤 갈색이며, 아랫면은 칙칙한
노란빛을 띤 갈색으로 윗면보다 엷다. 겨울에는 눈 속에 큰 터널을 만들고,
여름에는 땅속에 만든다. 대개 야행성이나 낮에 활동할 때도 있다. 집단을
이루고 직선적으로 이동하여 호수나 바다에 빠져 죽는 일도 있다. 먹이는
풀, 지의류, 선태식물이다. 임신기간은 약 20일로 한배에 2~8마리를 낳는
다. 주로 산악지대나 툰드라, 황야에 서식한다. 핀란드, 스칸디나비아반도의
북부와 중부에 분포한다.

질 경우, 즉 개인과 사회의 결합력이 약할 때의 자살이다. 애타적 자살은 그 반대로 과도한 집단화를 보일 경우, 즉 사회적 의무감이 지나치게 강할 때의 자살이다. 아노미적 자살은 사회정세의 변화라든가 사회환경의 차이 또는 도덕적 통제의 결여 등으로 생기는 자살이다. 뒤르켐의 분류에 따른다면 자아초월과 관련한 자살은 애타적 자살에 해당한다.

애타적 자살의 극단적인 예는 오늘날 중동에서 횡행하는 자살폭탄테러나 과거 일본 군대의 '가미카제(神風)  특공대' 등이다. 이러한 자살은 집단의 보존을 위하여 집단의 구성원인 개체가 자살하는 경우이다. 하지만 이러한 자살은 어떤 의미에서 레밍스의 자살과 별로 다를 것이 없다. 이들의 자살의 동기가 내적인 결의인지 외적인 압력인지 구분하기가 어렵다. 그것이 조직된 자살이라면 조직한 사람이 먼저 자살했어야 한다고 말할 수 있다. 게다가 이러한 자살은 다른 사람의 죽음을 가져온다. 한 편을 살리기 위하여 다른 한 편을 죽이는 것을 절대적인 의미에서 애타적이라고 이야기하기도 어렵다.

 자아초월적인 애타적 자살의 한 적절한 예는 콜베(Saint Maximilian Kolbe, 1894～1941) 신부의 경우이다. 1941년 7월말 폴란드 아우슈비츠 수용소에서 탈출사건이 있었다. 수용소장은 이 사건의 책임을 물어 수용된 사람들 중에서 10명을 임의로 선택하여 아사감옥에 가두어 죽이기로 하였다. 선택된 열 명 중 한 사람이 처자식이 있다며 울부짖었다. 이때 그를 대신

하여 죽겠다고 나선 사람이 있었는데, 그가 콜베 신부였다. 가톨릭의 사제였고, 로마 그레고리안 대학의 최우수 졸업자인 철학박사였고, '원죄 없으신 성모의 기사회'의 창립자였던 그는 프란치스코 가조프니체 중사를 대신하여 죽었다.[2]

사실 모든 욕망의 전제이자 근거인 생명에의 욕망으로부터 자유를 갖는다는 것은 결코 쉬운 일이 아니다. 자신을 죽이고 다른 사람을 살리는 것은 말처럼 쉬운 일이 아니다. 하지만 이러한 선택이 인간으로서 할 수 있는 가장 고귀한 선택이고 최고의 자유이며, 이러한 자유를 위협하는 생명의 상실 즉 죽음이라는 위협을 이겨낸 결과임을 결코 부정할 수는 없다.

죽음이 어디서 우리를 기다리는지 모르니, 곳곳에서 우리가 죽음을 기다리자. 죽음을 미리 생각하는 것은 자유를 미리 생각하는 것과 같다. 죽기를 배운 사람은 죽음의 노예가 되는 것을 배우지 않은 것과 같다.[3]

인간은 죽는 존재입니다. … 인간이 진정으로 불멸할 수 있는 것은 죽지 않고 사는 것이 아니라, 죽음을 무력하게 만드는 것, 더 나아가 '죽음의 죽음'을 유도하는 것입니다. 그것을 가능하게 하는 행위 가운데 하나가 자유의지에 의한 자기희생입니다.[4]

---

2) 비노프스카 지음/김동소 옮김, 『막시밀리안 콜베』(서울: 성바오로, 1974).
3) 몽테뉴. 김용석, 『미녀와 야수, 그리고 인간』(서울: 푸른숲, 2000), pp.97~98 재인용.
4) 같은 책, p.98.

이런 까닭으로 자유롭고자 하는 인간은 다른 자유들과 함께 생명으로부터의 자유를 또한 추구하지 않을 수 없다. 생명에의 욕망은 일반적으로 부정할 수 없는 것이지만, 인간은 이러한 욕망조차도 선택함으로써 긍정하거나 부정할 수 있다. 이러한 자기보존에의 욕망을 거부하려는 인간의 모습들을 살펴보자.

2. 트루스데일과 와이즈

자신의 죽음을 선택함으로써 다른 사람을 살리고자 한 아름다운 이야기를 영화로, 그것도 애니메이션으로 그려낸 것이 트루스데일 (Gary Trousdale)과 와이즈(Kirk Wise)가 공동으로 감독한 디즈니의 만화영화 『미녀와 야수』(*Beauty and the Beast*, 1991)이다.

 이 영화는 프랑스의 동화작가 보몽(Jeanne Marie Leprince de Beaumont, 1711~1780)의 이야기에 기초하고 있다. 그녀는 런던으로 건너가 상류층 소녀들의 가정교사 생활을 하다가, 잡지에 글을 발표하고, 유아교육에 대한 논문들도 작성하였다. 그녀는 또 청소년들이 읽을 수 있는 문학잡지와 과학잡지들을 발간하였는데, 1757년에 간행된 잡지에 「미녀와 야수」가 실려 있다. 원작에는 이야기의 전개와 더불어 그 이야기와 관계된 『성서』의 구절들이 인용되어 있다. 예를 들어 그녀의 언니들이 그녀를 못살게 군다는 이야기를 하고선 로마서 5장 즉 고통은 인내를, 끈기를, 희망을 낳는다는 구절을 인용한다.

　18세기의 원작을 디즈니의 만화영화용으로 각색한 이는 울버턴(Linda Woolverton)이다. 그녀는 미국 캘리포니아에서 태어나, 어린이 연극으로 석사학위를 받았다. 1980년 CBS-TV에서 방송일을 시작하였다. 그녀는 두 편의 청춘소설을 발표하였는데, 그 중 하나가 디즈니 사람들의 눈에 들어서, 『미녀와 야수』를 각색하도록 디즈니에 고용되었다. 미국에서 태어나 미국에서 고등교육을 받는 그녀가 디즈니 만화영화의 대본을 작성함으로써 디즈니 만화영화는 전통적인 견해를 떠나 페미니즘적인 여성이해를 또한 표현하게 되었다. 그녀는 『미녀와 야수』 외에도 고향집을 찾아 모험하는 개 두 마리와 고양이 한 마리의 이야기인 『머나먼 여정』(*Homeward Bound: The Incredible Journey*, 1993)과 심바라는 아기 사자가 성장해 가는 과정을 이야기한 『라이온 킹』(*The Lion King*, 1994)의 각본에도 참여했다.

　영화의 감독들 중의 한 사람인 트루스데일(Gary Trousdale)도 미국 캘리포니아에서 태어났다. 어린 시절부터 만화에 매료되었던 그는 초등학교 때부터 만화를 그리곤 했다. 건축가가 되려고 하였으나 대학에서 애니메이션을 전공하여 방향을 전환하였다. 1982년부터 직업활동을 시작하였으며, 1985년에 디즈니와 같이 일하기 시작하였다. 그의 감독 데뷔작은 만화영화 사상 최초로 골든글로브와 아카데미상에서 작품상 후보에 올랐으며, 골든글로브 작품상, 음악상, 주제가상과 아카데미 주제가상을 수상한 이 영화 『미녀와

야수』이다. 이외에도 수없이 영화화된 프랑스의 대문호 빅토르 위
고(Victor Hugo, 1802~1885)의 원작을 애니메이션으로 만든 『노
틀담의 꼽추』(*The Hunchback Of Notre Dame*, 1996)와 고대 그리
스의 철학자 플라톤이 언급한 사라진 대륙 아틀란티스에의 모험을
그린 공상과학 애니메이션 『아틀란티스: 잃어버린 제국』(*Atlantis:*
The Lost Empire, 2001)도 감독하였다. 그는 이 세 애니메이션을
그의 동료 와이즈(Kirk Wise)와 같이 감독하였다.

3. 영화 『미녀와 야수』

 어느 겨울날 밤 한 노파가 찾
아와서는 장미 한 송이를 내놓
으며 추위를 피할 잠자리를 부
탁했습니다. 노파의 추한 모습을
본 왕자는 선물을 비웃으며 부
탁을 거절했습니다. 노파는 아름
다움은 겉모습이 아니라 마음속에 있다며 왕자에게 말했습니다.
왕자는 노파를 다시 거절했습니다. … 노파는 왕자의 마음에
사랑이 없다는 것을 알게 되었습니다. 그 벌로 그녀는 왕자를
야수로 변하게 했고 성에 사는 모든 것에 마법을 걸었습니다.
… 다른 사람을 사랑하게 되고 마지막 꽃잎이 떨어질 때까지
다른 사람의 사랑을 받게 되면 그 저주의 주문은 풀리게 된답
니다. 허나 그렇지 않을 경우에는 죽을 때까지 야수로 살아야
합니다.

1) 나오는 사람들

작고 조용한 마을에는 벨(Belle)이라는  색다르고 매력적인 처녀가 살고 있었다. 책을 즐겨 읽는 그녀는 언제나 똑같은 마을의 삶을 벗어나 다른 삶을 바란다. 같은 마을에는 건장하고 잘 생긴 캐스턴(Caston)이라는 총각이 있었는데 그는 오만하고 무례하고 무식하고 야비하였지만 벨과 결혼하고 싶어했다. 벨의 아버지 모리스(Maurice)는 발명가인데 마을 사람들은 이상한 이야기를 해대는 그를 미친 사람이라고 생각하고 있었다.

벨의 아버지는 자신의 새로운 발명품을 마차에 싣고 발명대회에 참가하기 위하여 길을 떠난다. 시간에 쫓겨 지름길을 택했던 그는 길을 잃고 헤매다가 늑대 떼를 만난다. 늑대를 피하려다 말과 마차를 잃은 그가 찾아든 곳은 알 수 없는 성이었다. 그는 성에서 촛대인 루미에르(Lumiere)와 시계인 콕스워스(Cogsworth)를 만나지만 곧 야수인 비스트(Beast)에 의해 감옥에 갇히게 된다.

2) 아버지 구하기

 한편 캐스턴은 벨에게 청혼을 하지만, 벨은 상스럽고 무식한 캐스턴의 청혼을 거부한다. 벨은 자신을 이해해 줄 어떤 사람을 만나고 좀더 넓은 곳에서 모험을 해볼 꿈을 키운다. 그때 아버지와 함께 길을 떠났다가 늑대 떼를 만나 도

망쳤던 말이 마차를 끌고 혼자서 집으로 돌아온다. 집으로 돌아온 마차를 본 벨은 아버지가 위험에 처했다는 것을 직감하고 아버지를 구하기 위해 말을 타고 길을 떠나 드디어 성에 도착한다.

성에 도착한 벨은 야수를 만나 흉측한 모습에 놀라지만 아픈 아버지 대신 자기가 남겠으니 아버지를 보내달라고 요청한다. 야수는 평생 성에 남겠다는 약속을 받고 작별인사를 할 사이도 없이 아버지를 돌려보낸다. 마을로 돌아간 모리스는 마을 사람들에게 야수 이야기를 하면서 도움을 청하나, 사람들은 미친 사람의 이야기로 흘려듣고 아무도 나서지 않는다. 청혼을 거부당한 캐스턴은 벨의 아버지를 정신병자로 몰아서 병원에 가두고 벨의 혼인 허락을 얻을낼 계략을 세운다.

3) 야수와의 저녁식사

마술에 걸린 성의 사람들은 벨의 출현으로 한껏 기대에 부푼다. 야수가 벨을 사랑하고 벨이 야수를 사랑하면 마술이 풀릴 것이기 때문이다. 야수는 벨을 방으로 안내하고 저녁식사에 초대한다. 벨은 야수의 태도에 토라져 야수의 저녁초대에 응하지 않는다. 야수도 벨에게 잘 대하려고 노력을 하지만 자신의 성질을 조절하지 못하고, 자신과 식사를 하기 전에는 음식을 주지 말라고 역정을 낸다.

하지만 저녁 늦게 허기진 벨은 부엌으로 먹을 것을 구하러 가고, 부엌식구들은 10년만의 손님을 맞아서 맛있는 식사를 제공한다. 이때 '우리의 손님이 되어 달라'

는 노래가 화면을 장식한다. 식사를 마친 벨은 야수의 신하들의 인도를 받아 성의 여기저기를 구경하게 되는데, 야수가 절대 가서는 안 된다고 말한 성의 서쪽 탑을 궁금히 여겨 그곳으로 가게 된다. 서쪽 탑에는 찢어진 야수의 원래 모습 초상화와 노파가 두고 간 마술거울과 장미꽃이 놓여 있다.

4) 벨과 야수의 티격태격 데이트

장미꽃을 보고 있는 벨을 발견한 야수는 서쪽 탑에는 가지 말라고 한 자신의 말을 무시했다고 불같이 화를 낸다. 야수에 놀란 벨은 평생 성에 있겠다는 약속을 어기고 말을 타고 성을 떠난다. 하지만 얼마 가지 못하여 늑대 떼의 습격을 받게 된다. 늑대 떼에 둘러싸여 목숨을 잃을 위기에 처한 순간 야수가 나타나 늑대 떼를 물리치고 벨을 구한다. 하지만 야수도 늑대들과 싸우느라 상처를 입고 정신을 잃는다.

말을 타고 도망가려던 벨은 실신한 야수를 말에 태우고 다시 성으로 돌아와 야수를 간호한다. 서로를 탓하던 벨과 야수는 서로에게 고마워하고, 야수는 벨에게 특별한 감정을 느끼고 무엇인가를 해주고 싶어한다. 그는 아주 특별한 선물을 하는데, 그 선물은 도서관이다. 성에는 수많은 책들이 수집되어 있는 도서관이 있다. 야수는 도서관의 책들을 전부 벨에게 선물한다. 이제 벨과 야수는 서로를 다르게 느끼게 된다.

5) 야수의 청혼

야수는 마침내 벨에게 청혼을 하기로 결심을 하고, 야수의 신하들은 멋있는 청혼식을 연출하기 위하여 성을 청소하며 야단법석을 떤다. 야수의 신하들은 이제까지 마술에 걸려 인간으로 누리지 못했던 일들을 그리워하면 미녀와 야수가 서로 사랑하여 자신들이 사람이 되기를 열망한다. 음악이 흐르고 환상적인 촛불이 켜지고 멋있게 단장한 야수는 벨과 더불어 아름다운 춤을 춘다.

야수가 벨에게 막 청혼을 하려는 순간, 벨은 아버지가 보고 싶다는 말을 야수에게 한다. 야수는 마술거울을 가져다가 벨에게 아버지를 보게 한다. 하지만 벨이 마술거울을 통해 본 아버지는 아무도 도와주지 않자 혼자서 벨을 찾으러 집을 나섰다가 숲 속에서 상처를 입고 쓰러져 있다. 벨이 안타까워하자, 야수는 벨이 더 이상 포로가 아니라면 벨을 보내준다. 벨은 자신을 이해해 주어서 고맙다는 인사를 남기고 아버지에게 달려간다.

6) 음모와 사랑

캐스턴과 공모한 정신과 의사는 벨의 집을 찾아와 벨의 아버지가 야수에 대한 헛소리를 한다며 정신병원으로 데려가겠다고 협박하고, 캐스턴은 자신의 청혼을 들어주면 이 일을 원만하게 해결해

주겠다고 유혹한다. 하지만 벨은 청혼을 거부하고 아버지가 미치지 않았다는 것을 보여주기 위해 마술의 거울을 가지고 나온다. 그리고 마술거울로 야수가 실제로 존재한다는 것을 마을사람들에게 보여주고, 마수가 자신의 좋은 친구라고 이야기한다.

협박과 유혹이 통하지 않자, 캐스턴은 야수가 마을사람들을 해칠 것이라고 선동하여 벨과 아버지를 벨의 지하방에 감금하고 성으로 쳐들어간다. 성으로 쳐들어간 마을사람들과 야수의 신하들 간에 전투가 벌어진다. 하지만 벨을 떠나보낸 야수는 마을사람들의 공격에도 별로 관심이 없다. 캐스턴은 성을 뒤져 드디어 마수를 찾아낸다. 캐스턴이 마수를 공격했지만 마수는 저항하지도 않는다.

이때 감금되었던 지하실에서 탈출한 벨과 모리스는 성으로 달려온다. 벨은 야수를 공격하는 캐스턴을 말리고 야수는 벨을 다시 본 순간 삶의 욕망을 느끼게 되어 캐스턴을 공격하여 죽일 수 있는 기회를 잡게 된다. 하지만 야수는 캐스턴을 죽이지 않고 성을 떠나라고 명한다. 벨과 다시 만난 야수가 재회의 기쁨을 나누는 순간 캐스턴이 다시 야수를 뒤에서 칼로 찌른다. 야수의 손사래에 캐스턴은 절벽으로 떨어지고 야수는 벨의 품속에서 숨을 거둔다. 벨은 야수에게 사랑을 고백한다.

이 순간 남아 있던 마지막 꽃잎이 떨어지지만, 하늘에서 섬광이 쏟아지며 야수는 허공에 떠올라 몸의 여러 부분들이 차례차례로 아름다운 청년으로 변신한다. 야수에서 청년으로 변모한 왕자는 벨에게 자신이 야수라고 이야기하고 벨은 청년의 눈빛을 들여다보고 야수였던 그 사람임을 알아챈다. 두 사람은 열정적인 입맞춤을 나눈다. 신하들도 하나같이 사람의 형상을 되찾는다. 그래서 영원히 행복하게 잘 살았다는 이야기.

4. 외적인 아름다움에서 내적인 아름다움으로

1) 아름다움과 추함의 두 종류

이 영화의 두 주인공은 미녀와 야수이다. 아름다운 미녀와 추한 야수, 어울리지 않는 두 사람의 사랑이야기이다. 어울리지 않는 두 사람을 사랑이야기로 묶어 놓은 이유는 이 이야기가 아름다움과 추함에 대한 기존의 관념을 역전시키기를 시도하고 있기 때문이다.[5] 일반적으로 우리는 아름다운 사람은 어떤 나쁜 일을 해도 용서받을 수 있지만 못 생긴 사람은 조그만 잘못도 용서받을 수 없다고 우스갯소리로 말하곤 한다. 우리에게 아름다움은 상당히 나쁜 일도 용서받을 수 있을 정도로 가치가 있다.[6] 이 이야기는 바로 이러한 생

---

5) 영화 『슈렉』(Shrek, 2001)의 피오나 공주가 우리의 예상처럼 미녀가 아니라는 설정도 이와 마찬가지이다.

6) 2004년 1월 26일 『중앙일보』 분수대. "최근 특수강도로 수배된 20대 여성이 전단에 실린 얼굴이 예쁘다는 이유만으로 '강짱'(강도 얼짱)이라는 애칭을 얻으면서 인터넷 사이트에 팬 카페가 생겨날 정도로 폭발적인 인기를 끌고 있다. 범죄 행위를 꾸짖거나 자수를 권하는 목소리도 없지 않지만 스타처럼 여기는 분위기가 우세하다."

각을 뒤집으려고 한다.

영화에서 벨의 아름다움은 많은 사람의 시선을 끌지만, 그러나 그러한 시선은 벨에게 사실 도움이 되지 않는다. 왜냐하면 결국 그녀의 아름다움은 상스럽고 무식한 캐스턴의 청혼을 불러오고, 이 청혼은 벨을 즐겁게 하는 것이 아니라 귀찮게 하기 때문이다. 하지만 해악은 귀찮은 정도로  끝나지 않는다. 영화에서 청혼을 거절당한 캐스턴은 자신의 청혼을 관철시키기 위하여 벨의 아버지 모리스를 정신병원에 감금할 음모를 꾸민다. 이제 벨의 아름다움은 아버지를 정신병원에 감금시키는 불행까지 가져온다. 하지만 여기서도 그녀의 아름다움이 가져오는 불행은 끝나지 않는다. 그녀가 야수를 좋아한다는 것을 알게 된 캐스턴은 마을 사람들을 선동하여 야수를 죽이려고 하기 때문이다. 그녀의 아름다움은 그녀가 사랑하는 사람의 목숨까지도 위협하게 된다. 그러므로 영화는 벨의 아름다움이 본질적인 선이라기보다는 본질적인 악이라고 이야기한다.

그러나 사실 벨이 아름다운 것은 요즘의 표현대로 얼짱이기 때문만은 아니었다. 즉 **얼굴**이 잘 생겼기 때문만은 아니었다. 그녀에게는 다른 미녀에게는 없는 색다름이 있었다. 영화에서는 그 색다름을 세 요소로 표현하고 있는데, 그 하나는 그녀의 **책**에 대한 선호이고, 다른 하나는 그러한 책을 읽게 됨으로써 그녀가 가지게 된 희망, 즉 더 큰 세상에 나가서 모험을 하는 것이고, 마지막 하나는 그러한 꿈을 가진 자신을 이해하는 사람을 만나기를 꿈꾸는 것이다. 그래서 그녀는 책을 그만 읽으라고 하며 책을 마구 대하는 캐스턴을 결코 좋아할 수 없다.

영화에서는 야수의 추함도 두 가지로 묘사되고 있다. 하나는 외형적인 추함이다. 사실 야수의 외형은 추하다라기보다는 흉포하다

고 즉 악하고 모질고 사납다고 이야기하는 것이 더 적합할 것이다. 살기를 품고 다가오는 사자의 얼굴이나 마찬가지 의도를 가지고 다가오는 인간의 얼굴은 모두 흉포하다. 벨이 아버지를 구하기 위해 성에 왔을 때 그녀는 불빛에 드러난 야수의 얼굴을 보고 고개를 돌린다. 하지만 벨로 하여

금 고개를 돌리게 한 것은 그의 외적인 흉포성 그것 때문만은 아니었다. 그녀를 대하는 태도도 거칠었을 뿐만 아니라 자신의 의지가

거부되었을 때 폭발하는 그의 **성질** 또한 흉포했다. 그의 신하들은 물론이고 벨도 그에게 하는 공통된 충고는 '성질을 다스리라'(control your temper)는 것이었다.

실제로 벨을 야수에게서 멀어지게 하는 것은 야수의 외적인 흉포함이 아니었다. 벨은 야수의 얼굴을 보았지만 아버지를 살리기 위해 그의 성에 영원히 남겠다고 약속한다. 하지만 서쪽 탑에 가지 말라는 자신의 말을 거부한 벨에게 불같이 화를 내는 야수를 보고서 그녀는 "약속이고 무엇이고 나는 여기서 잠시도 더 머무르지 못하겠다!"[7]라고 소리치며 성을 떠난다. 그러므로 영화는 외적인 흉포함보다도 더 고약한 것은 성질을 다스리지 못하는 내적인 흉포함

---

7) Promise or no promise, I can't stay here another minute!

이라고 지적하고 있다.

사실 이러한 주제는 영화의 도입부에서 노파로 위장한 요정의 이야기에서 직접적으로 서술되고 있다. "노파는 아름다움은 속에 있는 것이라며 겉모습에 속지 말라고 왕자에게 경고했습니다."[8] 이러한 논리는 흉포함에도 마찬가지로 적용된다. 참된 아름다움이 내면적 아름다움이듯이, 진짜 흉포함이란 겉으로 표시되는 것이 아니라 속으로 행해지는 것, 즉 성질을 다스리지 못하는 것이다.

2) 진정한 아름다움과 흉포

영화에서 흉포한 야수의 아름다움은 성을 떠난 벨을 추적하던 야수가 늑대들에게 둘러싸인 벨을 구하기 위해 싸움을 하는 장면에서 처음으로 드러난다. 야수는 자신의 목숨을 걸고 늑대들과 싸워 벨을 구해낸다. **왜 야수는 벨을 구했을까?** 야수를 부정적으로 본다면, 벨을 구해서 성으로 다시 데려가 자신의 마술을 풀어내기 위해서이다. 왜냐하면 벨을 성에 남도록 한 애초의 이유가 바로 그것이었으므로.

하지만 여기에는 이의를 제기할 수 있다. 만약 그것이 그의 의도였다면 그의 행동은 신중하지 못한 것이었다. 왜냐하면 그는 결코 벨을 데려갈 수 없었기 때문이다. 그는 늑대와 싸운 후 실신하여 자기 몸도 가눌 수 없었다. 마술을 풀기는커녕 눈 속에서 살아남을

---

8) she warned him not to be deceived by appearances, for beauty is found within.

수도 없었다. 그러므로 야수가 벨을 구한 이유는 야수가 상황판단을 잘못했거나 어려움에 처한 벨을 도와야겠다고 생각했기 때문이라고 보아야 하겠다.

상황판단을 잘못했다면 그것은 야수에게는 큰 실수이자 큰 행운이었다. 왜냐하면 실제 동기가 그렇지 않았다고 하더라도 그의 행동은 벨을 도운 것이었고, 결국 벨도 그를 도와 그가 원하는 결과가 되었기 때문이다. 이런 상황이었다면 야수는 벨에게 솔직하게는 빚을 진 셈이 되었다. 그랬다면 야수는 목숨을 살려주어서 고맙다는 벨의 말에 얼굴을 붉히지 않고 '천만에'라고 이야기할 수는 없었을 것이다.

그런데 그렇다고 야수가 그런 의도 없이 벨을 돕기 위하여 나선 것이라면 야수는 그때 이미 자신의 잘못을 극복한 셈이 된다. 왜냐하면 야수가 마법에 걸린 이유가 이기적이며 인정이 없다는 것이었는데 그는 이 장면에서 이타심과 인정을 보여주었기 때문이다. 말하자면 야수는 10년 간의 고독 속에서 스스로 치료된 셈이 된다.

영화에서는 야수가 왜 벨을 구했는지 구체적으로 말해 주고 있지는 않다. 어쨌든 야수가 벨을 구했다는 것이다. 벨이 아버지 대신 성에 남겠다고 결심한 것이 용감한 일이었다고 포트(Potts)가 이야기하는 것으로[9] 보아서 야수가 벨의 용감성을 평가했다고 보는 것이 그래도 그 중 나은 설명이라고 보인다. 벨의 용감성이 야수를 이미 어느 정도 감동시켜 이기적이고 인

---

9) That was a very brave thing you did, my dear.

정 없는 야수조차 벨에 대해 선의를 가지도록 만들었다고 보는 것이다.

벨은 늑대들을 물리치고 실신한 야수를 버리고 계속 도망하려고 하다가 그녀를 구한 야수를 버려둘 수 없어 그를 데리고 성으로 다시 돌아간다. 벨의 아름다움은 이미 아버지를 대신하여 성에 머무르기로 한 결심에서도 드러났지만, **도망칠 수 있는 기회**를 스스로 포기하고 야수를 구해 줌으로써 벨은 고마움을 갚을 줄 아는 아름다운 마음씨를 보여준다. 이러한 마음씨가 야수의 마음을 녹이는 따뜻함이었다고 볼 수도 있다.

이러한 마음씨는 자신의 하인인 르푸(Lefou)를 대하는 캐스턴의

태도와 극단적으로 대립된다. 르푸는 온갖 말과 행동으로 자신의 주인인 캐스턴을 위하여 일한다. 캐스턴은 르푸의 충성심에 대해서 감사의 마음으로 대하지 않는다. 그는 르푸의 충성심에 보답하기는커녕 오히려 구박만을 돌려준다. 벨이 캐스턴의 청혼을 받아들였다면 벨도 르푸와 같은 처지가 되었을 것이다.

그러므로 벨의 아버지를 정신병원에 가둔다고 협박하면서 캐스턴이 결혼을 강요하자, 벨은 캐스턴의 강요를 거부하면서, 야수를 괴물이라고 주장하는 캐스턴을 보고 "그는 괴물이 아니에요, **괴물은 오히려 당신이죠!**"[10]라고 대꾸한다. 캐스턴이야말로 이런 의미에서 참다운 흉포함을 보여준다고 할 수 있다. 감사를 모르는 이러한 흉포함은 영화의 말미에서도 드러난다. 자신의 목숨을 용서해

---

10) He's no monster, Caston. You are!

준 야수가 벨과 재회의 기쁨을 나누고 있을 때 캐스턴은 야수의 자비를 원수로 갚는다. 영화는 캐스턴을 죽임으로써 이러한 흉포함은 세상에서 사라져야 한다고 주장하는 셈이다.

3) 상실에 대한 용기와 죽음으로부터의 자유

야수의 아름다움이 확실하게 드러나는 곳은 청혼을 하려던 그가 아버지를 돕고 싶어하는 벨에게 성을 떠나도 좋다고 허락하는 장면이다. 그녀를 떠나보낸 후, 콕스워스가 어떻게 그럴 수 있었느냐고 묻자, 그렇게 할 수밖에 없었다고 대답한다. 콕스워스가 다시 묻는다. 왜 그렇게 할 수밖에 없었느냐고. 그러자 그는 그가 그  녀를 **사랑**했기 때문이라고 대답한다.[11) 사랑했기 때문에 그녀가 아버지를 돌보기 위해 가는 것을 막을 수 없었노라고. 야수의 사랑은 붙잡는 잉글리쉬 페이션트의 사랑이 아니라 놓아 보내는 한나의 사랑이었다.

야수가 그녀를 보내는 것은 희망의 상실이었다. 자신이 사랑하는 그녀 없이는 그가 야수로부터 벗어날 수 있는 길은 없었다. 이제 기한도 다되어 그녀가 떠나면 다시 돌아온다고 해도 야수로서 살아갈 수밖에 없었다. 하지만 그것보다 더 중요한 상실은 자신이 사랑하는 그녀와 더 이상 함께 할 수 없다는 상실이었다. 그녀는 그녀의 아버지가 자기보다 그녀를 더 필요로 한다고 생각하기 때문에

---

11) I let her go. ⋯ How could you do that? I had to. Yes, but why? Because, I love her.

아마도 자기에게 돌아오지 않으리라 예상했다. 그는 자신의 인간으로서의 삶과 사랑, 그 모든 것을 잃었다. 하지만 그에게는 **자신이 어떻게 되는 것이 중요한 것이 아니라 벨이 행복한 것이 문제가 되었다.** 그러므로 그는 자신의 상실을 받아들이고 벨의 상실을 거부하기로 결심한다. 그는 벨이 자신의 아버지를 위하여 자신을 희생하였듯이 벨을 위하여 자신을 희생하기로 결심한다.

　아버지, 오 안 돼. 그는 아프고 죽어가고 있는 것 같아요. 게다가 혼자뿐이에요. 그렇다면, 그렇다면 당신은 그에게 가야만 하겠군요. 뭐라고 말씀하셨어요? 나는 당신을 풀어줍니다. 당신은 더 이상 나의 죄수가 아닙니다. 내가 이제 자유라는 말씀이세요? 그렇습니다. 오 감사합니다. 잠깐만 견디세요. 아버지. 제가 곧 갑니다. 거울을 가져가세요. 그래야 언제나 당신이 나를 보고 나를 기억할 수 있죠. 고마워요. 아버지가 나를 얼마나 필요로 하는지 이해해 주셔서.[12]

　그녀를 떠나보낸 야수는 이제 희망을 잃었다. 마술이 풀려 인간이 될 희망을 잃은 것은 이제 아무 것도 아니고, 그녀를 풀어주었기 때문에 그녀와 함께 할 희망을 잃었다. 그에게는 삶 그 자체가

---

12) Papa. Oh, no. He's sick, he may be dying. And he's all alone. Then, then you must go to him. What did you say? I release you. You are no longer my prisoner. You mean, I'm free? Yes. Oh, thank you. Hold on, Papa. I'm on my way. Take it with you, so you'll always have a way to look back, and remember me. Thank you for understanding how much he needs me.

의미를 잃었다. 그래서 마을사람들이 쳐들어온다고 했을 때도 개의치 않았다. 심지어는 화살을 겨눈 캐스턴조차도 무시해 버렸다. 화살을 맞고서도 그는 캐스턴에게 대항하지 않았다. 그녀가 없는 삶은 그에게는 **죽음**이나 다를 바 없었다. 그러므로 그는 그녀를 위해서 죽은 셈이었다. 그는 죽음도 어찌할 수 없는 그의 강력한 자유를 보여주었다.

하지만 벨이 돌아온 것을 보았을 때 그는 다시 삶의 의욕을 되찾았다. 그래서 캐스턴과 싸워 이겼고, 벨을 만난 그는 캐스턴을 죽이지도 않았다. 그가 그의 자비를 원수로 갚을 때까지는. 그는 캐스턴이 입힌 상처에 죽어가면서 적어도 그녀를 마지막으로 한 번 더 볼 수 있어서 좋다고 생각한다.13) 죽음의 상실보다 그녀를 보았다는 기쁨이 그에게는 더 중요했다. 그에게는 자신의 **생명보다 더 중요한 것**이 있었다. 인간의 얼굴을 한 캐스턴은 야수가 되었고, 야수는 완전한 인간이 되었다.

5. 김현의 호처

서양의 설화인 『미녀와 야수』에서는 남성이 야수로서 나타나지만, 우리 설화에서는 오히려 여성이 야수로 나타난다. 단군신화에 등장하는 우리의 할머니인 웅녀를 보면 우리 설화가 여성을 야수로

---

13) At least I got to see you one last time.

등장시키는 것이 당연한 전통임을 이미 짐작할 수 있다. 『삼국유사』 제5권에는 여성 야수이면서도 『미녀와 야수』의 야수처럼 남을 위하여 자신의 목숨을 내어놓는 완전한 인간에 대한 이야기가 있다.

신라에는 2월 초파일부터 보름까지 복을 빌며 탑을 도는 풍습이 있었는데, 김현이라는 이가 탑을 돌다가 어떤 처녀와 마음이 맞아 눈을 서로 주게 되었다. 탑돌이가 끝나자 으슥한 곳으로 가서 서로 정을 통하였다. 정을 통한 후 처녀가 사양하였지만 김현은 처녀의 집으로 따라가게 되는데, 그곳에서 김현은 그 처녀가 사실은 호랑이가 변신한 것임을 알게 된다. 그녀의 형제들인 호랑이 세 마리가 집으로 돌아와 김현을 잡아먹으려 할 때 호랑이가 즐겨 살생하는 것을 벌하기 위해 한 마리를 죽이겠다는 하늘의 소리가 들려온다.

이러자 처녀는 자신이 형제들을 대신하여 죽겠다고 나섬으로써 형제들을 멀리 도망가게 하여 김현을 구하고, 하늘의 징계를 받아들여 자신의 형제들을 구하며, 자신을 죽여 호환을 당할 백성을 구한다. 하지만 그녀는 그것에 멈추지 않고 이왕 죽을 자신을 제물로 삼아 자신의 남편이 큰 벼슬을 하도록 계책을 세운다. 즉 자신이 시내에 나타나 사람을 해치면 김현이 나타나 자신을 죽이라는 것이다. 김현이 비록 그 처녀와의 혼인이 떳떳하지는 않다고 해도 배필을 팔아 벼슬을 구할 수 없다고 해도 처녀는 김현의 말을 물리친다.

"낭군은 그 같은 말을 하지 마십시오. 이제 제가 일찍 죽는 것은 대개 하늘의 명령이며, 또한 저
의 소원이요, 낭군의 경사이며, 우리
일족의 복이요, 나라 사람들의 기쁨입
니다. 한 번 죽어 다섯 가지 이로움을
얻을 수 있는 터에 어찌 그것을 마다
하겠습니까. 다만 저를 위하여 절을 짓고 불경(佛經)을 강론하
여 좋은 과보(果報)를 얻는 데 도움이 되게 해주신다면 낭군의
은혜, 이보다 더 큼이 없겠습니다." 그들은 마침내 서로 울면서
작별했다.

이 설화에 따르면 김현의 호랑이 처는 야수이기는 하였으나, 자
신의 낭군과의 이별을 두려워하지 않았고, 자신의 목숨의 상실조차
또한 두려워하지 않았으며, 자신이 사랑하는 낭군을 위하여 자신의
목숨을 내놓는 절대적 자유를 가진 야수였다. 『삼국유사』의 저자
일연은 김현의 호랑이 처가 부득이 사람을 상하게 했지만 그 상해
를 치유할 약방문까지 가르쳐서 사람들을 구했다고 칭송하면서 짐
승도 어질기가 그와 같은데, 지금 사람으로서도 **짐승만 못한** 자가
있으니 어찌 된 일인가라고 묻고 있다.

이에 반해 김현이 한 일은 호랑이 처에 훨씬 못 미친다고 하겠
다.14) 비록 처가 원하는 대로 벼슬을 하고 절을 짓고 죽을 때 그녀

---

14) 일연은 호랑이 처의 자유가 김현의 탑돌이 정성에서 비롯되었으며, 이런 까
닭에 김현의 복은 당연하다고 평하고 있다. "이 사적의 처음과 끝을 자세히
살펴보면 절을 돌 때 사람을 감동시켰고, 하늘에서 외쳐 악을 징계하려 하
자 스스로 이를 대신했으며, 신효한 약방문을 전함으로써 사람을 구하고
절을 지어 불계(佛戒)를 강론하게 했던 것이다. 이것은 다만 짐승의 본성
이 어질기 때문만으로 그런 것은 아니다. 대개 부처가 사물에 감응함이 여
러 방면이었던 까닭에 김현공(金現公)이 능히 탑을 돌기에 정성을 다한 것

의 행적을 적어 남겼으나, 절을 지은 다음 벼슬을 그만두고 그녀의
명복을 빌었어야 마땅하고 또 죽기 이전부터 그녀의 행적을 널리
알려 삶의 귀감으로 받들었어야 마땅하다. 그나마 글을 남겨 후세
사람들에게 이런 치욕을 당하니 충분하지는 않으나 정직한 사람이
었다고 말할 수 있겠다.

에 감응하여 명익(冥益)을 갚고자 했을 뿐이다. 그때에 복을 받은 것은 당
연한 일이라 할 수 있지 않겠는가."

생각거리

1. 루미에르와 콕스워스의 성격차이를 그들의 대사들을 비교하여 드러내 보자.
2. 뒤르켐의 자살론에 대하여 좀더 자세히 알아보고, 자살에 대한 다른 이론들도 찾아보자.
3. 야수와 캐스턴의 사랑을 비교하는 에세이를 작성해 보자.
4. 자신이 사랑하는 사람을 자신에게서 떠나보낼 마음의 준비가 되어 있는 사람인지 검토해 보고 과연 그럴 준비를 해야 하는지, 아니면 그 반대로 행동해야 하는지에 대해서도 생각해 보자.
5. 우리 설화들 중에서 여인이 야수로 등장하는 설화들을 찾아서 그 설화에서 여인들이 어떤 인간상을 보여주는지 분석해 보자.
6. 자신이 이 영화를 다시 만든다고 하면 어떻게 그 내용을 달리할 것인지를 적어보자.

읽을거리

김용석, 『미녀와 야수, 그리고 인간』(서울: 푸른숲, 2000)
이용범, 『사랑한다는 것의 의미』 (서울: 초당, 2001)
뒤르켐 지음/김충선 옮김, 『자살론』(서울: 청아출판사, 1994)

볼거리

트루스데일 & 와이즈, 『노틀담의 꼽추』(*The Hunchback Of Notre Dame*, 1996)
트루스데일 & 와이즈, 『아틀란티스: 잃어버린 제국』(*Atlantis: The Lost Empire*, 2001)
알러스 & 민코프, 『라이온 킹』(*The Lion King*, 1994)

11장 증오로부터의 자유

『미션』

1. 보복으로부터의 자유

생명체가 이 지구상에 있는 한, 생명체들 간의 생존의 갈등은 피할 수 없는 운명이다. 정해진 자원으로부터 자신의 생명을 이어가기 위해서는 생존경쟁이 불가피하다. 하지만 식물과 동물의 생존경쟁은 바깥으로 보기에도 큰 차이가 있다. 그러한 차이점은 식물이 한 곳에 뿌리를 두는 데 반해 동물은 장소를 옮겨가며 산다는 데에 있다. 동물은 이렇게 장소를 옮겨갈 수 있기 때문에 그 갈등의 대상과 범위가 식물과는 비교할 수 없을 정도로 크다.

인간이라는 복잡한 존재가 동물계에서 나타났을 때 이러한 갈등은 최고조에 달하였다. 왜냐하면 인간은 순간적인 존재가 아니라

과거와 현재와 미래를 통하여 자기동일성을 유지
하는 존재이고, 또 씨족이나 부족과 같이 집단을
이루고 사는 독특한 존재이기 때문이다. 예를 들
어, 한 인간이 다른 인간에게 해를 끼치면, 그러
한 해에 대해서는 해를 받은 인간이 속한 집단 전체는 해를 가한
인간이 속한 집단 전체에 대하여 언젠가 되갚아야 할 빚으로 이해
하였다. 하지만 그러한 이해에 따라 언젠가 보복이 행해지면 이번
에는 그 보복에 대한 보복이 또 이어졌다. 그러므로 인간의 등장과
더불어 갈등은 집단적이고 영속적이게 되었다.

하지만 인간은 이러한 갈등과 보복이 근본적인 문제점을 가지고
있다는 것을 곧 알게 되었다. 인간들끼리의 이러한 갈등은 인간들
로 하여금 집단적인 수준에서 영원한 갈등에 빠져들게 하고, 이로
인하여 인간들의 삶 전체가 파멸될 것이라는 것을 알아채게 되었
다. 특히 부족국가가 생겨났을 때, 지배자들은 피지배자들의 갈등
 이 자신의 지배체제에 결코 도움이 되지 않는다
는 것을 발견하였다. 내적으로는 자신의 자산이
서로 마찰을 일으켜 감소하였고 외적으로는 외부
의 위협에 효율적으로 대응할 수 없게 만들었기
때문이다.

그래서 지배자들은 법을 만들었다. 법은 보복의 대상을 최소화하
여 개인에게 한정하고자 하였고, 보복의 정도도 오직 해를 입은 정
도만큼으로 제한하고자 하였으며, 보복을 권력이 대신 해줌으로써
보복에 대한 보복이 불가능하도록 하였다. 이것이 우리가 **동해보복
법**(同害報復法) 혹은 **탈리오 법칙**(lex talionis)이라고 부르는 것으

로 고대 메소포타미아의 함무라비 법전에서 발견되는 것이다. 『성서』에서도 이러한 정신이 발견되는데, 출애급기 21장 23절과 24절에도 "눈은 눈으로, 이는 이로, 목숨은 목숨으로 갚아야 한다"고 명시되어 있다.

이러한 법은 인류의 삶을 상당한 정도로 보호하였다. 사적이고 무한정한 보복은 금지되었으며 정의는 공적인 힘에 의하여 유지되게 되었다. 그러나 인류는 여기에 머무르지 않았는데, 자신으로부터 억누를 수 없게 터져 나오는 보복의 욕망으로부터 초월하기를 원했다.

> "눈에는 눈으로, 이는 이로"라고 하신 말씀을 너희는 들었다. 그러나 나는 이렇게 말한다. 앙갚음하지 마라. 누가 오른뺨을 치거든 왼뺨마저 돌려대고 또 재판에 걸어 속옷을 가지려고 하거든 겉옷까지도 내 주어라. … "네 이웃을 사랑하고 원수를 미워하라"고 하신  말씀을 너희는 들었다. 그러나 나는 이렇게 말한다. **원수를 사랑하고 너희를 박해하는 사람들을 위하여 기도하여라.** 그래야만 너희는 하늘에 계신 아버지의 아들이 될 것이다. 아버지께서는 악한 사람에게나 선한 사람에게나 똑같이 햇빛을 주시고 옳은 사람에게나 옳지 못한 사람에게나 똑같이 비를 내려 주신다.[1] (강조는 인용자)

예수를 통하여 천명된 이러한 태도는, 자기에게 끼친 해를 되돌려 주고자 하는 인간의 자연스런 욕망에 대한 인간의 **초월적인 자**

---

1) 『성서』, 마태 5:38∼40, 43∼45.

유를 보여주고 있다. 인간이 자신의 욕망을 선택할 때, 사랑의 욕망을 선택할 때처럼 자신이 사랑하는 사람만 고려하는 것이 아니라, 자신이 미워하는 사람까지도 고려하라는 이러한 요청은 인간의 삶을 새로운 지평으로 올려놓는 것이었다. 이제 인간은 보복의 욕망으로부터 자유로워질 받침대를 마련하였다. 그러나 인류의 역사를 보면 이러한 받침대로부터의 도약은 아직도 충분히 이루어지고 있지 않다.

2. 롤랑 조페

보복과 사랑이라는 이러한 삶의 두 방식 사이에서 망설이는 인간의 모습을 영화로 그려냄으로써 이론적 지혜와 실천적 현실 사이의 고민을 뚜렷하게 부각시킨 영화가 롤랑 조페(Roland Joffe)의 『미션』(The Mission, 1986)이다.

이 영화의 각본을 담당했던 볼트(Robert Bolt)는 1924년 영국에서 태어나 영어교사를 하면서 극본을 발표했는데, 『사계의 사나이』(Man for All Seasons)로 뉴욕 연극비평가 상을 받았다. 이후 『콰이강의 다리』(The Bridge on the River Kwai, 1957) 등으로 유명한 감독 린(David Lean)의 의뢰에 의하여 『아라비아의 로렌스』(Lawrence of Arabia, 1962)와 『닥터 지바고』(Doctor Zhivago, 1965) 그리고 『라이언의 딸』(Ryan's Daughter, 1970) 등의 각본을 맡게 된다. 이때 그는 원작을 솜씨 있게 시나리오로 만들었다는 평을 받았다. 이러한 솜씨로 1750년 아르헨티나와 파라과이 그리고 브라질 국경 지역에서 일어난 역사적 실화를 시나리오로 그려낸 것이 『미션』이다.

볼트의 각본을 가지고 영화를 감독한 조페는 1945년 마찬가지로 영국에서 태어났다. 1970년대 BBC 방송국에서 다  큐멘터리와 드라마를 만들었다. 방송국에서 훈련된 그의 저널리스트적인 스타일은 그의 데뷔작인 『킬링필드』(*Killing Field*, 1984)를 성공시키는 데 큰 힘이 되었다. 크메르 루지가 캄보디아를 장악한 뒤 벌어진 대규모 학살을 소재로 한 이 영화에서 그는 이데올로기를 구실로 한 인간의 인간에 대한 폭력을 설득력 있게 고발하였다.

이에 이어 발표된 작품이 『미션』이다. 정치경제적 이익을 구실로 한 인간에 대한 인간의 폭력을 다루고 있는 이 영화는 그러한 폭력에 대응하는 두 신부의 구별되는 방법으로 주목을 받았다. 결국 이 영화는 이 영화의 배경이 되는 남미에서 1950년대 이후 대두된 해방신학의 관점을 반영하고 있는데, 해방신학은 교회가 하느님 나라를 실현하기 위하여 경우에 따라서는 폭력에 호소할 수도 있다는 극단적인 입장을 취하였다. 영화에서는 이러한 해방신학적 입장과 전통적인 교회의 입장이 두 신부에 의해 대변되고 있다.

근년의 실패에도 불구하고 전체적으로 보면 조페의 작품들은 외적인 폭력에 의해 유린되는 인간의 인간성을 따뜻하게 그려내고 있다. 『킬링 필드』, 『미션』과 더불어 그의 또 다른 대표작인 『시티 오브 조이』(*City of Joy*, 1992)에서도 그는 가난과 폭력이라는 인간적인 악들에 의해 유린되는 인도 캘커타의 빈한한 사람들의 삶을 애정을 가지고 그려내고 있다. 이러한 그의 영화철학과 해방신학적 명제가 섞어 짜여진 『미션』을 검토해 보자.

3. 영화 『미션』

1) 1758년의 교황 대사의 편지

 이 영화의 발단이 되었음직한 한 편지로부터 영화는 시작된다. 이 편지는 교황 대사가 교황에게 자신의 임무완수를 보고하는 편지이다. 그의 임무는 남미의 한 지역에 있는 예수회 공동체를 해산시키는 것이었다. 왜냐하면 그 지역의 소유권이 스페인에서 포르투갈로 넘어가게 되었는데, 그 지역에 가톨릭의 한 수도단체인 예수회[2] 신부[3]들이 원주민들로 구성된 공동체를 운영하고 있

---

2) 예수회는 1540년 성 이그나티우스 데 로욜라(Ignatius de Loyola)가 프란시스코 사비에르(Francisco Xavier) 등과 함께 파리에서 창설한 가톨릭의 남자 수도회로서 루터의 종교개혁에 대응하여 가톨릭의 내적 혁신에 크게 기여하였다.『미션』의 국내판에서는 이를 번역할 때 이를 '예수회'가 아닌 '예수교'로 오역하여 내용이해에 약간의 혼동을 일으켰다.

3) 신부는 가톨릭에서 미사를 집전하도록 자격을 인정받은 자를 일컫는 말이다. 예수회는 수도단체이기 때문에 회원은 수도사 내지 수사라고 불린다. 이런 수사들 중에서 신부가 되기를 원해 자격을 갖추고 인정을 받으면 신부도 된다. 물론 특정수도회와 무관한 교구의 신부양성소 등 다른 절차를 받아 신부가 될 수도 있다.

었기 때문이었다.

스페인은 적어도 공식적으로는 노예제도를 인정하고 있지 않았기 때문에 그러한 공동체가 문제될 것이 없었다. 하지만 포르투갈이 이제 그 지역을 차지하자 그러한 공동체가 문제가 되었다. 왜냐하면 포르투갈은 노예제도를 가지고 있었고 원주민들은 그들의 법률해석에 따르면 노예였기 때문에 예수회 신부들이 운영하는 원주민 공동체는 포르투갈의 권리에 대한 침범이 되었기 때문이다.

포르투갈의 가톨릭 교회과 예수회에 대한 반감을 누그러뜨리기 위해서 교회는 이 선교회를 해산시키고자 하였으나 예수회의 신부들은 이에 반대하였다. 교황 대사는 이들을 설득하여 이 공동체를 해산시키는 임무를 띠고 왔던 것이었다. 하지만 그 임무는 그리 쉬운 것이 아니었다. 왜냐하면 그는 그 공동체가 초기 기독교의 이상을 실현하고 있는 귀중한 공동체임을 알게 되었기 때문이었다.

교황 성하, 환자를 구하기 위해 의사는 때론 수족을 잘라내야 합니다. 하지만 제가 자르려고 온 수족이 이렇게 아름답고 강할 줄은 예상하지 못했습니다.4)

2) 산 카를로스 선교회

교황 대사가 해체하러 온 선교회에는 오래된 산 미구엘(San

---

4) Your Holiness, a surgeon, to save the body, must often hack off a limb. But in truth, nothing had prepared me for the beauty and the power of the limb that I had come here to sever.

Miguel) 선교회와 새로 개척한 산 카를로스(San Carlos) 선교회가 있었다. 그 중 산 카를로스는 그 지역의 폭포 위에 살고 있는 과라니(Guarani)족들로 구성되어 있었으며, 가브리엘(Gabriel) 신부와 그의 동료들이 운영하고 있었다. 가브리엘 신부는 과라니족들에게 순교를 당한 한 신부를 뒤이어 폭포 위로 올라와 음악을 통하여 과라니족들을 개종시키고 선교회를 수립하였다.

그의 동료 중에는 로드리고(Rodrigo Mendoza) 수사가 있는데, 그는 특별한 이력을 가진 사람이었다. 그는 원래 돈을 받고 싸우는 용병이었고, 노예를 잡아 파는 노예상인이었으나, 그가 사랑하는 여인이 그의 동생을 사랑하자 질투에 불타 동생과 결투  끝에 동생을 죽이게 되었다. 사랑하는 동생을 죽인 그는 자신의 죄를 속죄하기 위해 죽음을 각오했으나 가브리엘 신부에 이끌려 속죄하는 새로운 삶을 살게 되었다.

그는 자신의 죗값을 치르기 위하여 자신의 무구 즉 싸움도구들을 끌고서 폭포 위로 오르는 고행을 하였으나, 과라니족들은 자신들의 형제들을 잡아 노예로 판 죗값을 치르기 위하여 폭포 위로 올라온 그를 용서하고 그를 받아들인다. 그는 과라니족들이 즐기는 사냥까지도 마다하고 성경을 공부하며 동료들과 과라니족들에게 봉사하는 삶을 산다.

내가 비록 산을 옮길 만한 완전한 믿음을 가졌다 하더라도 사랑이 없으면 나는 아무 것도 아닙니다. 내가 비록 모든 재산을 남에게 나누어준다 하더라도 또 내가 남을 위하여 불 속에

뛰어든다 하더라도 사랑이 없으면 모두 아무 소용이 없습니다. 사랑은 오래 참습니다. 사랑은 친절합니다. 사랑은 시기하지 않습니다. 사랑은 자랑하지 않습니다. 사랑은 교만하지 않습니다. … 내가 어렸을 때에는 어린이의 말을 하고 어린이의 생각을 하고 어린이의 판단을 했습니다. 그러나 어른이 되어서는 어렸을 때의 것을 버렸습니다. … 그러므로 믿음과 희망과 사랑, 이 세 가지는 언제까지나 남아 있을 것입니다. 이 중에서도 가장 위대한 것은 사랑입니다.[5]

3) 선교회의 처리를 위한 모임

선교회 문제를 처리하기 위해 교황 대사와 스페인 대사와 포르투갈 대사가 모인 가운데 예수회 신부들은 원주민들이 인간이라는

것을 설득하여 그들을 노예제도로부터 구해 내고자 시도한다. 신부들은 과라니족 아이가 부르는 찬송가를 들려주며 대사들을 설득하고자 하지만 대사들은 원주민들이 인간의 목소리를 가진 동물

---

5) Though I have all faith, so that I could remove mountains, and have not love, I am nothing. And though I bestow all my goods to feed the poor and though I give my body to be burned, and have not love, it profiteth me nothing. Love suffereth long, and is kind. Love envyeth not. Love vaunteth. not itself, is not puffed up. When I was child, I spake as a child. I understood as a child, I thought as a child. But when I became a man, I put away childish things. But now abideth faith, hope, love, these three. But the greatest of these is love. 『성서』, 고린도 13:2～13

일 뿐이며 영혼을 가지지 못한 존재라고 대꾸한다.

원주민들이 셋째 아기를 낳으면 죽이는 것을 들어 인간이 아니라고 비판하는 대사들의 반론에 신부들은 그것이 노예가 되지 않고 살아가기 위한 불가피한 선택이라고 옹호한다. 백인들의 노예사냥을 피해 도망가기 위해서는 부모가 한 아이씩 들쳐업고 뛰어야 하기 때문에 셋째 아이는 죽일 수밖에 없다는 것이다.

신부들에 의해 설득 당한 교황 대사는 결정을 자신이 선교회를 직접 방문한 다음으로 미룬다. 산 미구엘을 방문하고 감명을 받은 교황 대사는 원주민들을 노예제도로 구해 내기 위하여 대사들과 대화를 시도하나 성공을 거두지 못하고 다시 산 카를로스를 방문한다. 그곳에서 교황 대사는 또 한 차례 감명을 받지만 현실적인 고려 때문에 원주민들에게 공동체를 떠나 숲으로 들어갈 것을 종용하지만 원주민들은 자신들의 집인 선교회를 지키기 위해 싸울 것을 선언한다.

> 그들이 싸우더라도 여러분들 중의 어느 누구도 그들을 그렇게 하라고 부추긴 것으로 절대 보이지 않도록 해야 합니다. 그러므로 여러분 모두는 내일 나와 함께 앙상센으로 돌아갑시다. 이에 복종하지 않는 사람은 파문시키고 쫓아낼 것입니다.[6]

---

6) If they do fight, it's absolutely imperative that no one of you should even seem to have encouraged them to do so. And therefore all of you will return with me to Asuncion tomorrow. If anyone should disobey this, he will be excommunicated, cut off, cast out.

4) 가브리엘과 로드리고

포르투갈 군인들의 선교회 해산에 대항하여  산 카를로스 선교회는 가브리엘을 제외하고 모두 싸우기로 결심한다. 과라니족 아이들은 로드리고의 무구를 찾아와서 로드리고에게 돌려주고 로드리고와 동료들은 포르투갈 군대에서 무기와 화약을 훔쳐와 싸움을 준비한다. 가브리엘 신부는 이러한 로드리고에게 군인으로서 명예로운 죽음을 택하지 말고 예수회 수도사로서 폭력이 아니라 사랑으로 과라니족을 도우라고 충고한다.

로드리고는 싸움을 시작하기 전에 가브리엘 신부에게 축복을 청한다. 하지만 가브리엘 신부는 축복을 거절한다.

> 그대가 옳다면 하느님이 축복하실 거요. 그대가 틀리다면 내 축복은 아무 의미가 없소. 무력이 옳다면 사랑은 이 세상에서 있을 자리가 없소. 그럴 것이요. 그럴 것이오. 나는 그와 같은 세상에서 살아갈 힘이 없소. 로드리고, 나는 그대를 축복할 수 없소.7)

포르투갈 군이 선교회를 공격해 오자, 로드리고와 그의 동료들 그리고 과라니족들은 침략군을 무찌르기 위하여 열심히 싸우지만

---

7) If you're right, you'll have God's blessing. If you're wrong, my blessing won't mean anything. If might is right, then love has no place in the world. It may be so, it may be so. But I don't have the strength to live in a world like that, Rodrigo, I can't bless you.

직업적인 군인들과 싸워 이기지 못하고 모두 전투에서 죽고 살해당한다. 가브리엘은 여자와 아이들을 이끌고 찬송가를 부르며 비폭력으로 총포에 저항하다 마찬가지로 모두 죽는다. 전투 중에 숲 속으로 피신했던 과라니족들의 몇 아이가 잔해들 중에서 부수어진 바이올린을 찾아들고 새로운 삶의 터전을 찾아 떠난다.

교황 대사는 이러한 비극이 자신과 대사들이, 아니 자신이 만든 것이라고 고백하며 자신의 보고문을 이렇게 맺는다.

교황 성하, 이렇게 하여 당신의 사제들은 죽었고 저는 살아남았습니다. 하지만 진짜로 죽은 것은 저이고, 그들은 살아남았습니다. 왜냐하면 언제나 그러하듯이, 교황 성하, 죽은 자의 정신은 살은 자의 기억 속에 살아남기 때문입니다.

4. 보복에서 사랑으로

1) 요청, 거래, 폭력

한 인간이 다른 인간에게 자신이 원하는 것을 하도록 하는 방법에는 크게 세 가지가 있다. 하나는 **요청**이고, 다른 하나는 **거래** 내지 명령이며, 마지막 하나는 **폭력**이다. 요청이란 요청하는 사람이 자신의 뜻을 요청받는 사람에게 알리고, 요청받는 사람이 요청한 사람의 뜻에 자신의 뜻을 일치시킬 것인지 말 것인지를 요청받는 사람에게 맡기는 행위이다. 요청받는 사람이 동의해 준다면 고마운 일이며, 동의해 주지 않는다고 해도 요청한 사람은 요청받은 사람의 뜻을 따른다.

때로 우리는 요청을 거부당할 때 자신이 배반이나 모욕을 당했다고 느끼고 거절한 사람에게 적의를 가지곤 하는데, 이는 우리가 요청이 아니라 거래나 명령을 했기 때문이다. 거래란 나의 뜻을 거래의 상대방에게 알리고 상대방이 나의 뜻에 동의할 때 나도 상대방의 어떤 뜻에 동의하겠다고 제안하는 것이다. 그러나 이러한 거래는 동시에 이루어질 수도 있고 다른 시간에 이루어질 수도 있다.

명시적 거래는 대개 동시에 이루어진다. 하지만 묵시적 거래는 이번에는 내가 너의 뜻에 동의하니 다음에는 네가 나의 뜻에 동의하라는 방식으로 이루어진다. 이런 경우 나는 이전의 거래의 대가로 요청을 했는데 상대방이 이를 인정하지 않고 거부한다면 이는 배반의 행위가 된다. 명령은 이러한 거래의 한 종류이다. 명령을 받는 사람은 어떤 방식으로든 거래를 통하여 빚을 진 사람에 해당된다. 자신이 명령할 입장에 있었다고 생각했는데 이러한 명령이 받아들여지지 않으면 모욕을 받은 것으로 생각하게 된다.

이처럼 요청이나 거래가 이루어지지 않았지만, 자신의 뜻을 상대방에게 관철시키려고 할 때 폭력을 행사하게 된다. 폭력은 자신의 뜻에 따르지 않은 사람에게 고통을

주거나 고통이나 죽음을 주겠다고 협박함으로써 상대방이 마지못해 자신의 뜻에 따르도록 하는 행위방식이다. 이러한 폭력의 숨겨진 형태가 잘못된 생각을 주입함으로써 스스로 자신의 뜻에 따르도록 하는 지배이데올로기 바로 그것이기도 하다. 이것은 폭력처럼 보이지 않는 사이비 비폭력이다.

스페인과 포르투갈은 거래를 했다. 이들 나라들과 가톨릭 교회도 거래를 했다. 하지만 예수회 신부들은 이러한 거래를 거부했다. 과라니족들도 이러한 거래를 거부했다. 이익의 당사자인 포르투갈은 예수회 신부들과 과라니족들에게 자신의 뜻을 관철시키고자 한다. 그들이 동원할 수 있는 방법은 폭력이다.

사실 과거의 로드리고는 포르투갈의 폭력을 불평할 자격이 없는 사람이다. 왜냐하면 그는 개인적으로 포르투갈과 다를 바 없이 폭력을 동원하여 자신의 뜻을 관철시켰던 사람이기 때문이다. 그는 총과 칼을 이용하여 과라니족들을 노예로 팔았다. 그는 칼을 이용하여 자신의 동생을 죽였다. 자신의 **잘못**을 뉘우치기 전에 **로드리고**의 삶은 포트투갈의 삶과 같은 종류의 것이었다.

로드리고는 자신이 사랑하는 동생을 자기 스스로 죽임으로써 폭력이 사람에 가하는 아픔을 비로소 알아채게 된다. 이제까지 자기가 휘둘러 왔던 폭력이 다른 사람들에게 어떤 아픔을 가져왔을지를 비로소 이해하게 되고, 폭력에 대하여 전적인 거부의 태도를 가지게 된다. **회개한 로드리고**는 사람에게는 물론이고 돼지에게조차 폭력을 가하기를 거부한다.

2) 대항폭력

하지만 폭력과 관련하여 우리가 늘 빠지게 되는 함정은 대항폭력(contre-violence)의 유혹이다. '다른 사람이 나에게 먼저 폭력을 행사하게 되면, 나는 그것에 대한 보복으로 폭력을 행사해도 괜찮다'라는 생각이다. 이러한 보복은 사회적 권력이 등장하기 전에는 **힘 있는 개인**에 의해 무제한적으로 일어났으며, **사회적 권력**이 등장한 후에는 사회적 권력이 개인을 대신하여 제한적으로 수행하였다.

이렇게 하여 적어도 하나의 사회적 권력이 통제하고 있는 사회 내에서는 대항폭력을 스스로 행사할 필요성은 줄어들었다. 하지만 사회적 권력이 제 역할을 다하지 못하는 경우나 그러한 사회적 권력 자체가 하나의 폭력이 될 경우, 대항폭력은 다시 한번 폭력의 희생자들에게 하나의 선택지가 된다. 하지만 역사는 이러한 대항폭력이 다시금 폭력으로 변하고 마는 것을 목격해 왔다.

레닌의 볼셰비키 혁명은 이러한 대항폭력으로 시작되었다. 당시 차르의 통치를 폭력으로 파악한 레닌은 이에 대한 대항폭력을 시도하였다. 하지만 역사는 레닌의 대항폭력 또한 차르의 통치와 마찬가지거나 더한 폭력으로 변하고 말았다는 사실을 보여주고 있다.

인권의 정치는 기존 질서의 다양한 형태의 '폭력'에 대결해야 할 뿐만 아니라, 수많은 혁명적 시도들을 인권의 정치에 무한히 가깝게 만드는 동시에 또 그것으로부터 무한히 멀게 만듦으로써 난파시킨 '대항폭력'(contre-

violence)의 자기파괴적 효과들과 대결해야 한다. 발리바르는 오늘날의 일반화한 폭력의 상황 속에서 폭력의 실천적 부정의 두 형태인 비폭력과 대항폭력 간의, 또는 혁명적 변화와 합법적 변화 간의 전통적 딜레마를 극복하는 반폭력(anti-violence)의 정치를 다급히 발명할 필요성을 강조한다.[8]

오늘날 이러한 **대항폭력의 자기파괴적 효과**는 심지어 대항폭력을 시도하는 사람들까지도 인정하고 있는 일반적 사실이 되었다. 예를 들어 1994년 멕시코에서 무장봉기한 사파티스타 민족해방군(EZLN: Ejercito Zapatista de Liberacion Nacional)의 마르코스 부사령관은 자신들이 대항폭력을 선택하기는 하지만 이의 자기파괴적 효과를 방지하기 위하여 자신들은 정치적인 세력이 되지 않을 것이라고 선언하고 있다.

-- 되풀이하지만 우리는 권력도 정당이 되는 것도 바라지 않는다. 그러한 것은 필요없다.
-- 무기에 의해서 권력을 장악한 자는 결코 통치해서는 안 된다고 우리는 생각하고 있다. 무기와 힘으로 통치할 위험이 있기 때문이다.
-- 우리가 지향하는 것은, 민주주의와 정의와 자유를 요구하기 위해서 이제는 지하로 들어가거나 무장하거나 할 필요가 없는 때이다.
-- 우리는 어느 날인가 병사가 더 필요치 않기 위해 병사가 된 전투원이다. (중략) 우리는 이러한 자기 소멸로 가는 길을 가다가 소멸할 운명인 직업을 선택했다. 우리는 무장투쟁을

---

8) 서관모, "이데올로기의 문제설정: 알튀세르와 발리바르".
   출전 http://myhome.naver.com/skreds /sourcekor/seo_ideology.htm

1960년대 게릴라가 생각했던 것같이 유일한 길, 유일한 수단, 모든 것을 결정하는 유일한 진실이라고 생각하지 않는다.

　-- EZLN은 엄밀히 정의된 이데올로기를 갖지 않은 봉기운동이다. … 무장투쟁이 해야 할 것은 문제 — 자유의 결여, 민주주의의 부족, 부정의(不正義) — 를 제기하는 일이고 그런 것을 이룩한 뒤에는 소멸하게 된다.

　-- 혁명운동이나 그 지도자는 모두 정치지도자나 정치적 주역이 되려고 하는 경향을 갖기 때문에 '혁명적'이라는 용어는 적절치 않다. 이에 대해서 EZLN은 어디까지나 사회반란을 계속하겠다. 혁명가는 항상 위로부터 변혁할 것을 바라고 있다. 그러나 사회반란은 밑으로부터 변혁할 것을 바라는 것이다.9)

3) 용서와 사랑

하지만 대항폭력이 자기파괴적 효과를 피하기 위하여 어떤 정책을 수립한다고 하더라도, **폭력은 이미 폭력이다.** 폭력의 결과가 아

무리 아름답다고 해도 폭력의 과정은 인간에게 고통과 죽음을 안겨주며, 대항폭력이 아닌 폭력과 마찬가지로 인간성을 파괴시킨다. 이러한 파괴는 정책으로 회피할 수 없는 폭력 그 자체의 성질이다. 폭력을 없애지 않고서는 폭력이 가져오는 인간성 파괴를 없앨 수 없다.

대항폭력이 폭력과 구별될 수 있는 유일한 가능성은 로드리고처럼 자신의 폭력을 회개하는 사람에게 대항폭력을 행사하는 경우이

---

9) 무까이 꼬오, 『폭력론 노트: 비폭력 직접행동이란 무엇인가』, pp.30～31.
　출전 http://dopehead.net/files/note-on-violence.hwp

다. 대항폭력을 자신이 받아야 당연한 죗값이라고 생각하는 사람에게만 대항폭력은 거래가 된다. 로드리고는 과라니족들의 목숨을 팔아넘긴 자로서 자신의 목숨을 내어놓았다. 과라니족들이 로드리고를 살해한다면 그것은 보복법에 따르는 행위가 될 것이며, 대항폭력은 폭력이 아니라 목숨의 거래라는 거래의 특별한 모습을 띠게 되었을 것이다. 그러나 현실적으로 이러한 가능성은 많지 않다.

영화에서는 가브리엘의 충고를 받아들인 추장[10]은 그의 목숨을 빼앗지 않고 오히려 그의 무구를 그로부터 끊어내어 그의 죗값을 덜어주며 그를 마을의 일원으로 받아들여 준다. 과라니족들은 회개하는 로드리고를 용서한다. 용서는 거래하고자 하는 상대방에게 부담을 면하여 주는 것이다. 그러므로 용서는 요청에 응하는 것과 다름없는 것이 된다. 폭력을 행사한 자가 회개할 경우 대항폭력이 그에게 행사되어 거래가 이루어지거나 그것마저 포기되어 용서가 생겨날 가능성도 있다.

인간이 기독교인이 된다는 것 즉 하느님을 본받아 산다는 것은 다른 사람에게 폭력을 행사하지 않는 것은 물론이고 거래하지 않고 요청에 응하는 것이다.

> 너희가 자기를 사랑하는 사람들만 사랑한다면 무슨 상을 받겠느냐? 세리들도 그만큼은 하지 않느냐? 또 너희가 자기 형제

---

10) 조페는 이 영화를 통해서 백인우월주의자라는 비난을 면하지 못하였는데, 왜냐하면 이 영화에는 과라니족의 입장이 수동적으로만 묘사되었기 때문이었다. 실제로 총과 포로 무장한 유럽인들과 자연상태에 가까운 과라니족의 관계에서 과라니족이 능동적인 입장을 취하기는 매우 어려웠을 것이지만, 여하튼 영화가 백인의 관점에서 서술된 것은 사실이다.

들에게만 인사를 한다면 남보다 나을 것이 무엇이냐? 이방인들도 그만큼은 하지 않느냐? 하늘에 계신 아버지께서 완전하신 것처럼 너희도 완전한 사람이 되어라.[11]

완전한 사람의 조건은 무엇인가? "원수를 사랑하고 너희를 박해하는 사람들을 위하여 기도하여라. 그래야만 너희는 하늘에 계신 아버지의 아들이 될 것이다." 하지만 로드리고는 자신을 용서한 과  라니족들을 사랑하기는 하지만 원수를 사랑하지는 못한다. 세리처럼 자기를 사랑한 사람을 사랑하기는 하지만 자기를 사랑한 사람을 해치려는 사람을 사랑할 수는 없었다. 이방인들처럼 자기 형제들에게 인사할 수는 있었지만 자기의 형제를 해치려는 사람에게 인사할 수는 없었다.

가브리엘은 자신의 형제들이 "네 이웃을 사랑하고 원수를 미워하여라"라는 옛 율법으로 돌아가기로 결심하는 것을 지켜보아야 했다. 그는 자신이 그곳에 와서 한 모든 것이 무너지는 것을 보았다. **하느님의 사랑**에 목숨을 걸기로 했던 그들이 **인간의 사랑**에 목숨을 거는 것을 보았다.

> 만약 당신이 당신의 손에 피를 묻힌 채 죽는다면, 로드리고, 우리가 이제까지 해왔던 일을 배반하는 것이 되네. 당신은 당신의 목숨을 하느님에게 드리겠다고 약속했었고, 하느님은 사랑이시네![12]

---

11) 『성서』, 마태 5:46~48.
12) If you die with blood on your hands, Rodrigo, you betray everything

예수가 이 세상에 온 지 2000년이 넘었지만, 인간은 아직도 보복법과 사랑 사이에서 방황하고 있다. 인간이 보복으로부터 자유롭게 되기까지, 폭력으로부터 자유롭게 되기까지, 아마  도 더 많은 희생과 순교가 필요할는지 모른다. 로드리고가 노예상인에서 수도사가 되기 위하여 동생의 죽음이 필요했듯이, 가톨릭교회가 예수에게 더 가깝게 가기 위하여 로드리고와 가브리엘의 죽음이 필요했듯이, 인류가 하느님에게 더 가깝게 가기 위하여 예수의 죽음이 필요했듯이, 보복과 폭력에 아직도 사로잡혀 있는 인류에게는 더 많은 희생과 순교가 필요한가 보다.

5. 달라이 라마

1758년 아르헨티나와 파라과이 그리고 브라질 국경에서 포르투갈의 군인들이 예수회가 만든 선교회를 무력으로 해체하는 일이 일어났다. 그 와중에서 살해된 원주민들의 숫자는 남아 전하지도 않는다. 다만 볼트와 조페가 이 사건을 소재로 『미션』이라는 영화의 각본을 만들고 영화를 감독하였다.

1959년 티베트에서는 중국의 군인들이 티베트의 민중봉기를 무력으로 제압하였다. 달라이 라마(Dalai Lama)는 자치정부 관리 및

---

we've done! You promised your life to God. and God is love!

추종자 약 1,000명과 함께 인도로 망명하여 후에
다람살라에 임시정부를 수립하여 오늘에는 수많
은 망명인구가 여기에 거주하고 있다. 동 봉기로
인해 약 4만 명의 티베트인이 사망하고, 수천의
사원이 파괴되었으며, 동년 티베트 중부지역에서
만 8만 7천 명이 추가로 사망한 것으로 알려지고 있다. 달라이 라
마의 벗이었던 오스트리아인 산악가 하러(Heinrich Harrer)의 자서
전을 가지고 아노는 『티벳에서의 7년』이라는 영화를 만들었다.

1950년 중국의 티베트 점령 이후 100만의 티베트인이 희생당했
다고 하는데, 이러한 티베트의 망명정부를 대표하는 달라이 라마는
그럼에도 불구하고 비폭력적인 독립운동을 계속하고 있다. 그의 공
식적인 입장은 **독립**이 아니라 **완전자치**이다.

인간이 이 세상에 남아 있는 한은 언제
나 불화와 갈등이 있을 것입니다. 우리는
그 사실을 받아들여야 합니다. 만일 불화와
갈등을 없애기 위해서 폭력을 휘두른다면,
매일 폭력이 일어나리라고 예상해야 합니
다. 그 결과는 끔찍할 것입니다. 게다가,
폭력을 통해서 불화를 없애는 것은 불가능합니다. 폭력은 더
많은 원한과 불만을 불러올 뿐입니다.

반면에, 비폭력은 대화를 의미합니다. 즉, 의사소통을 하기 위
해서 언어를 사용하는 것을 뜻합니다. 그리고 대화는 타협을
뜻합니다. 즉, 화해의 정신으로 남들의 의견을 듣고 남들의 권
리를 존중하는 것을 뜻합니다. 아무도 완전한 승리자가 될 수
가 없고 아무도 완전한 실패자가 될 수 없습니다. 타협이 현실

적인 방법이며, 사실상 유일한 방법입니다.

오늘날은 세계가 자꾸 좁아지면서 '우리'와 '그들'이라는 개념은 구식이 되었습니다. 만일 우리의 이익이 남들의 이익과 상관없이 독립적이라면, 완전한 승자나 완전한 패자가 나올 수 있을 것입니다. 그러나 실제로는 우리 모두가 서로 의존하고 있고, 우리의 이익과 남들의 이익은 밀접히 관련되어 있습니다. 그런데 어떻게 완전한 승리자가 될 수 있겠습니까? 그것은 불가능합니다. 반반씩 나누든지, 이쪽은 60퍼센트, 저쪽은 40퍼센트라는 식으로 나누어 가져야 합니다. 그렇지 않으면 화해를 이룰 수가 없습니다.

오늘날 세계의 실상은 우리가 그런 식으로 생각하기를 배워야 한다는 것을 보여주고 있습니다. 이것이 저의 근본 입장입니다. 바로 '중도'(中道)적인 입장이지요. 타협만이 유일한 길입니다. 비폭력적인 수단을 통해서 우리는 의견과 감정, 권리를 함께 나눌 수 있고, 문제를 해결할 수 있습니다.

가끔 저는 20세기를 학살의 세기, 전쟁의 세기라고 부릅니다. 이 세기 동안에 과거 어느 때보다 훨씬 많은 갈등과 학살과 무기들이 생겨났습니다. 이제 우리는 20세기에 우리가 겪었던 경험과 그 경험에서 배운 교훈을 토대로, 다음 세기는 대화의 세기가 되기를 기대해야 합니다. 어디서나 비폭력주의를 실천해야 합니다.13)

---

13) 달라이 라마, 『삶의 네 가지 진리』(서울: 숨, 2000), pp.158~159.

생각거리

1. 가브리엘이 축복을 거부하면서도 로드리고에게 자신의 십자가를 선물한 이유는 무엇일까? 생각해 보자.
2. 대항폭력에 대한 다양한 설명들을 조사해 보자.
3. '원수를 사랑하라'는 계명은 너무 비현실적인 계명이 아닌가? 이에 대하여 간단한 에세이를 작성해 보자.
4. 자신이 보복률에 따라 행동했던 경우와 그것을 넘어서 행동했던 경우를 찾아보자.
5. 달라이 라마의 비폭력주의적인 태도가 드러난 표현들을 조사해 보자.
6. 자신이 이 영화를 다시 만든다고 하면 어떻게 그 내용을 달리할 것인지를 적어보자.

읽을거리

달라이 라마 지음/주민황 옮김, 『삶의 네 가지 진리』(서울: 숨, 2000)
발리바르 지음/윤소영 옮김, 『인권의 정치와 성적 차이』(서울: 공감, 2003)
텐진갸초 지음/심재룡 옮김, 『달라이 라마 자서전』(서울: 정신세계사, 2003)

볼거리

조페, 『킬링필드』(*Killing Field*, 1984)
조페, 『시티 오브 조이』(*City of Joy*, 1992)
아노, 『티벳에서의 7년』(*Seven Years in Tibet*, 1997)

12장 증오로부터의 자유

『간디』

1. 증오로부터의 자유

요청으로 자신의 뜻을 실현할 수 없을 때, 우리는 거래를 시도하게 되고, 거래로도 뜻을 실현하지 못할 때 우리는 폭력을 행사하게 된다. 물론 요청이나 거래도 시도하지 않고 바로 폭력 행사를 시도하는 사람도 없지 않다. 그런 사람들은 폭력에 완전히 사로잡혀 있기 때문이며 그런 사람이 삶은 자신에 대해서도 폭력적이라는 것을 우리는 이미 알고 있다. 평범한 사람이라면 우리는 대개 요청과 거래와 폭력이라는 단계를 밟게 된다.

이러한 폭력의 단계에 이를 때 우리가 가지게 되는 감정은 무엇보다도 증오이다. 증오는 다른 사람이 나의 이익에 방해가 될 때 그를 향해 가지는 나의 부정적 태도로서 이러
한 태도는 그의 존재가 어떤 방식으로든 쇠약
하기를 원하며 그러한 쇠약의 궁극적인 형태
인 그의 존재의 무화 즉 죽음까지도 원한다.
그렇기 때문에 우리는 그에게 폭력을 가하여 고통을 주고 심지어는
죽음에까지 이르게 한다.

원수를 사랑하기 위해 우리가 자유로워져야 할 구속들 중의 하나
는 바로 이러한 증오이다. 증오로부터의 자유로워질 때 우리는 비로
소 원수를 용서할 수 있고 나아가 사랑할 수도 있다. 현대의 대표
적인 평화주의자인 달라이 라마 또한 이 점을 명백히 지적했다.

> 우리가 비폭력을 견지하고 중국에 대한 증오를 거부하는 한,
> 티베트의 편에 서서 티베트를 대변하는 것은 좋은 일입니다.
> 인권의 침해에 큰 소리로 항의하고, 고문
> 당하거나 투옥당한 이들을 대변하는 것은
> 훌륭한 일이지요. 그러나 우리는 고문자를
> 증오해서는 안 됩니다. 우리는 고문에 대
> 해 격렬하게 항의하고 고문을 중단시키기 위해 최선을 다해야
> 하지만, 희생자뿐 아니라 고문자도 사랑할 수 있어야 합니다.[1]

하지만 고문받는 사람이 고문하는 사람을 어떻게 증오하지 않을
수 있으며, 조국을 점령하고 동족을 학살하는 나라를 어떻게 증오
하지 않을 수가 있는가? 우리는 과연 그렇게까지 되어야 하는가?

---

[1] 고형일, "달라이 라마의 평화사상", 불교학연구회, 『불교연구』 제2호(2001.
6), p.24. 재인용.

우리가 그렇게 되어야 하는 첫째 이유는 증오가 우리를 세계에 대하여 눈멀게 함으로써 효과적으로 상황에 대처할 수 없게 하기 때문이다. 우리는 자신이 증오에 사로잡혀 있을 때 자신이 효율적으로 행동하지 못한다는 사실을 알고 있다. 그러한 때의 말과 행동을 우리는 나중에 후회하는 경우가 많다. 후회한다는 사실 자체가 그 당시 우리가 제대로 된 판단을 하지 못했다는 증거이다. 그러므로 이렇게 증오에 사로잡히는 것은 **타산적이라는 의미에서 합리적**이지 않다.

둘째 이유는 상대방의 증오가 나에게 고통과 죽음을 주듯이 나의 증오 또한 상대방에게 고통과 죽음을 주기 때문이다. 대항폭력이라고 해서 그것이 폭력이 아닌 것이 아니듯이, 대항증오 또한 증오가 아닌 것이 아니기 때문이다. 상대방의 증오와 적의가 나에게 해로움이 되었다면 나의 증오와 적의도 마찬가지로 상대방에게 해로움이 되기 때문이다. 나에게 가하지 말았으면 하고 원하는 것을 남에게 가하기를 원한다는 것은 **도덕적이라는 의미에서 합리적**이지 않다.

셋째 이유는 증오는 요청하거나 거래할 수 있는 사람에게는 합당한 감정이 아니기 때문이다. 우리가 요청하거나 거래를 할 때 자신을 잃지는 않는다. 요청할 때 우리는 자아로서 상대방의 대답을 기다린다. 거래를 할 때 우리의 거래의 한 주체로서 자신을 유지한다. 하지만 증오할 때는 증오가 우리를 대신한다. 증오는 상대방을 공격할 뿐만 아니라 자신도 공격한다. 화병으로 건강을 잃거나 목숨을 잃는 것은 바로 이러한 증오의 결과이다. 그러므로 증오의 감정은 자기가 자기이고자 하는 사람, 자유롭고자 하는 사람에게는 **본질적으로 부적합한 감정**이다.

그러므로 자유로운 영혼이고자 하는 달라이 라마는 증오할 수 없다. 윤리적인 인간이고자 하는 달라이 라마는 증오할 수 없다. 문제를 더 확대시키기를 원하는 것이 아니라 문제를 축소시키고 해결하기를 원하는 달라이 라마는 증오할 수 없다. 우리는 어떠한가? 우리가 증오를 수용할 때 우리는 우리가 하고 있는 일을 알아야 한다. 그것은 자유와 윤리와 문제해결의 포기이다. 달라이 라마는 이러한 교훈을 어디서 얻었던가? 1989년 자신의 노벨평화상 수상식에서 그는 이렇게 말했다.

Receiving the Nobel Prize
for Peace, Dec. 10, 1989

억압받은 모든 사람들, 그리고 세계평화와 자유를 위해 투쟁하는 모든 사람들을 대신하여 이 상을 받게 된 것을 깊이 감사드립니다. 저는 이 상이 변화를 위한 비폭력주의적 실천이라는 새로운 전통을 세운 마하트마 간디에게 바쳐진 것이라 생각합니다. 그분의 비폭력주의적인 삶은 저에게 교훈과 영감을 주었습니다.

2. 리차드 어텐보로

증오와 보복의 삶과 원수를 사랑하는 삶 사이에 방황하는 인류에게 다시 한번 증오와 보복의 삶에서부터 벗어나기를 촉구한 인물이 인도의 마하트마 간디이다. 이런 까닭에 달라이 라

마는 자기가 받는 노벨평화상이 그에게 바쳐진 것이라고 생각했던 것이다. 이런 간디의 생애를 영상화함으로써 영화 『간디』(*Gandhi*, 1982)를 보는 관객들에게 그의 메시지를 다시 한번 전해 주고 있는 이가 리차드 어텐보로(Sir Richard Attenborough)이다.

1923년에 영국에서 캠브리지 스쿨 교장의 아들로 태어난 어텐보로는 영국의 가장 존경받는 배우이자 감독이자 제작자들 중의 한 사람이다. 12살부터 극장 일을 시작하여, 17세의 나이로 왕립 드라마예술 아카데미(Royal Academy of Dramatic Art)에 입학하였으며, 1942년을 전후하여 연극과 영화배우로 활동을 시작히었다. 1947년경에 스타덤에 오른 이후 수많은 연극과 영화에서 훌륭한 업적을 쌓아 왔다. 1971년 영국 최초의 민영 라디오 방송국을 세웠고, 70세까지 매우 성공적인 극단의 대표로 활동했다. Channel 4 텔레비전 설립의 주요 멤버이기도 하다. 각종 연극 영화 관련 학교의 대표 및 총장을 역임하였고, 유니세프 친선대사이기도 하며, 명예박사학위를 다수 받기도 했고 마틴 루터 킹 주니어 평화상을 수상하기도 했다. 1976년에 작위를 받았고 1993년에 영국의 일대 귀족이 되었다.

배우로서의 그의 활동은 일일이 열거하기 어려울 정도이지만, 그가 최근에 맡은 역할들 즉 스필버그(Steven Spielberg) 감독의 『주라기 공원』(*Jurassic Park*, 1993)의 공원창설자 역할과 메이필드(Les Mayfield) 감독의 『34번가의 기적』(*Miracle on 34th Street*, 1994)의 산타클로스 역할로 미루어 짐작할 수 있다.

1969년부터는 감독으로도 활동을 시작하였는데, 그의 작품들 중에는 실존인물들의 생애를 그린 영화가 많다는 것이 특히 눈에 띈다. 제2차 세계대전 때의 영국 수상 윈스턴 처칠의 젊은 날을 그린 1972년의『젊은 날의 처칠』(*Young Winston*), 인도의 비폭력주의 독립운동가 간디를 그린 1982년의『간디』, 남아프리카공화국에서 흑백차별을 하던 시절 그에 저항한 백인 저널 리스트 도날드 우즈의 삶을 그린 1987년의『자유의 절규』(*Cry Freedom*), 영국의 전설적인 코미디 언이자 영화제작자인 채플린의 생애를 그린 1992년의『채플린』(*Chaplin*), 실존했던 두 작가 C. S. 루이스와 조이 그래샴 간의 간절한 러브스토리를 그린 1993년의 『섀도우랜드』(*Shadowlands*), 미국의 노벨 문학상 수상 작가 어니스트 헤밍웨이의 젊은 날을 그린 1996년의『러브 앤 워』(*In Love and War*), 최초의 환경보호론자로 불리기도 하는 아치 벨라니의 일생을 그린 1999년의『그레이 올』(*Grey Owl*)이 그것들이다.

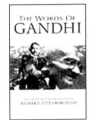 그의 작품들 중에서 가장 큰 성공을 거둔 것은 『간디』인데, 사실 이것은 20년에 걸친 간디에 대한 그의 열정의 결실이었다. 1982년에 그는 영화 『간디』와 더불어 자신의 간디에 대한 연구를 담은 『간디를 찾아서』(*In Search of Gandhi*)라는 책을 발간하기도 했으며, 이후『간디 어록』(*The Words of Gandhi*)을 편집하여 발간하기도 했다. 이 영화를 제작 감독했던 그는 이 영화로 아카데미 감독상, 영국아카데미상 감독상 및 작품상, 미국감독협회의 감독상, 골든글로브의 감독상, 뉴욕영화비평가협회의 작품상을 받기도 했다.

영국의 엘리자베스 1세는 인도를 셰익스피어와 바꾸지 않겠다고

말했지만, 영국과 인도는 대단히 기구한 운명으로 뒤얽혀 있다. 영국의 식민지배는 간디의 비폭력 비협조의 독립운동에 의해 그 정체가 영국인들과 인도인들에게 폭로되고 종말을 고하게 되지만, 간디는 자신과 같은 힌두교인에게 암살당하고 영국인들의 각별한 이해를 얻게 된다. 어텐보로 역시 그러한 영국인들 중의 한 사람일 것이다. 어떤 의미에서 영국은 간디를 탄압한 나라이자 또한 동시에 간디를 이해한 나라라고 할 것이다. 어텐보로의 간디 이해를 이제 살펴보자.

3. 영화 『간디』

영화는 간디가 암살당하는 장면으로부터 시작된다. 그리고 이어지는 장례식, 중계 아나운서는 그의 삶을 이렇게 요약한다.

> 이 대규모 조문의 대상은 그가 언제나 살아온 것처럼 죽었습니다. 평범한 사람으로 돈도 재산도 권력도 없었던 사람 마하트마 간디는 군사령관도 통치자도 아니었습니다. 과학적 업적이나 예술적 재능도 없었습니다. 하지만 전 세계의 사람들과 국가들, 유명 인사들은 오늘 이 자리에 모여서 인도를 해방시킨 걸칠 옷도 충분하지 않았던 갈색의 자그마한 이 사람을 애도하고 있습니다.[2]

---

2) The object of this massive tribute died as he had always lived: A private man without wealth without property without official title or office. Mahatma Gandhi was not the commander of armies nor a ruler of vast lands. He could not boast any scientific achievement or artistic

1) 남아프리카에서의 간디

 1869년 인도에서 태어난 간디는 1887년 18세 때 런던에 유학하여 법률을 배우고, 1891년 귀국하여 변호사로 개업하였다. 1893년 변호사일로 부인과 함께 남아프리카 연방의 더반으로 건너갔다. 영화는 남아프리카에서 백인이 아닌 인간들이 겪는 차별대우를 간디가 일등칸에서 쫓겨나는 일화로 보여준다. 이러한 차별대우에 대하여 간디는 같은 신의 자녀들이고 같은 영국의 신민들이 차별대우를 받는 것은 부당하다는 것을 언론과 법원에 호소한다. 그는 유럽인이 아닌 사람이 언제나 지녀야 하는 신분증을 불태우는 시위를 조직하는데, 이것은 정부재산인 신분증을 불태우는 불법적이지만 평화적인 방법으로 즉 평등이라는 헌법적 권리를 회복하기 위해 실정법을 위반하는 시민불복종(civil disobedience)의 형태로 이루어졌다.

> 우리는 어떤 사람의 두려움과 증오도 일으키기를 원하지 않습니다. 하지만 나는 힌두교도, 회교도, 시크교도인 여러분들이 우리를 도와 하늘과 영국 당국의 마음을 밝게 하기를 원합니다. 불의에 대한 우리의 저항으로 말입니다.[3]

---

gift. Yet men, governments, dignitaries from all over the world have joined hands today to pay homage to this little brown man in the loincloth who led his country to freedom.

3) We do not want to ignite the fear or hatred of anyone. But we ask you Hindu, Muslim and Sikh to help us light up the sky and the minds of

하지만 남아프리카에서 간디가 한 일은 영국을 일깨우는 일만은 아니었다. 다른 사람들과 마찬가지로 자신과 자신의 가족들도 일깨웠는데 그것은 그의 공동체 애쉬람 (ashram)을 통해서였다. 이러한 삶의 고단함과 깨우침과 기쁨을 영화에서는 화장실 청소와 관련한 간디와 그의 아내와의 논쟁으로 보여주고 있다. 지방장관을 지냈던 집안에서 태어난 간디에게 시집온 그의 아내가 천민들이나 할 일을 한다는 것은 처음에는 참을 수 없는 일이었을 것임에 틀림없다.

20여 년에 걸친 남아프리카에서 활동에서 간디는 비폭력적인 저항운동을 형성시켜 나갔다. 남아프리카의 인도인들은 당시 그들의 상황 즉 영국민으로서의 평등한 인간의 권리를 요구했다. 그와 그의 동료들의 시민불복종 운동은 자신들의 고통을 가지고 상대방의 부당성과 자신들의 정당성을 입증하는 운동이었다. 그들의 노력은 성공적이었고 그래서 그들은 성공을 거두었다. 이는 인도가 영국에 대항해서 거둔 200년만의 첫 성공이었다. 그는 이 당시에는 영국에 대한 충성을 명백히 했는데, 영국의 보호를 받는 한 영국에 충성해야 한다고 생각했다.

 나는 여러분에게 싸울 것을 청합니다. 그들의 증오에 대항하여 싸우고 그들의 증오를 불러일으키지 말 것을 청합니다. 우리는 한방 먹이지 않을 것입니다. 오히

the British authorities with our defiance of this injustice.

려 우리가 얻어맞을 것입니다. 그리고 우리의 고통을 통해서 우리는 그들에게 그들의 정의롭지 못함을 보게 할 것입니다. 모든 싸움이 그렇듯이 그러한 싸움도 우리를 다치게 할 것입니다. 그러나 우리는 결코 질 수 없습니다. 그들이 나의 몸을 고문하고 나의 뼈를 부러뜨리고 심지어 나를 죽일 수도 있습니다. 하지만 그들이 나의 죽은 몸을 가지겠지만, 나의 복종을 받아내지는 못할 것입니다.[4]

2) 영국에 대한 간디의 저항

1915년 간디는 3등 칸 배를 타고 인도로 귀국한다. 20여 년 간의 저항생활을 통하여 그는 '영국인'과 '변호사'라는 상류사회인의 티를 벗고 '인도인'과 '같은 신의 자녀'로 되
어 가고 있는 중이었다. 그는 인도의 각지를 방문하면서 자기의 고국에 대하여 배웠다. 그리고 국민의회에서 지배자만이 바뀌는 자치가 아니라 민중들의 자치를 역설한다. 젊은이들에게도 서양의 단점에 동화되지 말 것을 당부한다.

소작농들의 고충을 듣게 된 간디는 소작농들의 형편을 살피고 문제의 해결을 시도한다. 영국인 목사와 나중에 인도의 수상이 된

---

4) I am asking you to fight. To fight against their anger, not to provoke it. We will not strike a blow. But we will receive them. And through our pain we will make them see their injustice. And it will hurt as all fighting hurts. But we cannot lose. We cannot. They may torture my body break my bones even kill me. Then they will have my dead body not my obedience.

네루의 친구들이 그를 돕는 가운데, 감옥을 드나들며 언론을 통해 상황을 호소한 끝에 문제를 해결한다. 이렇게 하여 그는 인도인들에게는 아버지라는 의미의 바푸(bapu)로 불리게 되고 언론은 국제적인 영웅으로 대접하게 된다.

독립에 대한 희망이 강화되자 영국은 식민지 통치를 강화할 새로운 법안을 준비하게 되는데 간디는 이에 대하여 금식기도를 하는 파업으로 저항한다. 이제 모한다스 간디(Mohandas K. Gandhi)는 위대한 영혼이라는 뜻으로 마하트마 간디(Mahatma Gandhi)라고

불리게 된다. 하지만 간디는 체포되고, 사태는 폭동으로 변질되어 영국인이 살해당하는 일이 생긴다. 이때 영국의 다이어 장군이 비폭력 저항을 시도하는 인도인을 학살하는 사건이 벌어진다. 이 학살에서 영국은 1,650개의 총알로 1,516명의 사상자를 만들었다. 이제 간디는 영국이 인도에서 떠나야 한다는 것을 확실히 주장한다. 그리고 그것을 비폭력적 비협조를 통해서 영국에게 깨우치겠다고 선언한다.

우리는 당신이 남의 집에서 주인 행세를 하고 있다는 것을 아실 때가 되었다고 생각합니다. 그렇게 하는 것은 아무리 의도가 좋다 해도 우리를 통제함으로써 본질적으로 우

리를 모욕하게 되죠. 다이어 장군이 그러한 원리의 좋은 예입니다. 당신이 떠날 때입니다. … 결국 당신은 떠나게 될 것입니다. 왜냐하면 인도인들이 협조를 거부한다면, 십만의 영국인

이 삼억 오천의 인도 인구를 통제할 수는 없기 때문이죠. 그리고 그것이 우리가 달성하고자 하는 것입니다. 평화스럽고 비폭력적인 비협조를 당신 자신이 떠나는 지혜를 갖게 될 때까지 계속할 것입니다.[5]

비협조 운동과 더불어 간디는 폭력중의 최악의 폭력인 인도인의 가난을 해결하기 위하여 외국제 옷을 거부하며 손수 물레질을 하는 차르카(charkha, 물레) 운동을 일으킨다. 이와 관련한 시위 중에 경찰이 살해당하는 일이 생기자 간디는 단식으로 참회하며 시위의 중단을 호소한다. 그는 살인으로 자유를 얻는 것을 원하지 않는다. 간디의 호소로 시위는 중단되었으나, 영국법정은 간디에게 선동죄로 6년을 선고한다.

몇 년을 복역하고 석방된 간디는 비폭력적인 인도의 독립운동으로 소금행진을 기획한다. 소금은 영국의 전매사업이었다. 하지만 간디는 영국의 법을 거부하고 인도인이 스스로 소금을 만들어 팔고 먹도록 하였다. 전 세계적으로 웃음거리가 된 영국은 간디를 체포하여 운동의 포기나 폭력을 유도하지

---

5) We think it is time you recognized that you are masters in someone else's home. Despite the best intentions of the best of you, you must, in the nature of things, humiliate us to control us. General Dyer is but an extreme example of the principle. It is time you left. ⋯ In the end you will walk out because 100,000 Englishmen simply cannot control 350 million Indians, if those Indians refuse to cooperate. And that is what we intend to achieve. Peaceful, nonviolent noncooperation till you yourself see the wisdom of leaving.

만 이도 이루어지지 않고 오히려 인도의 도덕적 우위만 보여주게 된다.

석방된 간디는 인도의 독립에 대하여 의논할 회의에 참석하기 위하여 런던을 방문한다. 하지만 영국은 인도가 각자의 희망에 따라 분리하여 독립되어야 한다고 주장한다. 간디는 영국의 여러 지도자들과 노동자들을 만나고 인도로 돌아온다. 제2차 세계대전이 시작되었지만 간디는 영국의 곤경을 이용할 생각을 하지 않는다. 하지만 이번에는 전쟁을 반대했고 영국은 간디를 옛 궁전을 개조한 감옥에 억류한다. 간디는 전후 인도의 분리 독립을 거정한다.

3) 분리 독립에 대한 간디의 저항

영국이 인도를 독립시키고 영연방의 일원으로 받아들이기로 하였을 때, 인도의 소수파인 회교도들은 다수파인 힌두교도들이 영국을 대신하여 자신들을 지배할 것을 염려하였다. 그리하여 그들은 파키스탄으로 분리하여 독립하기를 원하였다. 간디는 하나의 인도를 희망하였지만 현실은 간디의 뜻과는 다른 방향으로 진행되었다. 내전이냐 분리 독립이냐의 갈림길에서 인도는 인도와 파키스탄이라는 분리 독립의 길로 가고 만다.

1947년 힌두교의 나라인 인도와 회교의 나라인 파키스탄으로 인도가 분리됨에 따라 인도의 전 지역에 흩어져 살던 힌두교도들과 회교도들은 이교도들을 박해하게  되고 이교도들은 자신의 종교의 나라로 이주를 하게 된다. 이런 와

중에 국경에서 이주민들 사이에 싸움이 일어나고 인도의 전 지역에서는 이교도들끼리 서로 싸우고 죽이는 내전이 벌어지게 된다.

간디는 복수에 눈 먼 인도인들을 깨우치기 위하여 다시 단식에 들어간다. 인도의 초대 수상 네루도 간디를 구하기 위하여 인도인들을 설득하기 시작한다.

> 간디가 죽어 갑니다. 바로 우리 때문입니다. 보복을 멈춥시다. 살육이 정의를 부를 것 같습니까? 용기를 가지고 옳은 일을 합시다. 부디 그들을 형제로 얼싸 안읍시다.[6]

간디는 죽은 아들의 복수를 위해 회교도 아이를 죽인 힌두교도에게 지옥에서 벗어나는 길, 원죄에서 벗어나는 길을 일러준다.

> 지옥을 벗어나고 싶나? 아이를 하나 찾게. 부모가 둘 다 살해된 아이를. [죽은 자네 아이처럼] 키가 이 정도 되는 아이를 찾아, 친자식처럼 키우게. 단 회교도의 자식이어야 하네. 그리고 회교도로 키워야 해.[7]

파키스탄을 방문해 힌두교도와 회교도에게 이 세상의 악마는 마

---

6) Gandhiji is dying because of our madness. Put away your revenge. What good will come of more killing? Have the courage to do what you know is right. For God's sake let us embrace like brothers.

7) I know a way out of hell. Find a child. A child whose mother and father have been killed. A little boy about this high and raise him as your own. Only be sure that he is a Muslim and that you raise him as one.

음속에 있으며 힘을 합쳐 이 악마와 싸우자고 권유하려던 간디는
한 극렬 힌두교도에 의하여 총을 맞게 된다. 당시 조지 마샬 미 국
무장관은 "그가 온 인류의 양심을 대변하면서 제국보다 강한 겸양
과 진리를 실천해 왔다"고 지적하였으며, 아인슈타인은 "앞으로 인
류 앞에 간디와 같은 사람이 다시 나타나기는 힘들 것이다"라고 애
도하였다.

4. 힘사에서 아힘사로

1) 두려움과 죽음에의 용기

진리와 사랑의 삶으로부터 우리를 멀어지게 하는 것은 무엇인가?
간디는 그것을 **두려움과 증오**라고 파악했다. 힘 있는 자가 우리에
게 힘을 행사할 때 우리는 두려움에 떨게 된다. 두렵게 하는 것이
두려움에 떠는 것보다 더 나쁜 일이기는 하지만, 두려움에 떠는 것
은 자신의 나약함의 증거이다. 간디는 이러한 나약함에 대하여 예
수가 용기를 북돋아주고 있다고 이해했다.

신약에서 이랬죠? "오른뺨을 치면 왼
뺨도 내놓아라." … 잘은 모르겠지만,
나는 여기에 대하여 많이 생각했어요.
내가 생각한 바로는 용기를 내라는 것
같아요. 반격하지도 도망하지도 않을 것
이라는 것을 보이기 위하여 한 대든 몇 대든 기꺼이 맞아주는

용기를 내라는 뜻으로 말한 것 같아요.8)

간디는 어떤 의미에서는 평생 얻어맞음으로써 남을 가르친 사람
이었다. 남아프리카에서 그의 저항운동을 시
작할 때부터 그는 고통으로 부정의를 가리키
고자 했다. 이러한 그의 태도는 소금행진 이
후의 제염소 습격사건, 사실 습격이라는 말이
해당되지 않지만, 그 사건에서 시위대가 보여주는 태도에서 다시
한번 확인할 수 있다.

사실 이러한 가르침은 영국인들과의 투쟁에서는 상당한 정도로
먹혀들었다. 하지만 이러한 가르침이 히틀러에게도 적용되었을까?
제 2차 세계대전 중에 연금된 간디를 인터뷰한 기자의 질문이다.
그의 대답은 죽음과 함께라면 '그렇다'라는 것이다.

> 당신은 진짜로 히틀러 같은 자에게도 비폭력을 사용할 수 있
> 다고 믿습니까? 패배와 큰 고통 없이는 안 되죠. 하지만 이 전
> 쟁에는 패배가 없었소? 고통도 없었소? 우리가 결코 해서는 안
> 될 일은 히틀러의 것이든 누구의 것이든 불의를 받아들이는 일
> 이요. 당신은 불의가 드러나게 해야 합니다. 군인들이 죽을 각
> 오로 그러는 것처럼 당신은 죽을 각오로 그것을 해야 합니다.9)

---

8) the New Testament say: "If your enemy strikes you on the right cheek,
offer him the left?" … I'm not so sure. I have thought about it a great
deal. I suspect He meant you must show courage be willing to take a
blow, several blows, to show you won't strike back, nor will you be
turned aside.

9) But do you really believe you could use nonviolence against someone

우리가 두려움에서 자유로울 수 있기 위해
서는 간디는 용기, 남을 죽일 용기가 아니라
남에게 죽임을 당할 용기를 가져야 한다고 충
고한다. 간디는 영국의 힘에 대항해서도 싸워
야 했지만 마찬가지로 인도의 힘에 대항해서도 싸워야 했다. 자신
의 동족들이 증오에 사로잡혀 폭력을 행사할 때마다 그는 다른 모
든 것, 심지어는 인도의 독립까지도 희생해서 그것을 중단시키고자
하였다. 왜냐하면 그것은 그가 원하는 자유가 아니었기 때문이다.
그는 자신의 목숨을 걸고 단식하며 인도의 힘에 대항해서도 싸웠
다. 우리가 두려움에서 벗어나지 못하는 것은 죽을 각오가 없기 때
문이다.

2) 증오와 진리파지

　　　이러한 용기도 어려운 것이지만 남이 자신
에게 힘을 행사했을 때 증오에 사로잡혀 보복
을 행사하고자 하는 욕망을 이겨내는 것도 어
려운 일이다. 두려움을 이기기 위해서 용기가
필요하다면, 증오를 이기기 위해서는 지혜가 필요하다. 왜냐하면
증오는 우리로 하여금 정신을 잃게 하고, 합리성을 잃게 하고, 미

---

like Hitler? Not without defeats and great pain. But are there no defeats
in this war? No pain? What you cannot do is accept injustice from
Hitler or anyone. You must make the injustice visible. Be prepared to
die like a soldier to do so.

치게 만들기 때문이다. 합리성을 회복하기 위해서는 진리를 파악하는 것이 필요하다.

그가 그의 수동적 저항운동을 **사티아그라하**라고 이름한 것도 바로 이런 이유 때문이다. 사티아그라하는 '진리'를 뜻하는 satia와 '파악'이나 '주장'을 뜻하는 graha의 합성어이다. 진리파지(眞理把持)라고 번역되는 이 말은 단순히 소극적 저항을 의미하지 않는다. 이것은 악에 대한 저항 이상의 것이다. 그것은 악에 대한 저항이라기보다 **진리에 대한 헌신**으로서, 관계된 쌍방이 진리를 깨우친다는 의미이다.

예컨대, 인도는 왜 영국의 식민정책에 대해 저항 즉 사티아그라하를 해야만 하는가? 왜냐하면 영국이 인도를 식민지화하면 인도인들이 비인간화되는 것은 물론이지만 남을 비인간화하는 영국인도 마찬가지로 비인간화되기 때문이다. 그러기에 인도인이나 영국인이 다 같이 참다운 인간이 되기 위해 인도의 독립을 위한 저항 즉 사티아그라하가 필요하다.

이러한 논리는 여성과 불가촉천민에 대해서도 또한 해당된다. 남성이 여성을 노예화하고 있는 한 남성도 한 인간으로서 완전할 수  가 없다. 그러기에 여성의 해방이 필요하다. 여성이 해방되어 완전한 인간이 되는 한에서만 남성도 완전한 인간이 될 수가 있다. 간디가 해방시키고자 늘 노력했던 천민들도 마찬가지이다. 힌두교도들이 완전한 인간이 되려고 한다면 천민들을 완전한 인간으로 대해야 한다. 그들을 완전한 인간으로 대하지 못하는 이상 힌두교도들도 결코 완전한 인간이 되지 못한다.

간디는 이러한 철학에서 종교적 차이 또한 이해했다. 그러므로 이교도를 완전한 인간으로 대하지 못하는 한, 이교도를 사랑하지 못하는 한, 자신의 종교는 완전할 수 없다고 생각했다. 그는 기독교의 이웃사랑을 이러한 의미로 파악했다.

우리의 기타, 회교도의 코란, 당신의 성서, 우리를 숨죽이게 하는 것은 언제나 간단한 것이죠. "이웃을 사랑하라." 실천은 잘 안 되지만요. 힌두교도들도 배우는 게 많죠.10)

우리 사원에서는, 신을 섬기기만 한다면 어떤 책을 읽어도 문제가 되지 않는다는 듯이, 사제가 회교의 코란과 힌두교의 기타를 번갈아 읽곤 했죠. 어린 시절에 난 사원에서 노래를 하곤 했죠. "진정한 제자는 남의 슬픔을 자신의 슬픔으로 받아들이지. 모두에게 절을 하고, 누구도 하찮게 여기지 않지."11)

절망을 느낄 때 난 기억한다, 역사를 돌아보면 진리와 사랑은 늘 승리했다는 것을. 독재자도 살인자도 있었고, 한동안 그들은 무적인 것처럼 보이지만 결국에는 언제나 무너졌다. 이것을 생각하라, 언제나.12)

---

10) Our Gita, the Muslim's Koran, your Bible. It's always the simple things that catch your breath. "Love thy neighbor as thyself." Not always practiced but it's something we Hindus could learn a lot from.

11) But in our temple, the priest used to read from the Muslim Koran and the Hindu Gita, moving from one to the other as if it mattered not which book was read as long as God was worshiped. When I was a boy I used to sing a song in the temple. A true disciple knows another's woes as his own He bows to all and despises none.

증오를 극복하는 유일한 방법은 진리를 파악하는 것이다. 절망을 느낄 때 그때 증오가 우리를 사로잡을 때이다. 그러할 때마다 증오에 사로잡히지 말고 진리를 파악하여야 한다. 진리를 놓치는 것은 남은 고사하고 자신을 파괴하는 행위이다. 1758년 포르투갈의 침략자를 맞아서, 1869년 남아프리카의 통치자를 맞아서, 1959년 중국의 침략자를 맞아서, 사람들은 자신을 파괴하지 않으려고 노력했고 노력 중이다. 가브리엘 신부와 마하트마 간디와 달라이 라마를 이해할 수 있다면 우리도 자신을 구할 조그만 가능성을 가질 수 있을 것이다.

3) 아힘사와 사랑

두려움과 증오를 통제할 수 있다면 인간은 **아힘사**(ahimsa)를 실천할 수 있다. 아힘사는 힘사 즉 살생이 아닌 것을 의미한다. 살아있는 모든 것을 존중하고 그것의 삶을 해치지 않으며 그것이 계속 살아갈 수 있도록 돕는 것이 아힘사이다. 이러한 태도는 물론 힌두교나 간디에 유일한 것은 아니며 다른 종교, 특히 기독교나 다른 사상가들 특히 간디가 영향을 받은 톨스토이(Lev

---

12) When I despair, I remember that all through history the way of truth and love has always won. There have been tyrants and murderers and for a time, they can seem invincible but in the end they always fall. Think of it, Always.

Nikolaevich Tolstoi, 1828~1910)와 소로우(Henry David Thoreau, 1817~1862)에서도 발견된다.

아힘사나 사랑과 같은 태도는 단순히 생명체를 살상하는 것을 금하는 수준에 그치는 것이 아니고 살상의 마음을 품거나 살상의 마음을 불러일으키는 말이나 행동까지도 himsa(살생)의 범주에 포함시킨다. 이러한 태도의 극명한 표현은 오히려 성경에서 발견할 수 있다.

> "살인하지 말라. 살인하는 자는 누구든지 재판을 받아야 한다"고 옛 사람들에게 하신 말씀을 너희는 들었다. 그러나 나는 이렇게 말한다. 자기 형제에게 성을 내는 사람은 누구나 재판을 받아야 하며 자기 형제를 가리켜 바보라고 욕하는 사람은 중앙법정에 넘겨질 것이다. 또 자기 형제더러 미친놈이라고 하는 사람은 불붙는 지옥에 던져질 것이다.13)

 생태론자들은 이러한 기독교적 입장이 인간중심적이라고 비판하는데, 그러한 비판의 근거를 그들은 인도의 자이나교에서 찾을 수 있을 것이다. 왜냐하면 자이나교는 아힘사를 다섯 가지 계율 중에서 으뜸가는 계율로 삼았는데, 이는 사람은 물론이고, 동물이나 식물까지도 그 대상에 포함시켰으며, 심지어는 무생물도 그 대상에 또한 포함시켰기 때문이다. 하지만 생태론자들도 자이나교의 비판을 면하기 어렵다. 왜냐하면 자이나교에서는 정신적인, 지적인 아힘사도 강조하였는데, 똑같은 사물도 보는 관점에 따라 진

---

13) 『성서』, 마태 5:21~22.

리일 수도 있고 그렇지 않을 수도 있기 때문에 다른 의견을 무조건 거부하거나 논박하는 것은 힘사에 해당한다고 보았기 때문이다.

이러한 자이나교(Jainism)의 전통은 불교에 이어 졌는데, 불교를 전 인도에 전파한 아소카(Ashoka) 왕은 힘사의 화신이었지만 깊은 뉘우침 끝에 칙령 을 통하여 사람과 동물에 대한 철저한 아힘사를 내 세워 모든 생명의 신성함을 강조하였으며 또 관용  을 절대적 의무로 강조하면서 특히 다른 종교에 대한 존경심과 자 기의 종교에 대한 겸양을 보이도록 촉구하였다.

간디는 이러한 전통 위에 서 있었다. 그는 이러한 전통을 부활시 켜서 인도인들을 도덕적으로 재무장시켰으며 인도에서 시작된 불 교가 그러했던 것처럼 인류의 도덕적 삶에 새로운 자극을 주었다.

애쉬람을 방문한 기자에게 자신이 공동체의 이념을 간디는 이렇 게 설명한다.

> 그것은 정신주의도 민족주의도 아니죠. 우리가 거부하는 것은
> 오직 사람들이 함께 살 수 없다는 생각 그것뿐입니다. 아시겠습
> 니까? 힌두교도, 회교도 시크교도, 유태인, 그리고 기독교인까
> 지도.14)(강조는 인용자)

인도의 독립을 위한 운동에서 살육이 일어났을 때 간디는 그 운 동을 중단시켜야 한다고 생각했다.

---

14) So it's not spiritualism or nationalism. We're not resisting anything but the idea that people can't live together. You see? Hindus, Muslims, Sikhs, Jews, even Christians.

우리는 운동을 끝내야만 합니다. 그들이 했던 일을 생각해 보세요. 눈에 눈으로 대응한 것뿐입니다. 눈에 눈으로 대응하게 되면 온 세계가 장님이 됩니다. 여기까지 오기 위해 민중들이 어떤 희생을 감수했는지 모르세요? 우리는 이러한 열기를 다시는 얻지 못할 것입니다. 전 인도가 움직이고 있습니다. 그래요 어느 방향으로? 우리가 살해와 유혈로 우리의 자유를 얻는다면 나는 티끌만큼도 그것을 원하지 않습니다. … 그들은 우리가 요청해도 멈추지 않을 것입니다. 내가 요청하겠습니다. 그리고 그러한 감정을 일으킨 나의 죄를 참회하는 의미로 단식을 하겠습니다. 그들이 멈출 때까지 나도 멈추지 않겠습니다.[15]

인류의 대부분은 아직도 보복과 사랑 사이에서 헤매고 있다. 사랑이 좋은 것을 알지만 보복의 감정에서 자유롭지 못하다. 같이 살아야 한다는 것을 알면서도 나만이 살고 싶다는 유혹을 뿌리  치지 못한다. 자유롭지 못한 영혼이 그러한 사슬에서 빠져나오는 길이 하나 있다. 그것은 내가 처한 이 상황에서 '그러면 어떻게 했을까?'라고 생각하는 것이다. 내가 하고자 하는 이 일에 대하여 '그

---

15) We must end the campaign. After what they did at the massacre? It's only an eye for an eye. An eye for an eye only ends up making the whole world blind. Do you know the sacrifices people have made? We would never get the same commitment again, ever. The whole of India is on the move! Yes, but in what direction? If we obtain our freedom by murder and bloodshed, I want no part of it. … They wouldn't stop even if we asked them to. I will ask. And I will fast as a penance for my part in arousing such emotions. And I will not stop until they stop.

가 어떤 이의를 제기할 것인가?'라고 생각하는 것이다. 그리고 그
와 타협하는 것이다. 그를 존경하는 만큼 그를 믿는 만큼 그에게
양보하면서.

5. 다석 유영모

어텐보로의 간디를 보면서 느끼는 불안이 있다. 이것이 과연 간
디의 그 모습 그대로인가? 어떤 편견에 의해서 간디의 모습이 가려
진 것은 아닐까? 왜냐하면 그래도 문화적으로 간디에 가장 가까울
인도인에 의해서 우리가 간디를 접하는 것이 아니라 어떤 문화적인
간격을 가질 영국인을 통하여 우리가 간디와 접하기 때문이다.

보다시피 나는 인도인같이 살고자 합
니다. 물론 좀 우습죠. 왜냐하면 우리나
라에서 인도인들이 어떻게 살아야 하는
지, 무엇을 사고 무엇을 팔아야 하는지
를 결정하는 것은 영국인들이기 때문이
죠. 우리는 아주 가난하고 저들은 부유하기 때문에 저들은 우
리에게 무엇이 정의이고 무엇인 선동인지 가르치죠. 그러니 우
리의 아주 훌륭한 젊은이들이 동양의 품위 있는 분위기를 알면
서도 엄청난 속도로 엄청난 열정으로 갖가지 서구의 나약함에
동화되는 것도 아주 자연스러운 일입니다.[16]

---

16) I try to live like an Indian, as you see. It's stupid, of course. Because in
our country it is the British who decide how an Indian lives what he
may buy, what he may sell. And from their luxury in the midst of our

간디가 그의 사상의 핵심적 용어들을 **인도어**로 표기한 것은 또한 우연이 아니다. 영화에서 우리는 그 표현들을 쉽게 찾아볼 수 없다. 우리의 경우는 어떠한가?

> 다석에 의하면 말을 보이게 하면 글이고, 글을 들리게 하면 말이다. 말은 하느님의 '마루 뜻'(宗旨)을 나타내기 위한 것이고, 글은 하느님을 '그리는 뜻'(思慕)을 나타내기 위한 것이다. 그렇기 때문에 우리는 **우리말** 속에서, 말을  건네 오는 하느님의 소리를 귀 기울여 듣는 법을 배워야 한다. 그래야만 좋은 문학, 좋은 철학이 나올 수 있다. 지금같이 남에게서 얻어온 것, 즉 외국어를 갖고서는 우리의 사상을 키워나 갈 수 없다. 다석은 "글자 한 자에 철학개론 한 권이 들어 있고 말 한마디에 영원한 진리가 숨겨져 있다"고 생각했다.17)(강조는 인용자)

이렇게 우리말로 우리 생각을 해야 한다고 가르친 다석은 누구인가? 다석 유영모(1890~1981)는 서른여덟 살이던 1928년부터 YMCA 연경반(研經班)을 지도하며 가르침에 나섰다. 35년 간 지속된 이 강좌를 통해 다석은 기독교와 불교, 유교, 노장사상 등 동서고금의 종교와 철학을 아우르는 독특한 사유체계를 이룩했다.

---

terrible poverty they instruct us on what is justice, what is sedition. So it's only natural that our best young minds assume an air of Eastern dignity while greedily assimilating every Western weakness as quickly as they can acquire it.

17) 2001년 4월 5일 『중앙일보』 14面(10版), 이기상.
　　출전 http://blog.naver.com/dynique.do?Redirect=Log&logNo=100000608768

그는 **종교다원주의자**이다. 이는 기독교가 타종
교들보다 질적으로 우월하다거나 예수가 다른 성
현들보다 탁월하다는 식의 생각을 뛰어넘어, 구원
자는 교회도 예수도 아니고 오직 하느님 한 분뿐
이라는 개방적 종교관이다. 하느님 홀로 구원자이
기 때문에 예수는 구원의 여러 중계자 중의 한 분이며, 세계의 지
각 있는 종교들은 모두 하느님의 구원을 다양하게 표현하고 전달한
다고 보는 신(神) 중심의 종교관이다.

간디가 힌두주의자도 민족주의자도 아니었듯이, 다석도 기독교도
도 민족주의자도 아니다. 간디와 마찬가지로 다석은 유럽이라는 절
대중심에서 벗어나 지구 위의 모든 사람들이 평화롭게 더불어 살아
갈 삶의 원칙을 찾는 데 일생을 바쳤다. 그리고 간디와 마찬가지로
그러한 지구촌적인 삶의 원칙을 자신의 뿌리가 내려져 있는 자신의
전통 즉 우리 **한국인의 삶**에서 찾으려고 하였다.

그가 본 한국인의 삶은 사이에 던져져, 사이를 살아가고 있는
'사이-존재'(사이에-있음)였다. 그에 따르면 "'빔-사이'를 차지하고
있는 몸으로서의 '몸나'는 나의 전부가 아니다. '사람-사이'를 오고

가는 마음으로서의 '맘나'도 나의 전부가 아니다.
시간 속에 살며 '때-사이'를 잇고 있는 역사적 주
체로서의 '제나'도 나의 전부가 아니다. 무엇보다
도 하늘과 땅 사이를 잇고 있는 '얼나'로서의 나야
말로 '참나'다."

이러한 '얼나'로서의 나를 다석은 **씨알**이라고 이름하였다. 이러한
그의 씨알사상은 간디 자서전을 번역하여 간디를 우리에게 소개했

던 그의 제자 씨알 함석헌(1901~1989)에 의하여 우리에게 널리 알려졌다. 유영모와 함석헌의 씨알에는 약간의 차이가 있다고도 말해진다.

다석의 씨알사상이 종교적 차원의 형이상학적인 명제였다면, 함석헌의 그것은 보다 현실참여적인 실천적 명제였다. … "다석의 씨알은 형이상학적으로는 하느님의 아들인 '얼의 나'(얼나)를, 형이하학적으로는 평민이나 민초(民草)를 말한다. 정신적으로는 지극히 높은 하느님과 하나 되고 육체적으로는 지극히 낮은 땅과 하나 됨을 이른다. 바로 자유의 진리정신과 평등의 서민정신이 하나를 이룬 것이다." 그 사상의 원형을 예수와 석가, 노자에게서 찾은 다석은 '영원한 생명(씨알)'을 깨닫는 게 인생의 목표여야 한다고 설파했다. 반면 함석헌의 씨알사상은 실천적 행동을 통해 민주주의가 이상적으로 구현되는 게 목적이라 했다. 그런 점에서 현실학문이었던 공맹(孔孟)철학의 입장과 비교될 수 있다.[18]

유영모와 함석헌이 왜 때로 한국의 간디라고 불리는지 이해할 수 있도록 해주는 대목이다. 다석이 말하는 우주적 삶은 우리말 '살림살이'에서도 드러난다. 왜 우리는 '살름살이'라고 하지 않고 '살림살이'라고 하는가? '내 마누라'가 아니라 '우리 마누라'라고 이야기하는 우리들에게 삶은 나의 삶이 아니라 우리의 삶이고, 삶을 사는 것은 나만의 삶을 사는 것이 아니라 우리의 삶을 사는 것이다. 그

---

18) 다석의 제자 박영호의 풀이. 2001년 4월 12일 『중앙일보』 14面(10版), 정재왈 기자. 위와 같은 출전.

러므로 삶을 산다는 것은 나를 포함한 우리를 살리는 것이다 그러므로 우리는 우리의 삶을 '살름살이'라고 하지 않고 '살림살이'라고 한다.

"우리말의 살림살이에는 살리는, 다시 말해 죽지 않도록 감싸주고 보살피는 삶의 방식을 가장 중요한 생활 자세로 본 우리 선인들의 삶의 철학이 배어 있다."[19] **힘사는 죽임이고 아힘사는 살림이다.** 우리는 두려움과 증오로부터 벗어나 아힘사를 실천해야 한다. 우리는 살림을 살아야 한다. 우리는 참 살림을 살아야 한다. 아쉬운 것은 다석의 이러한 생각이 간디의 생각만큼도 우리에게 알려지고 살아지고 있지 않다는 점이다.

---

19) 이기상(2001), 같은 글.

생각거리

1. 간디의 주장들 중에서 『성서』와 상통하는 주장들을 찾아보고, 이를 비교하여 그 공통점과 차이점을 적어보자.
2. 두려움과 증오에 대한 심리학적 연구들을 조사해 보자.
3. 간디의 기본적인 태도 중의 하나인 자기정화(Brahmacaria)에 대하여 알아보자.
4. 자신의 삶에서 아힘사적인 경험이 있는지 생각해 보고, 있다면 그 경우를 분석해 보고, 없다면 왜 자신에게 그러한 경험이 없는지 생각해 보자.
5. 유영모와 함석헌의 사상에 대하여 조사해 보자.
6. 자신이 이 영화를 다시 만든다고 하면 어떻게 그 내용을 달리할 것인지를 적어보자.

읽을거리

간디 지음/함석헌 옮김, 『간디 자서전』(서울: 한길사, 2002)
요게시차다 지음/정영목 옮김, 『마하트마 간디』(서울: 한길사, 2001)
김흥호 외, 『다석 유영모의 동양사상과 신학』(서울: 솔, 2002)

볼거리

어텐보로, 『자유의 절규』(Cry Freedom, 1987)
어텐보로, 『채플린』(Chaplin, 1992)
스콜세즈, 『쿤둔』(Kundun, 1997)

저자 약력 : 김 성 동

서울대학교 독어교육과를 졸업하고, 서울대 대학원 철학과(석사)와 서울대 교
육대학원 윤리교육과(석사)를 졸업하였다. 서울대 대학원 철학과에서 박사학
위를 받았으며, 현재 호서대학교 철학과 교수로 재직 중이다.
주요 저서 및 논문으로 『인간 : 열두 이야기』, 『문화: 열두 이야기』, 「쉘러와
하이데거에 있어서의 인간의 문제」, 「자아실현의 과정에 관한 일 연구」, 「상
호주관성 이론의 재구성」, 「컴퓨터시대의 인간의 위치」 등이 있고, 역서로는
『메를로-뽕띠: 사회철학과 예술철학』, 『실천윤리학』, 『기술철학』, 『현상학적
대화철학』 등이 있다.

영화: 열두 이야기

2004년 4월 10일 1판 1쇄 발행
2007년 2월 16일 1판 2쇄 발행

지은이 / 김 성 동
발행인 / 전 춘 호
발행처 / 철학과현실사
서울시 서초구 양재동 338-10
TEL 579-5908 · 5909
등록 / 1987.12.15.제1-583호

ISBN 89-7775-477-1 03130
값 12,000원